进出口危险品及包装检验监管岗位培训教材

进出口危险品及包装检验监管

于群利 ◎ 主编

中国海关出版社有限公司
·北京·

图书在版编目（CIP）数据

进出口危险品及包装检验监管 / 于群利主编.
北京：中国海关出版社有限公司, 2025. -- ISBN 978-7-5175-0873-1

Ⅰ. F752.657

中国国家版本馆 CIP 数据核字第 2025B0G317 号

进出口危险品及包装检验监管

JINCHUKOU WEIXIANPIN JI BAOZHUANG JIANYAN JIANGUAN

主　　编：于群利
策划编辑：景小卫
责任编辑：朱　言
责任印制：王怡莎
出版发行：中国海关出版社有限公司
社　　址：北京市朝阳区东四环南路甲 1 号　　邮政编码：100023
编 辑 部：01065194242-7521（电话）
发 行 部：01065194221/4238/4246/4247（电话）
社办书店：01065195616/5127（电话）
https://weidian.com/?userid=319526934（网址）
印　　刷：北京华联印刷有限公司　　经　　销：新华书店
开　　本：787mm×1092mm　1/16
印　　张：21.5　　　　　　　　　　字　　数：403 千字
版　　次：2025 年 3 月第 1 版
印　　次：2025 年 3 月第 1 次印刷
书　　号：ISBN 978-7-5175-0873-1
定　　价：180.00 元

海关版图书，版权所有，侵权必究
海关版图书，印装错误可随时退换

编委会

主　编：于群利

副主编：王利兵　温劲松　汤礼军　钟帮奇　宋振乾
　　　　张少岩　车礼东　张　蕾　黄红花

编　委：陈丹超　刘劲彪　肖焕新　李宁涛　于艳军
　　　　冯智劼　商　杰　高　翔　陈有为　刘永江
　　　　于　晓

前 言

自1985年我国出口海运危险货物包装检验的壮阔篇章悄然开启至今，已历经四十载风雨兼程，铸就了辉煌的成就。四十年来，从最初的出口海运危险货物包装检验，到后来涵盖出口烟花爆竹、打火机、点火枪等商品，再到如今进出口危险品及包装全方位、深层次的检验监管，我国危险品的检验范围不断拓展，监管能力持续提升。这一历程，不仅见证了我国检验监管能力的显著增强，更彰显了我国在国际贸易安全领域的责任与担当。

四十年间，我国进出口危险品检验监管制度在探索中不断完善和发展，从无到有、从小到大、从点到面、从弱到强、由粗至精，构建起了一套既符合国际规章又具有中国特色的检验监管体系。这一体系的形成，凝聚了国家的高度重视、社会的深切关怀以及无数从业者的智慧与心血。在此背景下，《进出口危险品及包装检验监管》应运而生，它是对这段厚重历史和宝贵经验的深刻提炼与全面总结。

我们深知，进出口危险品及包装的检验监管工作专业性强、责任重大，要求从业人员不仅要有深厚的专业知识储备，还要具备丰富的实践经验和敏锐的风险识别能力。因此，本书力求通过系统、全面的内容编排，为相关从业者提供一份权威、实用的学习指南。

在编写过程中，我们始终坚持理论与实践并重的原则，既深入解读了国内外相关的法律法规和部门规章，又详细阐述了检验监管的具体流程、操作规范和技术标准。同时，我们还精心挑选了典型案例进行深入剖析，以期帮助读者更好地理解和掌握相关知识，提升实际操作能力。

需要特别说明的是，危险品通常涵盖危险货物和危险化学品两个概念。危险货物的定义出自国家标准《危险货物分类和品名编号》（GB 6944—2012），是指具有爆炸、易燃、毒害、感染、腐蚀、放射性等危险特性，在运输、储存、生产、经营、使用和处置中，容易造成人身伤亡、财产损毁或环境污染而需要特别防护的物质和物品；危险化学品的定义出自《危险化学品安全管理条例》，是指具有毒害、腐蚀、爆炸、燃烧、助燃等性质，对人体、设施、环境具有危害的剧毒化学品和其他化学品。危险货物和危险化学品互有交叉，使用在不同的管理体系中。本书各章节将根据实际工作情况对于危险货物、危险化学品进行介绍。

我们衷心希望，本书的出版能够为从事进出口危险品及包装检验监管工作的专业人士提供一份宝贵的学习资料和实践指南。期待本书的推广与应用，能够进一步提升从业人员的专业素养和执法水平，为保障国际贸易安全、促进经济发展、保护人民生命财产安全和保护环境作出更大的贡献。

最后，我们要向所有为本书编写和出版付出辛勤努力的同仁和单位表示衷心的感谢。让我们携手共进，以更加饱满的热情和坚定的决心，共同推动我国进出口危险品及包装检验监管事业不断迈上新台阶，为守护国门安全、促进经济社会繁荣贡献力量！

本书编委会
2025 年 1 月

目 录

第1章 有关国际组织和国际规章 ········· 1
1.1 有关国际组织 ········· 3
1.2 有关国际规章 ········· 6
1.3 主要贸易国家（地区）的管理机构及要求 ········· 11

第2章 我国对危险品的管理要求 ········· 23
2.1 主要法律法规 ········· 25
2.2 相关安全监督管理机构及其部门规章 ········· 29

第3章 我国对进出口危险品的管理要求 ········· 33
3.1 历史沿革 ········· 35
3.2 出口危险货物包装检验有关管理制度 ········· 38
3.3 出口小型气体容器、烟花爆竹、打火机管理制度 ········· 43
3.4 进出口危险化学品有关管理制度 ········· 45

第4章 危险货物分类 ········· 47
4.1 危险货物分类简介 ········· 49
4.2 危险性先后顺序 ········· 59
4.3 危险货物一览表及其结构 ········· 61

第5章 化学品的危险特性分类 ········· 69
5.1 危险特性分类的一般原则 ········· 71
5.2 物理危险分类 ········· 80
5.3 健康危害分类 ········· 107

5.4　环境危害分类 …………………………………………………………… 114

第6章　危险货物运输包装通用技术要求 ………………………………… 125
6.1　危险货物运输包装的定义、分类、编码和标记 …………………… 127
6.2　危险货物的包装规范 ………………………………………………… 142
6.3　危险货物运输标签 …………………………………………………… 144
6.4　例外数量和有限数量 ………………………………………………… 152

第7章　危险货物包装性能检验 …………………………………………… 159
7.1　性能检验的标准、依据及基本要求 ………………………………… 161
7.2　容积不超过450L、净重不超过400kg的危险货物包装性能
　　　检验 …………………………………………………………………… 162
7.3　中型散装容器性能检验 ……………………………………………… 173
7.4　大型容器性能检验 …………………………………………………… 182
7.5　特殊类型包装的性能检验 …………………………………………… 182
7.6　出口危险货物包装性能检验流程 …………………………………… 184

第8章　危险化学品的危险公示——标签和安全数据单 ………………… 191
8.1　危险公示的原则和基本要求 ………………………………………… 193
8.2　标签的技术要求 ……………………………………………………… 196
8.3　安全数据单的技术要求 ……………………………………………… 215

第9章　出口危险品及包装检验 …………………………………………… 231
9.1　概述 …………………………………………………………………… 233
9.2　依据和标准 …………………………………………………………… 237
9.3　检验流程及单证审查 ………………………………………………… 240
9.4　出口危险货物包装使用鉴定、出口危险化学品及包装检验 ……… 241
9.5　出口电石和黄磷包装使用鉴定特殊要求 …………………………… 246
9.6　检验单证管理 ………………………………………………………… 247

第10章 进口危险化学品及包装检验 ……251

10.1 依据 ……253
10.2 检验模式、申报要求及单证审核 ……254
10.3 现场检验 ……255
10.4 检验单证管理 ……258

第11章 烟花爆竹、打火机等特殊商品的检验 ……261

11.1 进出口烟花爆竹的检验要求和内容 ……263
11.2 烟花爆竹产品的产地检验/目的地检验 ……266
11.3 烟花爆竹实验室检验 ……283
11.4 出口打火机、点火枪检验 ……290
11.5 出口打火机、点火枪类商品常规项目试验 ……305
11.6 打火机口岸查验 ……307
11.7 出口蓄电池的检验 ……307
11.8 出口锂离子电池的检验 ……311
11.9 出口小型气体容器的检验 ……313

附 录 ……317

第1章

有关国际组织和国际规章

第1章 有关国际组织和国际规章

1.1 有关国际组织

在全球化背景下,众多国际组织肩负着危险货物运输安全管理的重要使命,致力于制定和完善相关法律规范,以确保危险货物在国家(地区)间的运输安全。这些组织在推动危险货物运输的国际标准化、协调各国(地区)管理政策以及促进信息共享等方面发挥了关键作用,为全球危险货物运输的安全与顺畅作出了突出贡献。

根据管辖范围,这些组织可分为国际性组织和地区性国际组织。国际性组织,如联合国危险货物运输和全球化学品统一分类标签制度问题专家委员会、国际海事组织和国际民用航空组织等,以全球视野和标准引领危险货物运输安全的发展方向。地区性国际组织,如联合国欧洲经济委员会和欧洲铁路局等,在各自区域内发挥着协调、监管和标准化的关键作用。

这些国际组织已经构建了以联合国危险货物运输和全球化学品统一分类标签制度问题专家委员会为核心的危险货物运输安全管理体系。在这个体系中,各组织之间紧密合作、相互支持,形成了坚实的安全管理网络,为全球危险货物运输提供了强有力的保障,致力于提升和监管全球危险货物运输安全。

1.1.1 联合国危险货物运输和全球化学品统一分类标签制度问题专家委员会

联合国危险货物运输和全球化学品统一分类标签制度问题专家委员会(United Nations Committee of Experts on the Transport of Dangerous Goods & Globally Harmonized System of Classification and Lablling of Chemicals,UNCETDG&GHS)是联合国经济及社会理事会(Economic and Social Council,ECOSOC)下设的一个重要机构,致力于提高全球危险货物运输的安全性和化学品分类标签制度的统一性。委员会成立于1953年,最初名称为"联合国经济及社会理事会危险货物运输专家委员会",后于1999年改组并更名为现名,下设一个"危险货物运输专家小组委员会"和一个"全球化学品统一分类和标签制度问题专家小组委员会"。委员会大会每两年召开一次,分委员会会议每半年召开一次,制定和修改有关国际规章。UNCETDG&GHS由来自不同国家(地区)的代表组成,具有广泛的代表性和专业性。我国于1988年以成员国正式代表身份加入UNCETDG&GHS。

UNCETDG&GHS的主要职责是研究和制定危险货物运输和化学品分类标签制度的国际规章和标准。为了确保这些规章和标准的有效性和适应性,委员会定期召开会议,审议和修订现有的规章和标准，并根据新的技术和市场需求提出建议和措施。

在危险货物运输方面，UNCETDG&GHS 致力于制定和完善相关的国际规章，以确保危险货物在运输过程中的安全性。这些规章涵盖了危险货物的分类、包装、标记、运输等各环节，为各国（地区）在危险货物运输方面的实践提供了重要的指导和依据。

在化学品分类标签制度方面，UNCETDG&GHS 致力于推动全球范围内的统一和标准化，研究并制定了一套统一的化学品分类和标签制度，旨在确保化学品在运输、使用、储存等各环节中的安全性和可追溯性。这套制度为各国（地区）在化学品管理方面的实践提供了重要的参考和借鉴。

总之，UNCETDG&GHS 通过其在危险货物运输安全和化学品分类标签制度方面的工作，为全球提供了一个统一的标准框架。这不仅促进了国际合作，保护了公众健康和环境安全，也为化学品的安全管理和可持续使用奠定了坚实的基础。

1.1.2 国际海事组织

国际海事组织（International Maritime Organization，IMO）是联合国的一个专门机构，负责制定全球海上航行的安全和环境标准，正式运作开始于 1959 年，总部设在英国伦敦。IMO 的宗旨是通过制定统一的国际海事法规，提高海上航行的安全性，保护海洋环境，确保航海业的安全、高效和环保。

IMO 的工作重点集中在几个关键领域：海上安全、船舶防污染、海员培训、船舶安全建造和海上搜索与救援等。该组织通过其旗下多个委员会和分委员会，如海上安全委员会（Maritime Safety Committee，MSC）和海洋环境保护委员会（Marine Environment Protection Committee，MEPC），制定和推广一系列国际公约和协议，如《国际海上人命安全公约》（International Convention for Safety of Life at Sea，SOLAS）、《国际防止船舶造成污染公约》（International Convention for the Prevention of Pollution from Ships，MARPOL）等，以应对海上运输面临的安全和环境挑战。

IMO 的决策机构是由成员方的代表组成的理事会和大会，大会每两年召开一次，负责审议和决定重要的政策和财务问题。理事会则负责执行大会的决策，并监督组织的管理事务。此外，IMO 还致力于提升全球海事人员的能力，通过制定培训标准和安全准则，确保海事人员能够安全有效地开展工作。IMO 还通过技术合作项目，支持发展中国家提高其海事行业的水平，促进全球海事安全和环保标准的实施。

我国于 1973 年正式加入 IMO，1975 年当选为理事会成员国，1989 年首次当选为 A 类理事国。

1.1.3 国际民用航空组织

国际民用航空组织（International Civil Aviation Organization，ICAO）是专门负责制定全球民用航空标准和规范的机构，正式成立于1947年，总部设在加拿大蒙特利尔，其宗旨是促进全球民用航空业的安全、高效、经济、环保和有序发展。

ICAO的核心任务是制定国际航空运输的安全、安保、效率和环保标准，以及促进全球航空领域的技术合作，其制定的标准和推荐做法被编纂在《国际民用航空公约附件》等资料中，为成员方提供了一系列有关民航运营、航空器注册、航路规划、机场建设和运营、航空安全和安全保障，以及环境保护的指导。ICAO还致力于国际合作和技术支持，尤其是帮助发展中国家提高民航管理和运营水平，通过培训、技术援助等方式加强航空基础设施和安全管理体系，推动全球航空网络的完善。

作为全球民用航空的领导者和协调者，ICAO在确保国际航空安全、促进航空业的可持续发展、加强国际航空合作等方面发挥着核心作用。ICAO制定的国际标准和政策，为全球航空交通的安全、高效和环保运营奠定了坚实的基础，促进了全球经济和社会的发展。

1971年11月，中华人民共和国政府的代表被ICAO承认为中国驻该组织的唯一合法代表，1977年，ICAO第22届大会决定将中文作为该组织的工作语言之一。

1.1.4 联合国欧洲经济委员会

联合国欧洲经济委员会（United Nations Economic Commission for Europe，UNECE）是联合国的一个区域委员会，致力于推动欧洲各国在经济、环境、技术和法律方面的合作，以提升整个区域的可持续发展水平。

在危险品管理方面，UNECE通过制定《国际公路运输危险货物协定》《国际内河运输危险货物协定》等协议和规则，为成员国提供了一套统一的危险品运输标准。这些协议和规则覆盖了危险品的分类、包装、标签、运输以及事故应急响应等多个方面，确保了危险品在欧洲范围内的公路、铁路和内河运输的安全性。

此外，UNECE还与其他国际组织和区域性机构合作，如IMO和ICAO，以确保其危险品管理规则与全球标准保持一致，进一步提升了这些协议和规则在全球范围内的适用性和效力。

1.1.5 欧洲铁路局

欧洲铁路局（European Railway Agency，ERA）是欧盟的机构之一，其主要任务是增强铁路系统的安全性和互联互通性，以及促进欧洲铁路区域的统一。ERA 成立于 2004 年，总部设在法国里尔，致力于简化和优化跨欧洲的铁路运输规则和标准，进而提高铁路运输的效率。

ERA 的工作重点包括制定技术规范、安全标准和互操作性要求，旨在确保铁路系统在欧盟各成员国之间的无缝运作。此外，该机构还负责铁路安全和互操作性的认证工作，包括批准铁路运营商的安全证书和铁路车辆的型号许可。通过这些措施，ERA 促进了欧洲铁路市场的开放，提高了铁路系统的安全性和可靠性。

1.1.6 国际航空运输协会

国际航空运输协会（International Air Transport Association，IATA）是一个由各国（地区）航空公司组成的大型国际组织，成立于 1945 年，是一个代表全球航空公司的行业协会，其成员覆盖了全球约 82% 的航空运输量。IATA 的主要目标是促进航空运输的安全、可靠和经济高效，同时为航空行业的持续发展提供支持。IATA 推出了一系列有关航空安全的措施以及行业发展的统一标准，确保航空公司能够以有效和安全的方式提供服务，同时防止航空公司之间的互相损害。

1.2 有关国际规章

关于危险品的管理，作为联合国及相关国际组织的成员，中国既拥有执行这些国际规章的权利，也承担着相应的责任，这确保了危险品的管理、运输和使用能够遵循一致的、规范化的原则进行，从而在全球范围内提高了危险品处理的安全性和效率。

危险品的运输和管理涉及多个领域和环节，为确保其安全、高效地进行，国际社会已经形成了一系列被广泛认可的规章体系。这些规章既包括联合国的相关规定，也涵盖了各种政府间和非政府间国际组织制定的标准。在全球范围内，这些规章因其权威性和普遍适用性而被众多国家（地区）采纳。这些规章旨在统一规范危险品的分类、标签、包装、运输等环节，降低事故风险，保障人类和环境的安全。

本节将详细介绍联合国及相关国际组织制定的有关危险品运输和管理的国际规章。

1.2.1 《关于危险货物运输的建议书规章范本》

为了保障危险货物运输安全，联合国经济及社会理事会危险货物运输专家委员会（本小节简称"委员会"）组织编写了适用于所有运输形式的危险货物运输最低要求的《关于危险货物运输的建议书》（Recommendations on the Transport of Dangerous

Goods，TDG)，于1956年正式出版。由于其封面颜色为橘色，又称为"橘皮书"。为适应技术发展和使用者不断变化的需要，TDG由委员会在各届会议定期修订和增补，每两年出版一次新的版本。

1996年12月，委员会通过了《关于危险货物运输的建议书规章范本》（简称《规章范本》）第一版。为方便《规章范本》直接纳入各国（地区）和国际规章，便利所有有关法律文书的定期修订，从而使各成员方、联合国、各专门机构和其他国际组织都能够节省大量资源，委员会将《规章范本》作为TDG第十修订版的附件。

《规章范本》的内容包括分类原则、类别定义、主要危险货物列表、通用包装要求、试验程序、标记、标签、揭示牌、运输单据等，其还针对特定类别的货物提出了相关特殊要求。《规章范本》从结构上共分为7个部分。

第1部分：一般规定、定义、培训和安全规定。

第2部分：分类。

第3部分：危险货物一览表、特殊规定和例外情况。

第4部分：包装规定和罐体规定。

第5部分：托运程序。

第6部分：包装、中型散装容器（IBCs）、大型包装、可移动罐体、多元气体容器和散装容器的制造和试验要求。

第7部分：有关运输作业的规定。

1.2.2 《全球化学品统一分类和标签制度》

1992年，联合国环境与发展大会将建立"全球化学品统一分类和标签制度"列入议事日程。经过多年努力，2002年12月全球化学品统一分类和标签制度问题专家小组委员会提出了一套可在世界范围内使用的统一制度，并于2003年初正式出版了《全球化学品统一分类和标签制度》（Globally Harmonized System of Classification and Labelling of Chemicals，GHS），由于其封面为紫色，又称"紫皮书"。GHS是一项国际标准制度，旨在统一全球范围内化学品的分类与标签，以提升化学品的安全管理水平并降低事故风险。GHS通过制定明确的分类标准和标签要求，帮助各国（地区）更加清晰地了解化学品的危险性，从而采取科学有效的安全管理措施。该制度涵盖了化学品的物理危险性、健康危害性和环境危害性等多个方面，为政府、企业和消费者提供了重要的参考依据。GHS的实施有助于促进全球化学品的安全运输、储存和使用，保障人类和环境的安全。同时，GHS也推动了国际化学品管理的合作与交流，为构建全球化学品安全治理体系奠定了坚实基础。

GHS 的实施，目的在于：通过提供一种国际上都能理解的制度，加强对人类健康和环境的保护；为没有相关制度的国家（地区）提供一个公认的框架；减少对化学品进行测试和评估的需要；促进那些其危险已在国际基础上得到适当评估和确定的化学品的国际贸易。

1.2.3 《试验和标准手册》

联合国经济及社会理事会危险货物运输专家委员会发布的《试验和标准手册》（又称"小橘皮书"），是对《规章范本》和 GHS 的补充。《试验和标准手册》中所列的各项标准、试验方法和程序，适用于根据《规章范本》第 2 和第 3 部分的规定对危险货物进行分类，以及根据 GHS 对危险化学品进行分类。

《试验和标准手册》的第一版于 1984 年出版，之后每两年进行一次更新和修订。《试验和标准手册》所载的分类程序、试验方法和标准分为 3 个部分。

第 1 部分：爆炸品的分类程序、测试方法和标准。

第 2 部分：自反应物质、有机过氧化物和聚合物质的分类程序、测试方法和标准。

第 3 部分：关于气雾剂、液态退敏爆炸物、易燃液体、易燃固体、固态退敏爆炸物、易于自燃的物质、遇水放出易燃气体的物质、氧化性固体和液体、金属有腐蚀性、第 9 类危险物质和固态硝酸铵基化肥分类程序、试验方法和标准。

1.2.4 《国际海运危险货物规则》

《国际海运危险货物规则》（International Maritime Dangerous Goods Code，IMDG Code）是由 IMO 制定的一套国际规范，专门针对海上运输危险货物的安全管理。IMDG Code 的目的是促进海洋环境的保护和加强船舶运输危险货物时的安全性，确保全球海运业的顺畅运行。

IMDG Code 提供了详尽的指导原则和要求，涵盖了危险货物的分类、包装、标记、装载、堆放、隔离以及应急措施等方面。规则的制定基于危险货物可能对船舶的安全运行和海洋环境造成的风险，通过规定一系列的操作标准和措施来降低这些风险。IMDG Code 对全球海运从业者，包括货主、承运人、包装者、制造商以及船员等，都设定了明确的职责和要求，确保他们在处理和运输危险货物过程中的安全性和合规性。

自 1965 年首次发布以来，IMDG Code 经过多次修订和更新，以适应海运行业的发展和新出现的危险货物种类，成为维护海上运输安全和海洋环境保护的重要工具。

1.2.5 《危险物品安全航空运输技术细则》

ICAO 制定的《危险物品安全航空运输技术细则》（Technical Instructions for the Safe

Transport of Dangerous Goods by Air，ICAO-TI），是一套综合性指南，旨在确保危险货物通过空运方式进行全球运输时的安全。ICAO-TI 详细规定了危险货物分类、包装、标记、文档编制以及装载程序等方面的国际标准和要求，以防范运输过程中的风险和事故。

ICAO-TI 具体包括概论、危险货物分类、危险物品表、特殊规定、限制数量和例外数量、包装说明、托运人责任、包装术语、标记要求和试验、运营人责任、有关旅客和机组成员的规定等部分。

1.2.6 《国际铁路运输危险货物规则》

《国际铁路运输危险货物规则》（Regulations Concerning the International Carriage of Dangerous Goods by Rail，RID）是国际铁路联盟（International Union of Railways，UIC）与欧洲各国铁路部门协商一致的结果，并在国际上得到了广泛的认可和采用。RID 规定了包括分类、包装、标签、搬运、装载及文件准备等在内的安全标准，旨在最小化危险货物运输过程中可能出现的风险。

RID 涵盖了各类危险货物，包括易燃液体、气体、爆炸品、放射性物质、腐蚀品等，为这些货物铁路运输的安全提供了详细的指南和要求，包括对货物的具体分类、所需的包装类型、容器和车辆的标识要求，以及运输前的安全检查程序。

通过实施 RID，各国（地区）铁路运营商和货运代理能够在相互间的铁路网络上安全、高效地运输危险货物，这不仅促进了国际贸易和物流的通畅，也加强了铁路运输安全管理的国际合作。RID 作为国际铁路运输危险货物安全标准的重要组成部分，对于保障公共安全、保护环境以及维护铁路运输的可靠性和效率起着至关重要的作用。

1.2.7 《国际公路运输危险货物协定》

《国际公路运输危险货物协定》（Agreement Concerning the International Carriage of Dangerous Goods by Road，ADR）是关于公路运输危险货物的重要国际协定。该协定由 UNECE 制定，虽然起源于欧洲，但其影响力已逐渐扩展至全球范围，成为许多国家（地区）制定本国（地区）公路运输危险货物法规的重要参考。ADR 详细规定了公路运输危险货物的分类、包装、标签、运输文件以及车辆和设备要求等方面的标准，旨在确保危险货物在公路运输过程中的安全性。ADR 强调对运输企业和驾驶员的严格培训和管理，以及对运输过程中可能出现的风险的有效控制。此外，ADR 还提供了应急响应和事故处理的指导原则。

ADR 的实施有助于统一各国（地区）对公路运输危险货物的管理标准，提高运输安全性，降低事故风险，促进国际贸易的顺利进行。同时，ADR也推动了国际在公路运输危险货物领域的合作与交流，为全球贸易提供了安全和可靠的公路运输解决方案。

1.2.8　《国际内河运输危险货物协定》

《国际内河运输危险货物协定》（Agreement Concerning the International Carriage of Dangerous Goods by Inlands Waterways，ADN）由联合国欧洲经济委员会制定，旨在确保通过内河系统运输危险货物的安全性和效率。ADN通过统一的规则和标准，确保了参与国（地区）之间危险货物运输的一致性和安全性，同时促进了内河运输的环境保护。ADN包含了关于危险货物分类、包装、标签、装载、搬运和随附文件的细致规定，旨在降低运输过程中可能对人员、财产和环境造成的风险。

此外，ADN还对内河运输危险货物的船舶和设备提出了严格要求，包括船舶结构、防火措施、救生设备等方面，以确保船舶在运输过程中具备良好的安全性能。同时，ADN还规定了船员的资质和培训要求，以提高他们对危险货物运输风险的认知和应对能力。

ADN的实施对于促进内河运输危险货物的规范化、标准化和安全管理具有重要意义，不仅有助于降低运输过程中的事故风险，还能提高运输效率，促进国际贸易的顺利进行。同时，ADN也推动了各国（地区）在内河运输危险货物领域的合作与交流，共同提升全球内河运输的安全水平。

1.2.9　《危险品规则》

《危险品规则》（Dangerous Goods Regulations，DGR）是由IATA制定和发布的一套综合性规定，旨在指导航空业如何安全地运输危险品。DGR基于ICAO-TI的标准和要求，提供了更详细的操作指导和行业实践，以适应商业航空运输的特定需求。

DGR详细列出了各类危险品的分类、包装要求、标签和标记规定、文件准备、处理程序，以及为涉及危险品运输的各方提供的培训指南，这些内容有助于确保危险品在整个航空运输过程中的安全，从而保护乘客、机组人员、货运人员和环境免受潜在威胁。

DGR的制定考虑了从易燃液体、腐蚀品、有毒物质到放射性物质等各种类型的危险品，为它们的安全运输提供了全面的指导。除技术规定外，DGR还强调了危险品运输过程中的责任和义务，要求所有参与者（包括航空公司、货运代理、包装商和制造商等）都必须遵守相应的安全标准。

通过年度更新，DGR保持与ICAO-TI的最新规定和安全实践的一致，确保全球航空业在危险品运输方面的标准化和高水平安全。

1.3 主要贸易国家（地区）的管理机构及要求

为了确保危险品运输的安全性、可靠性和环保性，各主要贸易国家（地区）在危险品管理方面都设立了专门的管理机构，并制定了严格的管理法规。这些规定不仅包括对危险品的分类、包装、标签和运输要求，还涉及危险品生产、储存和处置过程中的安全措施。

对于参与国际贸易的企业而言，了解并遵守目标市场国家（地区）的法规至关重要。从危险品的识别与分类到运输与处置，从制造商到消费者，每个环节都有严格的规定需要遵循。

本节将重点介绍欧盟、美国、加拿大等主要贸易组织、国家（地区）的危险品管理机构及其管理法规要求，解析相关的管理体系结构、执行机构职责，以及需要遵循的具体法规，帮助相关利益方理解和应对不同市场中危险品管理面临的挑战。

1.3.1 欧盟

欧盟对化学品管理的严格要求在全球范围内树立了标杆，其建立了一套全面的化学品管理体系，旨在保护人类健康和环境免受化学品的影响，同时确保化学品市场的自由流通和创新发展。通过这一管理体系，欧盟不仅明确了化学品安全标准，还促进了全球化学品管理实践的一体化和标准化。

1.3.1.1 管理机构

1. 欧盟委员会

欧盟委员会（European Commission，EC）负责欧盟的政策制定和立法工作，包括危险品的管理，它负责制定法规和指南，以及更新现有的管理框架，以应对新的挑战和技术发展。EC通过与成员国政府、企业和其他利益相关者合作，确保危险品管理法规的有效执行。它还负责协调成员国之间的合作，以确保法规在所有成员国中得到一致地应用和执行。

2. 欧洲化学品管理局

欧洲化学品管理局（European Chemicals Agency，ECHA）是负责化学品安全管理的主要机构。它的主要任务包括实施《关于化学品注册、评估、许可和限制的法规》（Registration，Evaluation，Authorisation and Restriction of Chemicals，REACH法规）和

《欧盟物质和混合物的分类、标签和包装法规》（Classification, Labelling and Packaging, CLP法规），通过提供必要的指导和工具来支持企业和组织的合规操作。ECHA通过化学品数据库维护和公开化学品信息，提升了化学品安全管理的透明度。此外，ECHA还负责评估化学品对人类健康和环境的潜在风险，并根据需要提出限制或禁止某些化学品使用的建议。

1.3.1.2 管理法规

1. REACH法规

REACH法规是欧盟在2007年实施的一项重要法规，目的在于保护人类健康和环境，同时增强欧盟化学品产业的竞争力。REACH法规要求企业对在欧盟市场上生产或销售的所有化学品进行详细地注册和评估。

根据REACH法规，制造商、进口商甚至下游用户必须确保他们所使用的化学品不会对人类健康和环境造成不可接受的影响，并且对化学品的性质、危害、安全使用方式和可能的风险进行全面评估。企业需要向ECHA提交关于其化学品的详细信息，包括化学性质、用途、暴露情况以及风险管理措施等。

REACH法规由ECHA负责管理和执行，该机构提供指导和技术支持，确保法规的有效实施。通过REACH法规，欧盟建立了严格的化学品管理体系，为保护人类健康和环境提供了坚实的保障。

2. CLP法规

CLP法规于2008年实施，其基于GHS，旨在确保化学品的危害信息在全球范围内得到一致的认定。

CLP法规要求所有在欧盟市场上供应的化学品必须按照统一的标准进行分类，并在产品的标签和安全数据单上明确标示其危害信息，包括特定的符号、警告词以及危害声明和预防措施。通过这种方式，CLP法规帮助工人、消费者和其他化学品用户能够识别化学品的危害，并采取适当的预防措施以避免潜在的健康和环境风险。

CLP法规对于提高化学品供应链的透明度和安全性起着至关重要的作用，它促进了安全信息的有效传达，并确保了化学品在全球贸易中的安全使用和运输。此外，CLP法规还有助于欧盟内部市场的顺畅运作，为企业提供了一个清晰、一致的框架来分类和标识他们的化学品。

1.3.2 美国

美国通过设立专门的管理机构并制定一系列法规要求，建立了一个全面的危险品安全管理体系，这一体系不仅涵盖危险品的识别、分类和标准化处理程序，还包括对人员的培训、应急响应以及事故预防的规定。

1.3.2.1 管理机构

1. 美国运输部

美国运输部（Department of Transportation，DOT）通过其下属的多个行政机构制定和执行一系列旨在保护公众、财产和环境安全的规章制度，其中，管道与危险物品安全管理局，直接负责制定和维护关于危险品分类、包装、标记、运输和通报要求的规定，确保所有形式的运输活动（包括公路、铁路、航空和管道）中危险品的安全管理。

DOT 的职责不仅限于国内运输，还与国际组织合作，如 ICAO 和 IMO，确保美国的危险品运输规则与国际标准保持一致，促进全球贸易的顺畅进行。此外，DOT 还负责响应危险品运输事故，协调联邦、州和地方政府的紧急响应，以及提供有关危险品安全运输的培训和教育资源。

2. 美国职业安全与健康管理局

美国职业安全与健康管理局（Occupational Safety and Health Administration，OSHA）是负责确保美国工作场所安全与健康的联邦机构，通过制定和执行与工作场所危险品相关的安全标准和规定来管理危险品。OSHA 通过危险性公示标准（Hazard Communication Standard，HCS）确保雇主能够给员工提供足够的信息和培训，使员工能够安全地处理、使用和储存危险化学品。HCS 要求化学品制造商和进口商对其产品进行分类，并提供标签和安全数据单，这些标签和安全数据单详细说明了化学品的危险信息及安全操作指南。

OSHA 还负责监督和推广工作场所的安全做法，包括提供有关如何安全管理危险品的指导和资源。此外，OSHA 执行现场检查，以确保雇主遵守联邦安全标准，并对违反规定的情况进行处罚。OSHA 同时提供救济途径给因危险品暴露于工作环境而受到伤害的工人。

3. 美国环境保护局

美国环境保护局（Environmental Protection Agency，EPA）是负责保护美国环境和公众健康的联邦机构，其在危险品方面的职责主要集中在管理和监管可能对环境和公众健康造成风险的化学品和物质上。EPA 通过一系列法律和规定，如《有毒物质控制法案》（Toxic Substance Control Act，TSCA）、《资源保护和回收法案》（Resource Conservation and Recovery Act，RCRA）等来执行这些职责。

根据 TSCA，EPA 负责评估和管理化学品的生产、进口、使用和处置，以预防对环境和人类健康的潜在风险。EPA通过要求化学品制造商提供有关化学品安全性的信息，并进行风险评估，来监管新化学品和现有化学品能否进入市场。此外，EPA还参与全球化学品管理的国际合作，推广GHS的实施，以提高化学品危险公示的一致性和效率。

通过履行这些职责，EPA在确保化学品的安全管理、保护环境和公众健康方面发挥着关键作用，降低了化学品可能给环境和人类健康带来的风险。

1.3.2.2 管理法规

1. 危险货物运输规则

危险货物运输规则（Hazardous Materials Regulations，HMR）由DOT下属的管道与危险物品安全管理局负责制定和维护，用于规范在美国境内以及进出美国的各种形式的危险品运输，规范了包括分类、包装、标记、运输以及应急响应等在内的多个方面的内容，其中第49篇的第171~180部分，将危险货物运输的有关技术标准进行了详细说明。

第171部分：危险货物运输的基本信息、法规和有关定义。

第172部分：危险货物品名表、通报系统、应急反应信息和培训要求。

第173部分：危险货物运输和包装的基本要求。

第174部分：铁路运输危险货物基本要求及不同类别危险货物特殊要求。

第175部分：航空运输危险货物基本要求及不同类别危险货物特殊要求。

第176部分：水路运输危险货物基本要求及不同类别危险货物特殊要求。

第177部分：公路运输危险货物基本要求及不同类别危险货物特殊要求。

第178部分：用于危险货物运输的包装、容器的生产及测试的基本要求。

第179部分：危险货物运输罐车的设计和制造标准及特殊要求。

第180部分：包装的持续合格性和维护要求。

2. 有毒物质控制法案

有毒物质控制法案（Toxic Substances Control Act，TSCA）是美国在1976年颁布的一项重要环保法律，旨在授权EPA对化学物质的生产、进口、使用和处置进行规范和监督，以保护公共健康和环境免受有害化学物质的影响。TSCA涵盖了除食品、药品、化妆品和农药（这些物品由其他联邦法律管理）外的几乎所有化学物质。

TSCA的主要目标是评估和控制未经充分测试就被引入市场的化学物质的风险。它通过化学物质清单、新化学物质通知、风险评估与规制以及信息收集与披露几个关键机制来实现这一目标。

在2016年，TSCA进行了重大修订，修订后的TSCA强调了基于风险的化学物质评估，确保 EPA 在评估化学物质安全性时不受成本的限制，并提高了对高关注物质的控制力度。

TSCA 的实施对于预防化学物质对人类健康和环境可能造成的危害至关重要，通过监管化学物质的整个生命周期，确保了美国公众和环境的安全。

3. 危险性公示标准

危险性公示标准（HCS）是 OSHA 制定的一项重要法规，旨在确保在工作场所使用的化学品的危害信息被有效地传达给员工。HCS 首次实施于 1983 年，于 2012 年进行了重大更新，以符合 GHS 的要求。

HCS 的核心目的是确保所有工作场所中的员工都能够接收到有关可能暴露的化学品危害的信息，并且了解如何保护自己免受这些危害的影响。为了达到这一目标，HCS 规定了化学品制造商、进口商必须对其化学品进行危害分类，并为每种化学品提供安全数据单和适当的标签。

HCS 主要对化学品分类、安全数据单、标签和员工培训作了要求。HCS 的实施显著提高了工作场所化学品安全管理的水平，通过确保危害信息的透明性和员工对化学品危害的认识，减少了职业病和事故的发生。HCS 还促进了国际贸易和化学品管理实践的一致性，使美国企业在全球市场上更具竞争力。

1.3.3 加拿大

加拿大建立了一套综合法规体系、设置了多个管理机构，以监管危险品的运输、使用、存储和处置。加拿大政府通过协调运输部、卫生部、劳工部和环境与气候变化部等多个机构，有效地实施这些法规，促进了对危险品管理的国际合作和标准化，确保了危险品在全国范围内乃至国际的安全运输和使用。

1.3.3.1 管理机构

1. 加拿大运输部

加拿大运输部（Canadian Transportation Agency，CTA）负责制定和执行关于危险货物运输的安全标准和规定，通过危险货物运输法管理公路、铁路、航空和海运中的危险货物运输。CTA 确保危险货物的安全运输，降低对公众、财产和环境的潜在风险，此外还负责提供培训和指导，确保运输行业遵守安全规定。

2. 加拿大卫生部

加拿大卫生部（Health Canada，HC）隶属于加拿大联邦部门，专注于评估和管理可能对人类健康构成风险的化学品和危险品。根据化学品管理计划（Chemical Management Plan，CMP），HC 同环境与气候变化部合作，对化学品进行科学评估和风险管理。此外，HC 还负责确保化学品的安全使用，并保护公众免受潜在的化学风险影响。

3. 加拿大劳工部

加拿大劳工部（Employment and Social Development Canada，ESDC）通过工作场所危险品信息系统（Workplace Hazardous Materials Information System，WHMIS）来规范危险品在工作场所的标签、安全数据单和员工培训。WHMIS 旨在确保所有使用、储存、处理或处置危险品的员工都能接收到关于这些物质的重要健康和安全信息。

4. 加拿大环境与气候变化部

加拿大环境与气候变化部（Environment and Climate Change Canada，ECCC）负责管理可能对环境造成危害的危险品。根据加拿大环境保护法（Canadian Environmental Protection Act，CEPA）等法律，ECCC 监管化学品的使用、存储和处置，以保护环境和人类健康。

1.3.3.2 管理法规

1. 危险品运输法

危险品运输法（Transportation of Dangerous Goods Act，TDG）直接引用了联合国《规章范本》及 IMDG Code 的主要内容，规定了危险品在加拿大境内运输过程中的安全标准和要求。TDG 涵盖了危险品的分类、包装、标签、文档、运输以及事故报告等多个方面，它要求所有涉及危险品运输的个人和组织，包括生产商、包装商、使用者和运输者，都必须遵循相应的安全标准。

2. 工作场所危险物品信息系统

工作场所危险物品信息系统（Workplace Hazardous Materials Information System，WHMIS）是加拿大全国范围内的危险品标识和信息沟通标准。WHMIS 通过三大组件实现此目的：危险品的分类、对危险品的标签要求，以及标签和安全数据单。WHMIS 还要求雇主对员工进行培训，以确保他们理解标签和安全数据单上的信息，并知晓如何安全地使用、储存和处理这些物品。

3. 加拿大消费品安全法案

加拿大消费品安全法案（Canada Consumer Product Safety Act，CPSA）是加拿大政府为确保消费品的安全性和质量而制定的一项关键法案。CPSA 在 2011 年 4 月成为法律，并由 HC 负责执行。

CPSA 规定了消费品的标签和包装要求，以确保消费者能够获得关于产品安全使用的准确信息，通过减少因消费品引起的伤害风险来保护加拿大消费者的安全。CPSA 要求生产商和进口商确保他们生产或进口的所有消费品符合加拿大的国家标准，并遵守所有的安全规定。CPSA 还赋予政府广泛的权力，以调查消费品相关的安全问题、命令召回不安全的产品，以及在必要时采取法律行动。

4. 危险产品法

危险产品法（Hazardous Products Act，HPA）是加拿大政府为保护公众、工人和环境免受危险产品的潜在危害而制定的一项联邦法律。该法律于 1975 年颁布，并由 HC 负责监管和执行。

HPA 的主要目标是通过限制危险产品的使用和销售来预防和减少由这些产品引起的危害和污染，涵盖了广泛的物质和产品，包括化学品、农药、清洁产品、油漆、溶剂和其他可能对健康和环境构成风险的物质和产品。根据 HPA，任何在加拿大销售或进口的危险产品都必须经过评估，以确保它们不会对人们或环境造成风险。这可能涉及对产品的标签、成分、使用说明和处理程序的审查。此外，HPA 还规定了危险产品的分类、标签和包装要求，以及在工作场所和环境中处理这些产品的规定。这些规定旨在确保所有相关方都能清楚地了解产品的危险性，并采取适当的预防措施。

1.3.4 日本

日本对产品安全和环境保护有着严格的管理机制，这些机制涵盖了从工作环境的安全到化学物质的排放等各方面，旨在确保国民的健康、维护公共安全，并推动可持续发展的环境政策。

1.3.4.1 管理机构

1. 日本厚生劳动省

日本厚生劳动省（Ministry of Health，Labour and Welfare，MHLW）主要负责保护本国公民的健康和工人的劳动安全。在危险品管理方面，MHLW 制定了涉及化学品安全使用的法律和规则（特别是在工作场所），包括制定和执行与工业安全卫生相关的标准，确保工作场所中使用的化学品不会对员工的健康造成危害。MHLW 还负责监督安全数据单的规范，以及对化学品进行适当的分类和标记，确保员工能够了解他们所使用化学品的潜在风险。

2. 日本经济产业省

日本经济产业省（Ministry of Economy，Trade and Industry，METI）在日本的化学品管理和产业安全方面扮演着关键角色。METI 制定了关于化学品的生产、使用和进出口的规则和标准，旨在促进工业发展的同时保护环境和人民健康免受化学品污染和事故的威胁。METI 还参与化学品的分类和标记工作，其按照 GHS 的要求，对化学品进行管理。此外，METI 还致力于推进化学品安全管理的国际合作和交流。

3. 日本环境省

日本环境省（Ministry of the Environment，MOE）负责制定和实施旨在保护日本环境和公众健康的政策和法规。在危险品管理方面，MOE 主要关注化学品对环境的潜在影响，包括土壤、水体和大气的污染。MOE 负责执行化学物质审查及制造管理法（Chemical Substance Control Law，CSCL）和污染物排放转移登记法（Pollutant Release and Transfer Register，PRTR），监测和管理特定化学物质的排放，以及促进更安全的化学品替代品的使用。

4. 日本国土交通省

日本国土交通省（Ministry of Land，Infrastructure，Transport and Tourism，MLIT）在危险品的运输安全管理方面发挥着核心作用。MLIT 制定了一系列规则和标准，确保通过公路、铁路、海运和航空等方式运输的危险品的安全，包括制定危险品的包装、标记、装载和运输要求，以及为运输危险品的人员提供必要的培训和资质认证。MLIT 还负责监督危险品运输事故的应急响应和调查，以减少事故对公共安全和环境的影响。

1.3.4.2 管理要求

1. 工业安全卫生法

由 MHLW 制定的工业安全卫生法（Industrial Safety and Health Control Law，ISHL）是日本保护工人免受工作场所危害，尤其是化学品危害的重要法律基础。ISHL 要求企业评估工作场所的健康风险，实施适当的安全措施来控制危险化学品的暴露，并为工人提供必要的健康监测。ISHL 强调了预防措施的重要性，要求雇主进行职业安全健康教育和培训，确保工人了解他们可能面临的风险以及如何安全地处理化学品。

2. 毒性及有害物质控制法

毒性及有害物质控制法（Poisonous and Deleterious Substances Control Law，PDSCL）由 MHLW 制定，目的是限制特定有害物质对公共健康和环境的潜在影响。PDSCL 明确列出了受控制的毒性和有害物质，规定了这些物质的生产、进口、销售和使用的具体限制条件。PDSCL 要求对这些物质进行适当的标签和安全数据单管理，以确保使用者能够识别物质的危险性并采取适当的预防措施。

3. 特定化学物质排放量确认等及其管理改善促进法

特定化学物质排放量确认及其管理改善促进法，简称 PRTR 法，由环境省制定，该法律要求企业报告他们排放到环境中的特定化学物质的数量，以及通过安全数据单传达化学品的危害信息。PRTR法旨在增加化学物质管理的透明度，通过公开化学物质的使用和排放数据，促进公众和企业对化学物质潜在影响的理解和改进。

4. 化学物质审查及制造管理法

化学物质审查及制造管理法（Chemtcal Substance Control Law，CSCL）由METI和MOE共同制定，旨在对化学物质进行全面管理，防止它们对环境和人类健康造成危害。CSCL要求对化学物质进行风险评估和适当的测试，以确定它们对环境和人类健康的影响。根据这些物质的特性，CSCL实施了一系列的管理措施，包括但不限于使用限制、生产量的控制，以及禁止使用具有特定危害特性的化学物质。

5. 日本的国家标准

日本作为全球早期采纳和实施GHS的国家之一，通过制定和执行一系列与GHS国际框架一致的国家标准来确保化学品分类和危险公示的有效落实。这些标准不仅遵循了国际准则，还考虑到了日本国内的特定需求和实际情况。

具体而言，已实施的JIS Z 7252：2019和JIS Z 7253：2019是两个关键的日本国家标准，它们分别覆盖了基于GHS的化学品分类以及危险公示，包括标签和安全数据单。这些标准的制定依据GHS的第6修订版（GHS Rev.6），以确保其内容的时效性和准确性。

在日本，对于受产业安全健康法、PRTR法和PDSCL管制的化学品来说，GHS标签和安全数据单的使用是强制性的。同时，日本政府鼓励企业对其他化学品也采用GHS分类和危险公示，而对于消费品的GHS实施则是自愿的。

为了支持业界实施GHS，日本国立技术与评价研究所提供了关于GHS分类结果和支持工具及指导文件的信息，这些都可以从其官方网站上找到。这些资源旨在帮助企业更好地理解GHS要求，并采取适当的措施以确保化学品的安全使用和管理。

1.3.5 韩国

1.3.5.1 管理机构

韩国的危险品管理工作涉及多个政府机构，这些机构在保障公共安全和环境健康方面承担着重要职责，主要有韩国劳动部、韩国职业安全与健康局、韩国技术标准院、韩国环境部、韩国环境研究院等部门。

1. 韩国劳动部

劳动部是韩国政府的主要部门之一，负责韩国的劳动政策、劳动法规的制定和执行。在危险品管理方面劳动部通过制定和实施有关工作场所内危险品安全的法律和规定来保护工人免受危险品带来的健康风险,包括要求企业进行风险评估、确保适当的安全措施以及为员工提供必要的安全培训。

2. 韩国职业安全与健康局

作为劳动部的执行机构,职业安全与健康局致力于提高韩国工作场所的安全标准,以及对危险品的管理。职业安全与健康局通过监督、检查和提供技术支持,确保企业遵守国家的安全健康标准,还为企业和工人提供培训和教育机会,以提高对危险品安全管理的认识。

3. 韩国技术标准院

技术标准院负责制定韩国的工业标准,包括与危险品相关的安全标准。通过制定和维护与 GHS 相关的标准,技术标准院为危险品的分类、标签和安全数据单提供了明确的指导。

4. 韩国环境部

环境部负责保护韩国的自然环境和公共健康,包括管理可能对环境造成负面影响的危险化学品。环境部制定了一系列环境保护法律和政策,涉及化学物质的注册、评估、授权和限制,以及危险化学品的排放和转移控制。环境部还监测和评估环境中化学物质的影响,促进公众对环境危险品风险的理解。

5. 韩国环境研究院

作为环境部的研究机构,环境研究院开展有关环境污染和化学品安全的研究工作。环境研究所的研究成果为环境政策的制定提供科学依据,帮助政府和公众了解危险品对环境和健康的潜在影响,并寻找减轻这些影响的方法。

1.3.5.2 管理要求

韩国涉及危险品的法律法规包括工业安全卫生法、有毒化学品控制法、危险品安全管理法等。

1. 工业安全卫生法

韩国的工业安全卫生法旨在确保工作场所的安全与健康,特别是针对化学品和其他潜在危险品的管理。该法律规定了一系列措施,包括对工作场所中使用的化学品进行风险评估、制定安全操作程序、给员工提供必要的安全培训,以及确保适当的个人防护装备的使用。该法律还要求雇主创建和维护工作场所危险物质的详细清单,以及制订应急响应计划以应对可能的化学品事故。

2. 有毒化学品控制法

有毒化学品控制法是韩国管理有毒化学品的主要法律,目的是防止化学品对人类健康和环境造成危害。该法律涵盖了有毒化学品的生产、存储、使用、处置和运输等全过程，要求所有与有毒化学品相关的企业必须进行化学品的登记，并获取相应的许可。此外，该法律规定了对有毒化学品的分类、标签和安全数据单的要求，以及对公众和环境暴露风险的评估。

3. 危险品安全管理法

危险品安全管理法专注于危险品的安全管理，确保这些物品在运输和储存过程中的安全。该法律涵盖了广泛的危险品类别，包括易燃、易爆、有毒和腐蚀性物质，要求相关企业严格遵循安全标准，执行适当的安全措施，包括但不限于适当的包装、标签、运输和存储要求。该法律还规定了危险品事故的报告和应急响应措施。

4. 标准 KSM 1069：2006（基于 GHS 的化学品标签）

标准 KSM 1069：2006 是韩国基于 GHS 实施的化学品标签标准。该标准规定了化学品在韩国市场上销售时必须遵循的标签要求，包括危害标识、信号词、危害声明、预防措施说明以及紧急联系信息。KSM 1069：2006 旨在通过提供清晰、一致的危害信息来保护工人和消费者的健康与安全，促进化学品的安全使用和处理。这一标准的实施是韩国实施 GHS 并与国际化学品管理实践保持一致的重要步骤。

1.3.6　澳大利亚

1.3.6.1　管理机构

澳大利亚实施化学品安全管理的主管部门包括劳动安全机构，基础设施、交通、区域发展、通讯和艺术部。

1. 澳大利亚劳动安全机构

澳大利亚劳动安全机构是一个国家级机构，负责发展、实施和推广国家职业健康与安全和工人赔偿政策。在危险品和化学品管理方面，该机构制定了一系列的指南和标准，包括基于 GHS 的化学品分类和标签要求。这些指南和标准旨在确保工作场所中使用、存储和处理化学品的安全，减少职业病和事故的发生。该机构还提供了关于如何安全管理工作场所化学品的教育资源和工具。

2. 澳大利亚基础设施、交通、区域发展、通讯和艺术部

基础设施、运输、区域发展、通讯和艺术部主要负责澳大利亚的运输系统管理，包括公路、铁路、航空和海运的安全和效率。该部制定和实施了一系列规章制度，详细规定了危险品的分类、包装、标签、运输和应急响应要求，以减少运输过程中可能发生的事故。

1.3.6.2 管理要求

1. 澳大利亚工作健康与安全法

工作健康与安全法（Work Health and Safety，WHS）是澳大利亚各州和领地工作健康与安全立法的基础框架，包括WHS法案、WHS法规和行为准则。这套法律由澳大利亚劳动安全机构发布，目的是在澳大利亚各州和领地之间建立一致的工作健康与安全标准。

2. 澳大利亚危险品运输法典

澳大利亚危险品运输法典（Australian Dangerous Goods Code，ADGC）是一套规定了通过道路或铁路运输危险品的要求的综合性标准和指南，旨在确保危险品在运输过程中的安全，减少对人员、财产和环境的潜在风险。ADGC包括关于危险品分类、包装、标记、装载、束缚、运输以及应急响应等方面的详细要求。

1.3.7 新西兰

1.3.7.1 管理机构

新西兰环境保护局是负责管理该国危险品安全的核心机构，它执行危险物质和新生物组织法（Hazardous Substances and New Organisms Act，HSNO）等法律，旨在保障人类健康和环境安全。环境保护局的职责包括评估和批准化学品的进口和制造，确保这些物质在使用、存储和处置过程中符合严格的安全标准。此外，环境保护局还负责危险品的分类、标签和安全数据单的管理，通过提供详细的安全指南和信息，促使企业和公众遵守相关规定，降低危险品可能造成的风险。

1.3.7.2 管理要求

HSNO自2006年7月1日起适用于所有危险物质。该法案及相关立法文书控制着具有危险属性的化学品的进口和生产（包括分类和标签）。危险属性根据GHS的标准定义，包括物理危险、健康危害和环境危害，并涵盖所有行业，包括工业化学品、消费品以及农业和兽医化学产品等。

2020年10月15日，环境保护局签署了一项新的立法文书［危险通报"危险物质（危险分类）通报2020"］，通过引用并入的方式，采纳了GHS的第7修订版（GHS Rev.7），并于2021年4月30日生效，成为新的危险分类框架，取代了自2001年起实施的HSNO及相关法规。

第2章

我国对危险品的管理要求

第 2 章　我国对危险品的管理要求

我国是包括危险货物在内的危险品的生产、使用、进出口和消费大国，国家高度重视危险品及包装的安全管理工作。负有危险品安全管理职责的国家机构分工明确，相关部门在危险品及包装的监督管理方面开展了大量卓有成效的工作。我国也已建立了较为完善的危险品管理法律法规体系，相关的国家标准、行业标准日臻成熟完善，发挥了重要的管理、协调作用。

2.1　主要法律法规

2.1.1　《中华人民共和国进出口商品检验法》

为了加强进出口商品检验工作，规范进出口商品检验行为，维护社会公共利益和进出口贸易有关各方的合法权益，促进对外经济贸易关系的顺利发展，1989 年 2 月 21 日第七届全国人民代表大会常务委员会第六次会议通过了《中华人民共和国进出口商品检验法》（简称《商检法》），自 1989 年 8 月 1 日开始施行。根据 2021 年 4 月 29 日第十三届全国人民代表大会常务委员会第二十八次会议《关于修改〈中华人民共和国道路交通安全法〉等八部法律的决定》，对《商检法》进行了第五次修正。

《商检法》是进出口商品检验和监督管理的法律依据，用法律的形式保证商检[①]机构依法独立行使职权。《商检法》突出了国家对进出口商品检验的重点，即列入必须实施检验的进出口商品目录内的进出口商品，由商检机构实施检验。根据《商检法》规定，列入必须实施检验的进出口商品目录内的进口商品未经检验的，不准销售、使用；列入必须实施检验的进出口商品目录内的出口商品未经检验合格的，不准出口；出口危险货物生产包装容器的企业，必须申请商检机构进行包装容器的性能鉴定；生产出口危险货物的企业，必须申请商检机构进行包装容器的使用鉴定；使用未经鉴定合格的包装容器的危险货物，不准出口。

2.1.2　《中华人民共和国进出口商品检验法实施条例》

2005 年 8 月 31 日，国务院令第 447 号公布《中华人民共和国进出口商品检验法实施条例》（简称《商检法实施条例》），自 2005 年 12 月 1 日起施行，根据 2022 年 3 月 29 日《国务院关于修改和废止部分行政法规的决定》进行了第五次修订。

其中，《商检法实施条例》第四条规定："出入境检验检疫机构对列入目录的进出

[①]　出入境检验检疫管理职责和队伍已划入海关总署。

口商品以及法律、行政法规规定须经出入境检验检疫机构检验的其他进出口商品实施检验（以下称法定检验）。出入境检验检疫机构对法定检验以外的进出口商品，根据国家规定实施抽查检验。"

第二十九条规定："出口危险货物包装容器的生产企业，应当向出入境检验检疫机构申请包装容器的性能鉴定。包装容器经出入境检验检疫机构鉴定合格并取得性能鉴定证书的，方可用于包装危险货物。出口危险货物的生产企业，应当向出入境检验检疫机构申请危险货物包装容器的使用鉴定。使用未经鉴定或者经鉴定不合格的包装容器的危险货物，不准出口。"

第五十条规定："提供或者使用未经出入境检验检疫机构鉴定的出口危险货物包装容器的，由出入境检验检疫机构处10万元以下罚款。提供或者使用经出入境检验检疫机构鉴定不合格的包装容器装运出口危险货物的，由出入境检验检疫机构处20万元以下罚款。"

2.1.3 《危险化学品安全管理条例》

为加强危险化学品的安全管理，预防和减少危险化学品事故，保障人民群众生命财产安全，保护环境，2002年1月26日，国务院令第344号公布《危险化学品安全管理条例》（简称《危化条例》），根据2013年12月7日《国务院关于修改部分行政法规的决定》修订，对危险化学品生产、储存、使用、经营和运输等环节的安全管理进行了全面规范和系统规定。

其中，《危化条例》第六条第三款规定："质量监督检验检疫部门负责核发危险化学品及其包装物、容器（不包括储存危险化学品的固定式大型储罐，下同）生产企业的工业产品生产许可证，并依法对其产品质量实施监督，负责对进出口危险化学品及其包装实施检验。"

第十五条规定："危险化学品生产企业应当提供与其生产的危险化学品相符的化学品安全技术说明书，并在危险化学品包装（包括外包装件）上粘贴或者拴挂与包装内危险化学品相符的化学品安全标签。化学品安全技术说明书和化学品安全标签所载明的内容应当符合国家标准的要求。危险化学品生产企业发现其生产的危险化学品有新的危险特性的，应当立即公告，并及时修订其化学品安全技术说明书和化学品安全标签。"

第十七条规定："危险化学品的包装应当符合法律、行政法规、规章的规定以及国家标准、行业标准的要求。危险化学品包装物、容器的材质以及危险化学品包装的型式、规格、方法和单件质量（重量），应当与所包装的危险化学品的性质和用途相适应。"

《危险化学品目录》是落实《危化条例》的重要基础性文件，是企业落实危险化学品安全管理主体责任，以及相关部门实施监督管理的重要依据。根据《危化条例》规定，原国家安全监管总局会同国务院工业和信息化、公安、环境保护、卫生、质量监督检验检疫、交通运输、铁路、民用航空、农业主管部门制定了《危险化学品目录（2015版）》，于2015年5月1日起实施，《危险化学品名录（2002版）》《剧毒化学品目录（2002版）》予以废止。《危险化学品目录（2015版）》共包括2828个品目，根据化学品分类和标签系列国家标准，从化学品28类95个危险类别中，选取了其中危险性较大的81个类别作为危险化学品的确定原则。

2.1.4 《农药管理条例》

为了加强农药管理，保证农药质量，保障农产品质量安全和人畜安全，保护农业、林业生产和生态环境，1997年5月8日，国务院令第216号发布《农药管理条例》，要求对农药生产、经营进行登记和许可管理，对经营农药实施许可证制度，根据2022年3月29日《国务院关于修改和废止部分行政法规的决定》第二次修订。修订后的《农药管理条例》增加了农药知识产权保护的内容，加大了对农药违法行为的处罚力度，其中，第十五条规定："国家对取得首次登记的、含有新化合物的农药的申请人提交的其自己所取得且未披露的试验数据和其他数据实施保护。"

2.1.5 《放射性同位素与射线装置安全和防护条例》

为了加强对放射性同位素、射线装置安全和防护的监督管理，促进放射性同位素、射线装置的安全应用，保障人体健康，保护环境，2005年9月14日，国务院令第449号发布《放射性同位素与射线装置安全和防护条例》，要求自2005年12月1日起，在我国境内生产、销售、使用放射性同位素与射线装置，以及转让、进出口放射性同位素的，应当遵守本条例，并根据2019年3月2日《国务院关于修改部分行政法规的决定》第二次修订。其中，第十六条规定："国务院对外贸易主管部门会同国务院生态环境主管部门、海关总署和生产放射性同位素的单位的行业主管部门制定并公布限制进出口放射性同位素目录和禁止进出口放射性同位素目录。进口列入限制进出口目录的放射性同位素，应当在国务院生态环境主管部门审查批准后，由国务院对外贸易主管部门依据国家对外贸易的有关规定签发进口许可证。进口限制进出口目录和禁止进出口目录之外的放射性同位素，依据国家对外贸易的有关规定办理进口手续。"

2.1.6 《易制毒化学品管理条例》

为了加强易制毒化学品管理，规范易制毒化学品的生产、经营、购买、运输和进口、出口行为，防止易制毒化学品被用于制造毒品，维护经济和社会秩序，2005年8月26日，国务院令第445号公布《易制毒化学品管理条例》，自2005年11月1日起施行，并根据2018年9月18日《国务院关于修改部分行政法规的决定》第三次修订。《易制毒化学品管理条例》明确规定国家对易制毒化学品的生产、经营、购买、运输和进口、出口实行分类管理和许可制度，其中，第五条规定："易制毒化学品的生产、经营、购买、运输和进口、出口，除应当遵守本条例的规定外，属于药品和危险化学品的，还应当遵守法律、其他行政法规对药品和危险化学品的有关规定"。《易制毒化学品管理条例》的附表给出了3类共23种易制毒化学品的清单。

2.1.7 《烟花爆竹安全管理条例》

为了加强烟花爆竹安全管理，预防爆炸事故发生，保障公共安全和人身、财产的安全，2006年1月21日，国务院令第455号公布《烟花爆竹安全管理条例》，对烟花爆竹生产、经营、运输、焰火晚会以及其他大型焰火燃放活动实行许可制度，规定了明确的许可条件和许可程序，并根据2016年2月6日《国务院关于修改部分行政法规的决定》进行修订。该条例涵盖了烟花爆竹制品和用于生产烟花爆竹的民用黑火药、烟火药、引火线等物品。其中，第四条规定"质量监督检验部门负责烟花爆竹的质量监督和进出口检验"。

2.1.8 《民用爆炸物品安全管理条例》

为了加强对民用爆炸物品的安全管理，预防爆炸事故发生，保障公民生命、财产安全和公共安全，2006年5月10日，国务院令第466号公布《民用爆炸物品安全管理条例》，根据2014年7月29日《国务院关于修改部分行政法规的决定》修订。《民用爆炸物品安全管理条例》规范了民用爆炸物品生产、销售和购买、运输、爆破作业的许可制度，规定了民用爆炸物品生产、销售和购买、运输、爆破作业许可的条件、期限和程序，明确对民用爆炸物品的流向实行监控制度。其中，第二十五条规定："进出口民用爆炸物品，应当经国务院民用爆炸物品行业主管部门审批。进出口民用爆炸物品审批办法，由国务院民用爆炸物品行业主管部门会同国务院公安部门、海关总署规定。进出口单位应当将进出口的民用爆炸物品的品种、数量向收货地或者出境口岸所在地县级人民政府公安机关备案。"

2.1.9 《放射性物品运输安全管理条例》

2009年9月14日，国务院令第562号公布《放射性物品运输安全管理条例》，对放射性物品运输容器的设计、制造与使用，放射性物品的运输、监督检查和法律责任进行了规定。

2.2 相关安全监督管理机构及其部门规章

根据《危化条例》规定，我国负有危险化学品安全监督管理职责的部门主要有：安全生产监督管理部门、公安机关、交通运输主管部门、环境保护主管部门、质量监督检验检疫部门、卫生主管部门、工商行政管理部门、邮政管理部门。各部门按照各自职责，分别提出了相关管理要求。

2.2.1 安全生产监督管理部门（应急管理部）

根据《危化条例》规定，安全生产监督部门职责为"负责危险化学品安全监督管理综合工作，组织确定、公布、调整危险化学品目录，对新建、改建、扩建生产、储存危险化学品（包括使用长输管道输送危险化学品，下同）的建设项目进行安全条件审查，核发危险化学品安全生产许可证、危险化学品安全使用许可证和危险化学品经营许可证，并负责危险化学品登记工作"。原国家安全生产监督管理总局（现应急管理部）发布的现行有效的规章主要如下。

1. 《非药品类易制毒化学品生产、经营许可办法》（国家安全生产监督管理总局令第5号公布），规定对非药品类易制毒化学品的生产、经营实行许可制度，对第一类非药品类易制毒化学品的生产、经营实行许可证管理，对第二类、第三类易制毒化学品的生产、经营实行备案证明管理。

2. 《危险化学品生产企业安全生产许可证实施办法》（国家安全生产监督管理总局令第41号公布，国家安全生产监督管理总局令第79号修正，国家安全生产监督管理总局令第89号修正），规定了企业申请安全生产许可证的条件、申请程序、证书颁发以及企业的监督管理和法律责任等。

3. 《危险化学品输送管道安全管理规定》（国家安全生产监督管理总局令第43号公布，国家安全生产监督管理总局令第79号修正），提出了管道安全管理的措施，明确了危险化学品管道单位、管道设计单位、施工单位、工程监理单位等相关方的责任和义务。

4. 《危险化学品建设项目安全监督管理办法》（国家安全生产监督管理总局令第45号公布，国家安全生产监督管理总局令第79号修正），对建设项目安全条件审查和安全设施设计审查、建设项目试生产和安全设施竣工验收、监督管理和法律责任都作了明确规定，是危险化学品建设项目安全管理的规范性文件。

5. 《危险化学品登记管理办法》（国家安全生产监督管理总局令第53号公布），在分类和标签信息，物理、化学性质，主要用途，危险特性，储存、使用、运输的安全要求，出现危险情况的应急处置措施6个方面细化了危险化学品登记的具体内容。

6. 《烟花爆竹生产企业安全生产许可证实施办法》（国家安全生产监督管理总局令第54号公布），规范了烟花爆竹生产企业的安全生产条件，安全生产许可证的申请、颁发、变更、延期工作程序，对取得安全生产许可证的烟花爆竹生产企业的监督管理措施，以及违反办法的相应法律责任。

7. 《危险化学品经营许可证管理办法》（国家安全生产监督管理总局令第55号公布，国家安全生产监督管理总局令第79号修正），对危险化学品经营许可的范围、调整对象、许可权限、程序、发证条件等事项做出明确规定。

8. 《危险化学品安全使用许可证实施办法》（国家安全生产监督管理总局令第57号公布，国家安全生产监督管理总局令第79号修正，国家安全生产监督管理总局令第89号修正），明确了危险化学品生产企业的准入门槛，从申请条件、颁证程序、延期和变更手续、法律责任等各环节规范了危险化学品生产企业安全生产许可证的颁发管理。

9. 《化学品物理危险性鉴定与分类管理办法》（国家安全生产监督管理总局令第60号公布），明确了适用范围、鉴定与分类的定义、安全监管部门等相关单位的职责，以及化学品物理危险性鉴定、分类和仲裁的内容、程序和要求，并对联合鉴定和系列鉴定等有关内容进行了规定。

10. 《烟花爆竹企业保障生产安全十条规定》（国家安全生产监督管理总局令第61号公布），从企业必须依法取得相关证照、确保基础设施符合安全生产要求、健全内部安全管理规章制度、落实从业人员资格管理规定以及严格执行相关安全技术标准等方面进行了规定。

11. 《烟花爆竹经营许可实施办法》（国家安全生产监督管理总局令第65号公布），规定了烟花爆竹经营安全条件，提高准入门槛，规范许可程序，强化监督管理，加大处罚力度，保障烟花爆竹经营安全。

2.2.2 公安机关（公安部）

《危化条例》规定公安机关职责为"负责危险化学品的公共安全管理，核发剧毒化学品购买许可证、剧毒化学品道路运输通行证,并负责危险化学品运输车辆的道路交通安全管理"。公安部发布的主要规章如下。

1. 《剧毒化学品购买和公路运输许可证件管理办法》(公安部令第 77 号发布),规定了对购买和通过公路运输剧毒化学品行为实行许可管理制度,规定购买和通过公路运输剧毒化学品,应当申请取得《剧毒化学品购买凭证》《剧毒化学品准购证》《剧毒化学品公路运输通行证》。

2. 《易制毒化学品购销和运输管理办法》(公安部令第 87 号发布),对易制毒化学品实施许可和备案管理,同时发布《易制毒化学品的分类和品种目录》。

2.2.3　交通运输主管部门(交通运输部)

《危化条例》规定交通运输主管部门职责为"负责危险化学品道路运输、水路运输的许可以及运输工具的安全管理,对危险化学品水路运输安全实施监督,负责危险化学品道路运输企业、水路运输企业驾驶人员、船员、装卸管理人员、押运人员、申报人员、集装箱装箱现场检查员的资格认定。铁路监管部门负责危险化学品铁路运输及其运输工具的安全管理。民用航空主管部门负责危险化学品航空运输以及航空运输企业及其运输工具的安全管理。"交通运输部发布的主要规章如下。

1. 《放射性物品道路运输管理规定》(交通运输部令 2010 年第 6 号发布,交通运输部令 2016 年第 71 号修正,交通运输部令 2023 年第 17 号修正),在源头对放射性物品道路运输企业(单位)、人员和专用车辆进行资质管理,明确各市场主体的责任,规范运输作业行为,明确法律责任,从而保障放射性物品道路运输的安全。

2. 《船舶载运危险货物安全监督管理规定》(交通运输部令 2018 年第 11 号),对船舶在中华人民共和国管辖水域载运危险货物的活动进行了规定,明确了船舶载运危险货物的通航安全和防污染管理、船舶安全管理、申报管理、相关人员管理以及相关法律责任等事项。

3. 《道路危险货物运输管理规定》(交通运输部令 2013 年第 2 号发布,交通运输部令 2016 年第 36 号第一次修正,交通运输部令 2019 年第 42 号第二次修正,交通运输部令 2013 年第 13 号第三次修正)。该规定分为总则,道路危险货物运输许可,专用车辆、设备管理,道路危险货物运输,监督检查,法律责任,附则,共七章六十五条,明确了危险货物道路运输市场秩序、市场监管和道路运输经营者行为要求,建立了专职安全管理人员制度,安全评价制度,剧毒化学品、爆炸品道路运输从业人员考试制度,危险货物道路运输豁免制度,举报和事故报告制度。

4. 《港口危险货物安全管理规定》(交通运输部令 2017 年第 27 号发布,交通运输部令2019年第34号第一次修正,交通运输部令2023年第8号第二次修正)。该规定分为总则、建设项目安全审查、经营人资质、作业管理、应急管理、安全监督与管理、法律责任、附则,共八章九十三条,适用于在港口内进行装卸、过驳、储存、包装危险货物或者对危险货物集装箱进行装拆箱等作业活动安全管理。

5.《危险货物道路运输安全管理办法》(交通运输部、工业和信息化部、公安部、生态环境部、应急管理部、国家市场监督管理总局令第29号公布)。该办法共十章七十九条,分为总则,危险货物托运,例外数量与有限数量危险货物运输的特别规定,危险货物承运,危险货物装卸,危险货物运输车辆及罐式车辆罐体、可移动罐柜、罐箱,危险货物运输车辆运行管理,监督检查,法律责任和附则。

2.2.4　环境保护主管部门(生态环境部)

《危化条例》规定环境保护主管部门职责为"负责废弃危险化学品处置的监督管理,组织危险化学品的环境危害性鉴定和环境风险程度评估,确定实施重点环境管理的危险化学品,负责危险化学品环境管理登记和新化学物质环境管理登记;依照职责分工调查相关危险化学品环境污染事故和生态破坏事件,负责危险化学品事故现场的应急环境监测"。原国家环境保护局(现生态环境部)参与发布的主要规章如下。

《化学品首次进口及有毒化学品进出口环境管理规定》(国家环境保护局、海关总署和对外贸易经济合作部环管〔1994〕140号发布,2007年7月6日修正),要求对进口化学品进行登记管理。该管理规定的配套办法包括《中国禁止或严格限制的有毒化学品名录》,要求对进口化学品从环保角度进行登记管理,并发放《化学品进(出)口环境管理登记证》和《有毒化学品进(出)口环境管理放行通知单》,海关凭通知单放行。

2.2.5　其他职责部门

根据《危化条例》规定,卫生主管部门职责为"负责危险化学品毒性鉴定的管理,负责组织、协调危险化学品事故受伤人员的医疗卫生救援工作",工商行政管理部门职责为"依据有关部门的许可证件,核发危险化学品生产、储存、经营、运输企业营业执照,查处危险化学品经营企业违法采购危险化学品的行为",邮政管理部门职责为"负责依法查处寄递危险化学品的行为"。相关部门都根据本部门职责制定了危险品的管理规定。

第3章

我国对进出口危险品的管理要求

第 3 章 我国对进出口危险品的管理要求

3.1 历史沿革

3.1.1 危险货物包装检验监管

3.1.1.1 海运危险货物包装检验监管

为适应对外贸易发展需要，1985年5月20日由原国家经济委员会、原对外经济贸易部、原交通部和原国家进出口商品检验局联合发布了《海运出口危险货物包装检验管理办法（试行）》（国检四联字〔1985〕217号），从1985年7月1日起在全国范围内开展对海运出口危险货物的包装检验和管理工作。1989年8月1日实施的《商检法》，对出口危险货物包装检验作了明确的法律规定，危险货物包装检验正式走向法制化轨道。

根据IMO的决定，自1991年1月1日起，各国（地区）海运出口的危险货物包装必须按照国际标准实施强制性检验，检验合格才允许用于包装危险货物出口。我国根据IMO的要求，自1985年开始执行IMDG Code和对出口危险货物包装实施强制性检验。到1990年年底，我国出口危险货物包装检验监管体系基本形成，出口危险货物包装质量达到IMDG Code要求。

3.1.1.2 空运危险货物包装检验监管

随着我国对外贸易的发展，空运出口危险货物日益增多，同时，ICAO规定自1995年1月1日起，全世界统一执行ICAO-TI。为适应国内外形势发展要求，保障航空运输安全，促进我国危险货物空运出口，原国家进出口商品检验局、原中国民用航空总局、原国家计划委员会、原对外贸易经济合作部于1995年1月5日颁发了《空运进出口危险货物包装检验管理办法（试行）》（国检务联〔1995〕2号），自1995年5月1日起开展空运进出口危险货物包装检验，促进了空运危险货物的安全出口。

3.1.1.3 铁路运输危险货物包装检验监管

为保障铁路运输安全，促进我国对外贸易发展，原国家出入境检验检疫局、原铁道部、原国家发展计划委员会、原对外贸易经济合作部于2000年2月1日发布《铁路运输出口危险货物包装容器检验管理办法（试行）》（国检检联〔2000〕18号），规定自2000年5月1日起各地检验检疫机构对直接由铁路口岸运输出口危险货物包装容器实施检验和管理。

3.1.1.4 汽车运输危险货物包装检验监管

为加强汽车运输出境危险货物包装容器的检验和监督管理,保障汽车运输安全,促进我国对外经济贸易的发展,原国家质检总局、原交通部、国家发展改革委、商务部于 2003 年 5 月 28 日发布《汽车运输出境危险货物包装容器检验管理办法》,规定自 2003 年 12 月 1 日起,在全国范围内实施汽车运输危险货物包装容器的检验和管理工作。至此,检验检疫机构对出口危险货物及其包装的海运、空运、铁路、汽车运输等海陆空三位一体的监管模式基本形成,出口危险货物及包装的检验与监管体系基本健全。

3.1.1.5 危险货物包装质量许可管理

为加强对出口危险货物包装质量的监督管理,确保出口包装质量,保障运输安全,1997 年 11 月 20 日,原国家进出口商品检验局颁布了《出口危险货物包装质量许可证管理办法》(国检务〔1997〕344 号),要求对生产出口危险货物包装的企业实施出口包装质量许可证管理,危险货物包装生产企业必须获得出口包装质量许可证才能从事出口危险货物包装的生产。许可证有效期为 3 年。获证企业在许可证期满前 6 个月可提出复查申请,由商检机构复查合格后换发新证书。

2007 年 8 月 8 日,原国家质检总局根据国务院清理行政审批项目的要求,发布《关于下放出口危包质量许可证审批权的通知》(国质检检函〔2007〕661 号),将出口危险货物包装容器质量许可证审批权下放至直属检验检疫局。

目前,各地海关按照《规章范本》及海关总署《关于调整出口危险货物包装生产企业代码的公告》(海关总署公告 2019 年第 15 号)有关规定,对出口危险货物包装及其生产企业实施企业代码管理。

3.1.2 小型气体容器、烟花爆竹、打火机检验监管

3.1.2.1 出口小型气体容器检验监管

为加强对海运出口危险货物小型气体容器的检验与管理,原国家进出口商品检验局、原交通部于 1995 年 8 月 19 日颁发《关于对海运出口危险货物小型气体容器包装实施检验和管理的通知》,规定自 1995 年 11 月 1 日起,各地商检部门对出口危险货物小型气体容器及包装实施检验。

第 3 章　我国对进出口危险品的管理要求

3.1.2.2　出口烟花爆竹检验监管

烟花爆竹是我国传统出口商品，属于易燃易爆的危险货物，在生产、储存、装卸、运输各环节极易发生安全事故。为保证烟花爆竹安全运输出口，1999 年 12 月 2 日，原国家出入境检验检疫局发布《出口烟花爆竹检验管理办法》（国家出入境检验检疫局令第 9 号），规定自 2000 年 1 月 1 日起，各地检验检疫机构对出口烟花爆竹生产企业实施登记管理制度，出口烟花爆竹的检验和监督管理工作采取产地检验和口岸查验相结合的原则。盛装出口烟花爆竹的运输包装，也必须按照《规章范本》进行检验和标记。

3.1.2.3　出口打火机检验监管

为提高我国出口打火机的质量，保障运输以及消费者人身安全，原国家出入境检验检疫局、原对外贸易经济合作部、海关总署于 2001 年 3 月 1 日联合发布《关于对出口打火机、点火枪类商品实施法定检验的通知》，将出口打火机、点火枪类商品列入法定检验，自 2001 年 6 月 1 日起正式实施出口法定检验。

3.1.3　危险化学品检验监管

2009 年 8 月 1 日，《出口工业产品企业分类管理办法》（质检总局令第 113 号）开始实施，规定对出口危险化学品按照严密监管方式进行检验监管。2010 年，原国家质检总局部署部分直属检验检疫机构试点推行 GHS 工作，要求自 2011 年 1 月 1 日起，开展 GHS 危险公示信息符合性核查工作，加强出口危险化学品危险特性分类鉴别工作。

2011 年 2 月 16 日，国务院修订通过《危险化学品安全管理条例》，并于 2011 年 12 月 1 日起实施。该条例规定，质检部门负责对进出口危险化学品及其包装实施检验。

2011 年 12 月 2 日，原国家质检总局、海关总署联合下发了《关于调整〈出入境检验检疫机构实施检验检疫的进出境商品目录（2012 年）〉的公告》，将《危险化学品名录》（2002 版）部分产品调入出入境检验检疫机构实施检验检疫的进出境商品目录。

2012 年 2 月 29 日，原国家质检总局下发《关于进出口危险化学品及其包装检验监管有关问题的公告》（质检总局公告 2012 年第 30 号），规定自 2012 年 2 月 1 日起，对进出口危险化学品及其包装实施检验。

2020 年 12 月 18 日，海关总署发布《关于进出口危险化学品及其包装检验监管有关问题的公告》（海关总署公告 2020 年第 129 号），自 2021 年 1 月 10 日起实施，原国家质检总局 2012 年第 30 号公告同时废止。

2023 年 4 月 7 日，海关总署发布《关于进一步加强进口危险化学品检验监管的公告》（海关总署公告 2023 年第 29 号），要求对进口危险化学品实施批批"审单验证+口岸检验或者目的地检验"模式，根据进口危险化学品属性和危险货物包装类型设定检验作业环节（地点）和比例。

3.2 出口危险货物包装检验有关管理制度

我国关于出口危险货物包装检验的管理规章，是基于《规章范本》等国际规章制定的。《商检法》及《商检法实施条例》关于出口危险货物包装检验的规定，奠定了出口危险货物包装检验在我国的法律地位。原国家质检总局与相关部门制定的《海运出口危险货物包装检验管理办法（试行）》《空运进出口危险货物包装检验管理办法（试行）》《铁路运输出口危险货物包装容器检验管理办法（试行）》《汽车运输出境危险货物包装容器检验管理办法》等，为《商检法》关于出口危险货物包装检验管理规定具体实施提供了制度保障。

3.2.1 海运出口危险货物包装检验有关管理制度

1.《海运出口危险货物包装检验管理办法（试行）》（国检四联字〔1985〕217号），1985 年 7 月 1 日实施，主要内容如下。

海运出口危险货物的包装容器生产厂要向商检机构办理登记。生产厂必须按照 IMDG Code 的要求，组织危险货物包装容器的生产。生产的包装容器必须铸印或标明经商检机构批准的生产厂代号及批号。

生产厂在包装容器生产检验合格的基础上，向商检机构申请性能鉴定。在商检机构定期鉴定的周期内，生产厂如需改变产品标准和加工工艺，应及时向商检机构重新申请鉴定。

危险货物生产厂，凭商检机构出具的包装容器性能鉴定证书，按 IMDG Code 要求使用包装容器，并逐批向商检机构申请办理使用鉴定。

商检机构根据申请办理海运出口危险货物的包装鉴定，签发性能鉴定证书和使用鉴定证书，并根据不同条件和需要，采取逐批检验、定期检验和不定期抽验等不同方式。

出口经营部门凭商检机构出具的包装容器性能鉴定证书和使用鉴定证书验收危险货物。

港务部门凭商检机构出具的包装容器性能鉴定证书和使用鉴定证书，安排出口危险货物的装运。

2.《关于〈海运出口危险货物包装检验管理办法〉(试行)补充规定的通知》(交运字〔1991〕251号),1991年4月5日发布,主要内容如下。

关于包装检验证书的有效期。有效期根据包装容器的材料性质和所装货物的性质确定,钢桶、复合桶、纤维(板)桶和纸桶,如盛装固体货物有效期一般为1年半,盛装液体货物有效期一般为1年;其他包装容器有效期一般为1年。所有盛装腐蚀性货物的包装容器,从货物灌装之日起有效期不应超过6个月。有效期自性能检验合格证书签发之日起计算,有效期的终止日期应在性检验合格证书和使用鉴定合格证书上注明。

关于包装性能检验和使用鉴定的"分证"。商检局对每批性能检验合格的包装容器出具一份证书,称为"总证"。一批包装容器分别销售给两个或两个以上用户时,包装生产厂可凭"总证"到所在地商检局办理"分证"。

3.2.2　空运出口危险货物包装检验有关管理制度

1.《空运进出口危险货物包装检验管理办法》(国检务联〔1995〕2号),1995年5月1日实施,主要内容如下。

商检机构依照空运出口危险货物包装性能检验和使用鉴定规程(该规程内容目前已合并至SN/T 0370.2—2021《出口危险货物包装检验规程 第2部分:性能检验》和SN/T 0370.3—2021《出口危险货物包装检验规程 第3部分:使用鉴定》)进行检验和鉴定,经检验和鉴定合格,分别签发《性能检验结果单》《使用鉴定结果单》。

空运出口危险货物包装生产单位对其产品厂检合格后,向商检机构申请空运出口危险货物包装性能检验,对盛装液体的包装容器还须提供每个包装容器气密试验合格单。经检验合格的包装容器应按我国有关的规定和ICAO-TI要求,在容器上印制包装标记、航空运输符号、工厂代号及生产批号。

空运出口危险货物包装容器的使用单位对包装容器的使用情况自检合格后,应持商检机构签发的《性能检验结果单》,逐批向商检机构申请空运出口危险货物包装使用鉴定。

航空货运部门凭商检机构出具的《使用鉴定结果单》承运,并按航空运输主管机关规定进行包装查验并封识。

2.《关于空运出口危险货物包装检验证单有关要求的通知》(国检务〔1995〕44号),1995年2月20日发布,主要内容如下。

通知规定了《空运出口危险货物包装容器性能检验结果单》和《空运出口危险货物包装容器使用鉴定结果单》样本。

通知规定了《空运出口危险货物包装容器性能检验结果单》有效期，根据不同类型包装容器分别为：玻璃、陶瓷制包装容器有效期为 2 年；金属、木、纸制包装容器有效期为 1 年；塑料包装容器有效期为半年。《空运出口危险货物包装容器使用鉴定结果单》有效期暂定为 3 个月。

3.2.3　铁路运输出口危险货物包装容器检验有关管理制度

《铁路运输出口危险货物包装容器检验管理办法（试行）》（国检检联〔2000〕18号），2000 年 5 月 1 日实施，主要内容如下。

检验检疫机构依照铁路运输出口危险货物包装容器性能检验和使用鉴定规程（该规程内容目前已合并至 SN/T 0370.2—2021《出口危险货物包装检验规程 第 2 部分：性能检验》和 SN/T 0370.3—2021《出口危险货物包装检验规程 第 3 部分：使用鉴定》）进行检验和鉴定，经检验和鉴定合格后，分别签发适于铁路运输出口的危险货物包装《性能检验结果单》和《使用鉴定结果单》。

生产、经营出口危险货物包装容器的部门对危险货物的包装容器负有直接责任。铁路运输出口危险货物包装容器生产单位，其产品经自检合格后向检验检疫机构申请铁路运输出口危险货物包装容器性能检验，并须提供厂检合格单。包装容器上应按照我国有关规定，铸压和印刷包装标记、铁路运输符号、工厂代号及生产批号。

铁路运输出口危险货物包装容器的使用单位对包装容器的使用情况自检合格后，应持检验检疫机构签发的《性能检验结果单》，逐批向检验检疫机构申请铁路运输出口危险货物包装容器的使用鉴定。

托运人凭检验检疫机构出具的《使用鉴定结果单》办理托运。

铁路运输部门凭《使用鉴定结果单》受理托运，并在承运前对出口危险货物包装容器进行查验。

3.2.4　汽车运输出口危险货物包装容器检验有关管理制度

《汽车运输出境危险货物包装容器检验管理办法》，2003 年 12 月 1 日实施，主要内容如下。

检验检疫机构对出口危险货物包装容器性能检验和使用鉴定检验合格后，签发《性能检验结果单》和《使用鉴定结果单》。

生产、经营出境危险货物包装容器的单位对危险货物的包装容器负有直接责任。汽车运输出境危险货物包装容器生产企业，其产品经自检合格后，应向所在地检验检疫机构申请汽车运输出境危险货物包装容器性能检验，同时提供厂检合格单。包装容器上应按照相关规定铸压或者印刷包装标记、工厂代号及生产批号。

汽车运输出境危险货物包装容器的使用单位对包装容器的使用情况自检合格后，应持检验检疫机构签发的《性能检验结果单》，逐批向检验检疫机构申请汽车运输危险货物包装容器的使用鉴定。

托运人应当凭检验检疫机构出具的《使用鉴定结果单》办理托运。承运人应当凭《使用鉴定结果单》受理托运，并按照有关规定进行包装查验。

交通部门设立的口岸交通运输管理站负责对出境危险货物包装及包装容器进行查验。

关于《性能检验结果单》的有效期。钢桶、复合桶、纤维板桶、纸桶盛装固体货物的《性能检验结果单》有效期为18个月；盛装液体货物的有效期为1年；其他包装容器的《性能检验结果单》有效期为1年。所有盛装腐蚀性货物的包装容器，从灌装之日起有效期不应超过6个月。

关于检验周期。同一规格、材质、制造工艺的包装容器的检验周期为3个月。汽车运输常压液体危险货物罐体及附件检验周期为1年。

3.2.5 不同运输方式危险货物包装管理的异同点

3.2.5.1 相同点

不同运输方式的管理办法在对危险货物包装检验与管理的职责划分，人员要求，检验、管理、查验模式及要求等方面具有很多共同点，具体体现在以下方面。

各种运输方式的危险货物包装检验管理办法均依据《商检法》及《规章范本》的有关规定而制定。

1. 各种运输方式的出口危险货物包装检验的主管机关均为检验检疫部门，即海关；各地海关负责管理和办理所辖地区出口危险货物包装的检验工作。

2. 从事各种运输方式的出口危险货物包装检验的人员必须经海关总署考核并取得相应资质后，方准上岗。

3. 出境危险货物包装容器的检验包括性能检验、使用鉴定。性能检验由包装生产企业（包括代理企业）申请，使用鉴定由出口危险货物包装使用企业（包括出口代理）申请。

4. 出口危险货物包装生产企业申请出境危险货物包装容器性能检验应在厂检合格的基础上进行，必须提供厂检合格单。首次申请性能检验的，或者经性能检验合格后该设计型号包装的设计、材质、加工工艺发生改变的，在申请性能检验时应当同时提供包装容器的设计、制造工艺及原材料检验合格单等。

5. 出境危险货物包装容器性能检验采取周期检验和不定期抽查相结合的方式。检验周期（检验周期指上次容器性能检验与下次容器性能检验之间的间隔时间）之内，企业可凭周期检测报告、厂检合格单、企业声明办理《性能检验结果单》。

《性能检验结果单》的有效期根据包装容器的材料性质和所装货物的性质确定：钢桶、复合桶、纤维板桶、纸桶盛装固体货物的《性能检验结果单》有效期为18个月，盛装液体货物的有效期为12个月；其他包装容器的《性能检验结果单》有效期为12个月；所有包装容器如果盛装腐蚀性货物，从灌装之日起《性能检验结果单》有效期不应超过6个月。《性能检验结果单》有效期即为包装容器的使用有效期，包装容器如未能在有效期内使用完毕，需重新进行性能检验。

6. 包装容器生产单位应依据有关国际危险化学品规定及我国技术法规的强制要求，在经检验合格的包装容器上铸压或者印刷包装标记、工厂代号及生产批号。

7. 出境危险货物包装容器使用单位或出口单位，在对包装容器使用情况自检合格的基础上，凭企业厂检合格单、《性能检验结果单》逐批向检验检疫机构申请包装容器的使用鉴定。首次出口的危险货物应同时提供危险货物的危险特性评价报告，首次使用的出口危险货物包装容器（塑料容器、带内涂或镀层容器）同时应提供相容性报告。

8. 使用单位使用进口的包装容器或者境外客户自备的包装容器，必须附有生产国（地区）主管部门认可的检验机构出具的符合《规章范本》要求的包装性能检验证书，否则不允许使用该包装容器。

3.2.5.2 不同点

由于运输方式不同、涉及的出口环节不同，海运、空运、铁路运输、汽车运输在对危险货物的包装管理方面，也存在一些细微差别，具体体现在以下方面。

1. 由于航空运输的特殊性，申请空运危险货物包装性能检验时，对于盛装液体的包装容器还须提供每个包装容器气密试验合格单。

2. 《铁路运输出口危险货物包装容器检验管理办法（试行）》《汽车运输出境危险货物包装容器检验管理办法》分别适用于由铁路口岸、公路口岸直接出口的危险货物。

3. 检验周期方面，海运出口危险货物包装性能检验周期分1个月、3个月、6个月3个档次，起始周期为3个月，连续3次周期检验合格者，则其检验周期升一档，凡出现一次周期检验不合格，则其检验周期降一档；汽运出口危险货物包装性能检验周期为3个月，汽运常压危险货物罐体及附件检验周期为12个月；《空运出口危险货物包装容器使用鉴定结果单》有效期暂定为 3 个月。

4. 包装查验方面，海运出口危险货物包装由海事或港监部门负责核查《性能检验结果单》《使用鉴定结果单》，港务部门凭以上两种证单安排装运，并负责进行现场查验；空运出口危险货物包装由各航空运输企业货运部门负责核查《性能检验结果单》《使用鉴定结果单》，并对出口危险货物包装进行现场查验；铁路运输出口危险货物包装由铁路承运部门负责核查《使用鉴定结果单》，并在承运前对出口危险货物包装容器进行现场查验；汽运出口危险货物包装由交通部门设立的交通运输管理站负责核查《使用鉴定结果单》，并对出口危险货物包装容器进行现场查验，交通运输管理站将每批出口危险货物包装《使用鉴定结果单》留存 1 年。

3.3 出口小型气体容器、烟花爆竹、打火机管理制度

随着世界各国（地区）安全、卫生、环保意识的加强，以及我国外贸出口规模的扩大，我国对出口危险货物的管理逐步由包装检验管理扩大到一些危险物品的管理，目前实施法定检验的危险物货物包括小型气体容器、烟花爆竹、打火机等。

3.3.1 海运出口危险货物小型气体容器管理制度

《关于对海运出口危险货物小型气体容器包装实施检验和管理的通知要求》（国检务联〔1995〕第 229 号），1995 年 8 月 19 日由原国家进出口商品检验局、原交通部联合发布，主要内容如下。

小型气体容器包装实施检验的范围包括：充灌有易燃气体的打火机、点火器、气体充灌容器；容量不超过 1000cm^3，工作压力大于 0.1MPa（100kPa）的气体喷雾器及其他充灌有气体的容器。

检验检疫机构对出口危险货物小型气体容器生产企业实行注册登记管理，并按原国家质检总局《出口商品质量许可证管理办法》进行考核（目前质量许可已取消，海关对生产企业实施代码管理）。检验检疫机构依据 IMDG Code 及 SN/T 0324—2014《海运出口危险货物小型气体容器包装检验规程》，对海运出口危险货物小型气体容器包装进行性能试验和使用鉴定。

企业应在厂检合格的基础上，凭性能试验报告、包装件厂检单、外包装《性能检验结果单》，向检验检疫机构申请小型气体容器包装检验。

3.3.2 出口烟花爆竹管理制度

1.《出口烟花爆竹检验管理办法》（国家出入境检验检疫局令第 9 号公布，海关总

署令第 238 号修改），2000 年 1 月 1 日起实施，主要内容如下。

出口烟花爆竹的检验和监督管理工作采取产地检验与口岸查验相结合的原则。

主管海关对出口烟花爆竹的生产企业实施登记管理制度，登记管理条件与程序按《出口烟花爆竹生产企业登记细则》办理。

出口烟花爆竹的生产企业应当按照《规章范本》和有关法律、法规的规定生产、储存出口烟花爆竹。

海关对首次出口或者原材料、配方发生变化的烟花爆竹应当实施烟火药剂安全稳定性能检测。对长期出口的烟花爆竹产品，每年应当进行不少于一次的烟火药剂安全性能检验。

盛装出口烟花爆竹的运输包装，应当标有联合国规定的危险货物包装标记和出口烟花爆竹生产企业的登记代码标记。凡经检验合格的出口烟花爆竹，由海关在其运输包装明显部位加贴验讫标志。

海关应当对出口烟花爆竹运输包装进行使用鉴定，以及检查其外包装标识的名称、数量、规格、生产企业登记代码等与实际是否一致。经检查上述内容不一致的，不予放行。

2.《关于修改并公布〈出口烟花爆竹检验管理办法〉〈进口涂料检验监督管理办法〉附件的公告》（海关总署公告 2018 年第 34 号），海关总署于 2018 年 5 月 4 日下发，主要内容如下。

已登记的出口烟花爆竹生产企业应及时向所在地海关提出申请，于 2018 年 7 月 1 日前完成生产企业登记代码变更。

3.3.3 出口打火机、点火枪类商品管理制度

《关于对出口打火机、点火枪类商品实施法定检验的通知》（国检检联〔2001〕52 号），原国家出入境检验检疫局、原对外贸易经济合作部、海关总署于 2001 年 3 月 1 日联合发布，对出口打火机、点火枪类商品自 2001 年 6 月 1 日起实施出口法定检验，主要内容如下。

出口检验时其安全性能项目必须符合 SN/T 0761.1—2011《进出口危险品打火机检验规程》的要求。

出口报验、检验及监督管理、出具证书等按照国家出入境检验检疫机构的有关规定执行，海关凭《出境货物通关单》验放。

3.4 进出口危险化学品有关管理制度

为履行我国执行 GHS 的承诺，推动我国化学品安全管理与国际接轨，自 2004 年开始，原国家质检总局要求各地检验检疫机构以危险货物包装使用鉴定为切入点，探索在进出口领域率先执行 GHS。

《关于进出口危险化学品及其包装检验监管有关问题的公告》（海关总署公告 2020 年第 129 号），2020 年 12 月 18 日下发，主要内容如下。

海关对列入国家《危险化学品目录》（最新版）的进出口危险化学品实施检验。

进口危险化学品的收货人或者其代理人报关时，填报事项应包括危险类别、包装类别（散装产品除外）、联合国危险货物编号（UN 编号）、联合国危险货物包装标记（UN 标记）（散装产品除外），同时还应提供：进口危险化学品企业符合性声明；对需要添加抑制剂或稳定剂的产品，应提供实际添加抑制剂或稳定剂的名称、数量等情况说明；中文危险公示标签（散装产品除外）、中文安全数据单的样本。

出口危险化学品的发货人或者其代理人向海关申报时，应提供：出口危险化学品生产企业符合性声明；《出境货物运输包装性能检验结果单》（散装产品及国际规章豁免使用危险货物包装的除外）；危险特性分类鉴别报告；危险公示标签（散装产品除外）、安全数据单样本，如是外文样本，应提供对应的中文翻译件；对需要添加抑制剂或稳定剂的产品，应提供实际添加抑制剂或稳定剂的名称、数量等情况说明。

危险化学品进出口企业应当保证危险化学品符合以下要求：我国国家技术规范的强制性要求（进口产品适用）；有关国际公约、国际规则、条约、协议、议定书、备忘录等；输入国家或者地区技术法规、标准（出口产品适用）；海关总署以及原国家质检总局指定的技术规范、标准。

进出口危险化学品检验的内容包括：产品的主要成分/组分信息、物理及化学特性、危险类别等是否符合本公告第四条的规定；产品包装上是否有危险公示标签（进口产品应有中文危险公示标签），是否随附安全数据单（进口产品应附中文安全数据单）；危险公示标签、安全数据单的内容是否符合本公告第四条的规定。

对进口危险化学品所用包装，应检验包装型式、包装标记、包装类别、包装规格、单件重量、包装使用状况等是否符合本公告第四条规定。

对出口危险化学品的包装，应按照海运、空运、汽车、铁路运输出口危险货物包装检验管理规定、标准实施性能检验、使用鉴定，分别出具《出境货物运输包装性能检验结果单》《出境危险货物运输包装使用鉴定结果单》。

用作食品、食品添加剂的进出口危险化学品，应符合食品安全相关规定。

第4章

危险货物分类

第 4 章 危险货物分类

在全球贸易体系中，危险货物的安全运输是维护公共安全、环境保护和经济活力的关键环节。由于危险货物涉及广泛的物质和物品，包括但不限于易燃、易爆、有毒、放射性和腐蚀性物质和物品，这些物质和物品在不当管理下可能导致严重的人员伤害、环境污染和财产损失。因此，建立一个全面、统一和国际认可的危险货物分类体系以确保这些物质和物品在全球范围内的安全和高效运输显得尤为重要。

正是在这样的背景下，联合国制定了《规章范本》。《规章范本》提供了一个国际通用的框架，旨在通过标准化危险货物的分类、包装、标记和运输要求，降低这些物质和物品在运输过程中可能造成的风险。《规章范本》的目标不仅是保护人类生命和环境免受危险货物运输事故的伤害，同时也促进了国际贸易的顺畅运行。

4.1 危险货物分类简介

《规章范本》对危险货物的分类进行了详细的规定，这些规定不但全面，而且非常具体，旨在为全球的危险货物运输提供统一的安全指导。根据危险货物的危险性质和风险程度，危险货物被细致地划分为不同的类别，如爆炸品、易燃液体、易燃固体、氧化性物质、毒性物质、放射性物质以及腐蚀性物质等。每一类别下还有更为详细的项别划分，以确保各类危险货物在运输过程中能得到妥善处理。这些危险货物分类不仅指导着运输和包装的安全管理，也为相关国家（地区）和组织制定应对危险货物事故的紧急预案和处理程序提供了重要参考。遵循这些分类和相应的规章标准，可以最大限度地降低危险货物运输和处理过程中的风险，保障公众和环境的安全。

4.1.1 《规章范本》中危险货物的分类

危险货物分类是对运输过程中可能造成人员伤害、财产损失或环境污染的物品和物质进行系统性划分的过程。这一分类体系基于物品或物质的物理化学特性及其潜在危险，将其分为多个类别和子类别，以便于识别、处理和运输。在《规章范本》中，按危险货物具有的危险性或最主要的危险性分成 9 个类别，有些类别下再分成项别。

4.1.1.1 第 1 类 爆炸品

该类危险货物包括以下物质和物品。

第一，爆炸性物质（物质本身不是爆炸品，但能形成气体、蒸汽或粉尘爆炸环境者，不列入第 1 类），不包括那些太危险以致不能运输或其主要危险性符合其他类别的物质。

第二,爆炸性物品,不包括下述装置:其中所含爆炸性物质的数量或特性,不会使其在运输过程中偶然或意外被点燃或引发后因迸射、发火、冒烟、发热或巨响,而在装置外部产生任何影响。

第三,为产生实际爆炸或烟火效果而制造的上述两款中未提及的物质或物品。

禁止运输过分敏感或反应性很强以致可能产生自发反应的爆炸性物质。

1. 相关概念

(1) 爆炸性物质。

固体或液体物质(或物质混合物),自身能够通过化学反应产生气体,其温度、压力和速度能对周围环境和物品造成破坏。烟火物质(即使不放出气体)也包括在内。

(2) 烟火物质。

通过不起爆的自持放热化学反应,产生热、光、声、气或烟的效果或综合效果的物质或物质混合物。

(3) 爆炸性物品。

含有一种或几种爆炸性物质的物品。

(4) 减敏剂。

将该类物质加入爆炸物中,以提升搬运和运输过程中的安全性。减敏剂使爆炸物不敏感或降低爆炸物对以下情况的敏感度:热、振动、撞击、打击或摩擦。典型的减敏剂有蜡、纸、水、聚合物(如氯氟聚合物)、酒精和油(如凡士林油和石蜡)等。

2. 项别

该类危险货物划分为6项。

(1) 1.1项 有整体爆炸危险的物质和物品(整体爆炸是指实际上瞬间影响几乎全部载荷的爆炸)。

(2) 1.2项 有迸射危险,但无整体爆炸危险的物质或物品。

(3) 1.3项 有燃烧危险并兼有局部爆炸危险或局部迸射危险之一,或兼有这两种危险,但无整体爆炸危险的物质和物品。

本项包括:产生相当大辐射热的物质和物品;相继燃烧,产生局部爆炸或迸射效应或兼有两种效应的物质和物品。

(4) 1.4项 不造成重大危险的物质和物品。

本项包括的物质和物品,在运输过程中一旦点燃或引发,只造成较小的危险。危险效应主要限于包件本身,并且估计不会有较大的碎片射出,射程也不远。外部火烧不会引起包件几乎全部内装物的瞬间爆炸。

(5) 1.5项 有整体爆炸危险的非常不敏感物质。

第 4 章 危险货物分类

本项所包含的物品具有整体爆炸危险,但非常不敏感,以致在正常运输条件下引发或由燃烧转为爆炸的可能性非常小。

(6) 1.6项 没有整体爆炸危险的极端不敏感物品。

本项所包括的物品,主要含极不敏感物质,其发生意外的概率可以忽略不计。

注意,1.6项物品的危险仅限于单个物品的爆炸。

4.1.1.2 第2类 气体

气体的危险性主要表现在两个方面:容器破裂甚至爆炸带来的危险和气体物质本身的化学性质引起的危险。气体的危险性是指易燃性、窒息性、氧化性和毒性。气体的运输状态依据其物理状态分为压缩气体、液化气体、冷冻液化气体、溶解气体和吸附气体。

1. 相关概念

(1) 气体。

在50℃时蒸气压大于300kPa的物质,或者20℃时在101.3kPa标准压力下完全是气态的物质。

(2) 压缩气体。

在-50℃下加压包装交付运输时完全是气态的气体,包括临界温度小于或等于-50℃的所有气体。

(3) 液化气体。

在温度大于-50℃下加压包装交付运输时部分是液态的气体。可分为高压液化气体(临界温度在-50℃和65℃之间的气体)和低压液化气体(临界温度大于65℃的气体)。

(4) 冷冻液化气体。

包装交付运输时由于其温度低而部分呈液态的气体。

(5) 溶解气体。

加压包装交付运输时溶解于液相溶剂中的气体。

(6) 吸附气体。

在包装交付运输时,将气体吸附在固体多孔材料中,产生的贮器内部压力在20℃时小于101.3kPa,在50℃时小于300kPa。

2. 项别

根据气体在运输中的主要危险性划入以下3个项别中的1项。

(1) 2.1项 易燃气体。

在20℃和101.3kPa标准压力下,在与空气的混合物中按体积占13%或更少时可点燃的气体，或者与空气混合，可燃幅度至少为12个百分点气体，不论易燃性下限如何。

（2）2.2项 非易燃无毒气体。

窒息性气体，会稀释或取代通常在空气中的氧气的气体；氧化性气体，一般而言，通过提供氧气，比空气更能引起或促使其他材料燃烧的气体；不属于其他项别的气体。

（3）2.3项 毒性气体。

已知对人类具有毒性或腐蚀性，其强度足以对健康造成严重危害的气体；LC_{50}[①]等于或小于5000 mL/m³，因而推定对人类具有毒性或腐蚀性的气体。

具有两个项别以上危险性的气体和气体混合物，其危险性的先后顺序如下：2.3项优先于所有其他项；2.1项优先于2.2项。

4.1.1.3 第3类 易燃液体

易燃液体通常具有的特性是易挥发性、易燃性，以及由这些性质引起的爆炸等。衡量易燃液体的主要指标是闪点和沸点。该类危险货物包括易燃液体和液态退敏爆炸品。

1. 易燃液体

易燃液体是在通常称为闪点的温度（闭杯试验不高于60℃，或开杯试验不高于65.6℃）时放出易燃蒸气的液体或液体混合物，或是在溶液或悬浮液中含有固体的液体（例如油漆、清漆、喷漆等，但不包括由于它们的危险特性而划入其他类别的物质）。本类还包括在温度等于或高于其闪点的条件下提交运输的液体，以及以液态在高温条件下运输或提交运输，并且在温度等于或低于最高运输温度下放出易燃蒸气的物质。

2. 液态退敏爆炸品

液态退敏爆炸品是溶解或悬浮在水中或其他液态物质中，形成的一种均匀的液态混合物，以抑制其爆炸性质的爆炸性物质。

4.1.1.4 第4类 易燃固体、易于自燃的物质、遇水放出易燃气体的物质

该类危险货物的共同特性是易燃，但不同物质又各有不同特点。该类危险货物分为3个项别。

---

① 关于LC_{50}的介绍，请参见4.1.1.6节。

1. 4.1 项 易燃固体、自反应物质、固态退敏爆炸品和聚合物质（稳定的）

（1）易燃固体。

易燃固体是易于燃烧的固体和摩擦可能起火的固体。易于燃烧的固体为粉状、颗粒状或糊状，如与燃烧的火柴等火源短暂接触很容易起火，并且火势会迅速蔓延，十分危险。危险不仅来自火，还可能来自毒性燃烧产物。金属粉特别危险，一旦起火就难以扑灭。

（2）自反应物质。

自反应物质是即使没有氧气（空气）也容易发生激烈放热分解的热不稳定物质。自反应物质的分解可因热、与催化性杂质（如酸、重金属化合物、碱）接触、摩擦或碰撞而发生。自反应物质的分解速率随温度的升高而增加，不同物质的分解速率不同。在分解过程中，特别是在没有点火发生的情况下，可能导致有毒气体或蒸气的产生。对于某些自反应物质，必须控制温度。一些自反应物质可能会爆炸性地分解，特别是当它们被限制在封闭空间内时，通过添加稀释剂或使用适当的包装，可以改变这一情况。另外，有些自反应物质会剧烈燃烧。

（3）固态退敏爆炸品。

固态退敏爆炸品是用水或酒精湿润或用其他物质稀释，形成的一种均匀的固态混合物，以抑制其爆炸性质的爆炸性物质。

（4）聚合物质（稳定的）。

聚合性物质是在不添加稳定剂的情况下，在正常运输条件下可能发生强烈放热反应，生成较大分子或形成聚合物的物质。

2. 4.2 项 易于自燃的物质

（1）发火物质。

发火物质是即使只有少量与空气接触不到 5 分钟便燃烧的物质，包括混合物和溶液（液体或固体）。

（2）自热物质。

自热物质是发火物质以外的与空气接触不需要能源供应便能够自己发热的物质。这类物质只有在数量很大（几千克）并经过长时间（几小时或几日）的情况下才会燃烧。

3. 4.3 项 遇水放出易燃气体的物质

遇水放出易燃气体的物质与水接触可能放出易燃气体，这种气体与空气混合能够形成爆炸性混合物。这种混合物很容易被常见的火源点燃，如无灯罩的灯、产生火花的手工工具或无防护的灯泡，所产生的冲击波和火焰可能对人和环境造成危害。

4.1.1.5 第5类 氧化性物质和有机过氧化物

第5类危险货物主要包括氧化性物质和有机过氧化物。

1. 相关概念

（1）氧化性物质。

氧化性物质本身未必可燃，但通常因放出氧可能引起或促使其他物质燃烧。

（2）有机过氧化物。

有机过氧化物是一种有机物质，它含有双价—O—O—结构，可看作是过氧化氢的衍生物，其中一个或两个氢原子被有机基团所取代。有机过氧化物是热不稳定的物质，可能会发生放热的自加速分解反应。此外，这类物质还可能具有以下一个或多个特性：易于发生爆炸性分解；迅速燃烧；对冲击或摩擦敏感；与其他物质起危险反应；损害眼睛。

2. 项别

（1）5.1项 氧化性物质。

氧化性固体。氧化性固体是指固态的氧化剂，它能够促进或引起其他物质燃烧，且在反应过程中释放氧。这类物质通常作为化学反应的催化剂或在工业生产过程中的氧化剂。

氧化性液体。与氧化性固体类似，氧化性液体是能够促进或引起其他物质燃烧的液态化学品。它在参与化学反应时释放氧，增加燃烧反应的速度和强度。

（2）5.2项 有机过氧化物。

所有有机过氧化物都应划入5.2项，除非有机过氧化物配方如下：有效氧含量不超过1.0%，而过氧化氢含量不超过1.0%；有效氧含量不超过0.5%，而过氧化氢含量超过1.0%且不超过7.0%。

4.1.1.6 第6类 毒性物质和感染性物质

第6类危险货物分为毒性物质和感染性物质。

1. 相关概念

（1）毒性物质。

在吞食、吸入或与皮肤接触后可能造成严重伤害或死亡，或损害人类健康。

（2）感染性物质。

感染性物质是已知或有理由认为带有病原体的物质。病原体是指可造成人或动物感染疾病的微生物（包括细菌、病毒、寄生虫、真菌等）和其他媒介，如病毒蛋白。

(3) 急性口服毒性的 LD_{50}[①]值。

急性口服毒性的 LD_{50} 值是经过统计学方法得出的一种物质的单一剂量，可使白鼠幼崽口服后，在 14d 内造成 50% 试验白鼠幼崽的死亡。LD_{50} 值用试验物质的质量与试验动物单位质量的比表示（mg/kg）。

(4) 急性经皮毒性的 LD_{50} 值。

急性经皮毒性的 LD_{50} 值是使白兔的裸露皮肤持续接触 24h，最可能引起这些试验动物在 14d 内死亡一半的物质剂量。试验动物的数量应够大，以使结果具有统计意义，并且与良好的药理实践相一致。结果以每千克体重的毫克数表示。

(5) 急性吸入毒性的 LC_{50}[②]值。

急性吸入毒性的 LC_{50} 值是使雌雄白鼠幼崽连续吸入 1h 后，最可能引起这些试验动物在 14d 内死亡一半的蒸气、烟雾或粉尘的浓度。固态物质如果其总质量的至少 10% 可能是可吸入范围的粉尘，即粉粒的气体动力直径为 10μm 或更小时，应进行试验。液态物质如果在运输封装漏泄时可能产生烟雾，应进行试验。不管是固态物质还是液态物质，准备用于吸入毒性试验的样品，应 90% 以上（按质量计算）在上述规定的可吸入范围内。就粉尘和烟雾而言，试验结果以每升空气中的毫克数表示，就蒸气而言，试验结果以每立方米空气中的毫克数表示（百万分率）。

2. 项别

(1) 6.1 项 毒性物质。

在缺乏人类经验时，应以动物试验所得的数据为依据划定包装类别。以 3 种可能的施用方式进行试验：经口摄入；皮肤接触；吸入粉尘、烟雾或蒸气。

化学性质不稳定的 6.1 项下的毒性物质不得运输（除非已采取必要的防范措施），防止在正常运输条件下可能发生危险的分解或聚合反应。

(2) 6.2 项 感染性物质。

A 类感染性物质。以某种形式运输的感染性物质，在与之发生接触时，可造成人或动物的永久性失残、生命危险或致命疾病。

B 类感染性物质。不符合列入 A 类标准的感染性物质。

4.1.1.7 第 7 类 放射性物质

放射性物质是指含有放射性元素并且托运货物的放射性浓度和总放射性强度都超

---

① LD_{50}：半致死剂量值。
② LC_{50}：半致死浓度。

过规定数值的物质。放射性物质的危险性在于辐射污染，最终使人受到辐射伤害。放射性物质是自发和连续地放射出某种类型辐射（电离辐射）的物质，这种辐射对人类健康有害。

4.1.1.8　第8类　腐蚀性物质

腐蚀性物质是通过化学作用对皮肤造成不可逆转的损伤，或在渗漏时对其他货物或运输工具造成严重损害乃至完全毁坏的物质。

4.1.1.9　第9类　杂项危险物质和物品，包括危害环境物质

第9类危险货物，是在运输过程中存在危险，但其他类别未包括在内的物质和物品。

1. 相关概念

（1）急性水生毒性。

物质本身的性质，水生生物体在水中短时间暴露于具有急性水生毒性的物质即可对生物体造成伤害。

（2）慢性水生毒性。

物质本身的性质，水生生物体在水中暴露于具有慢性水生毒性的物质的情况下，可对生物体造成有害影响，其程度根据生物体的生命周期确定。

（3）毒性物质在生物体内的积累。

生物体通过所有暴露途径（如空气、水、沉积/土壤和食物等），摄取、转变和清除某种物质的净结果。

（4）降解。

有机分子分解为更小的分子，并最后分解为二氧化碳、水和盐类。

2. 分类

（1）以细微粉尘吸入可危害健康的物质

UN2212[①]　石棉，闪石（铁石棉、透闪石、阳起石、直闪石、青石棉）

UN2590　石棉、温石棉

（2）会放出易燃气体的物质。

UN2211　聚合珠粒料，可膨胀，放出易燃气体

UN3314　塑料造型化合物，呈面团状、薄片或挤压出的绳索状，可放出易燃蒸气

---

① 该号码为联合国危险货物编号（UN编号），下同。

（3）锂电池组。

UN3090　锂金属电池组（包括锂合金电池组）

UN3091　装在设备中的锂金属电池组（包括锂合金电池组）或

UN3091　与设备包装在一起的锂金属电池组（包括锂合金电池组）

UN3480　锂离子电池组（包括聚合物锂离子电池）

UN3481　包含在设备中的锂离子电池组（包括聚合锂离子电池组）或

UN3481　与设备包装在一起的锂离子电池组（包括聚合锂离子电池组）

UN3536　安装在货运单元中的锂电池组

（4）钠离子电池组。

UN3551　有机电解质钠离子电池组

UN3552　包含在设备中的钠离子电池组或与设备包装在一起的有机电解质钠离子电池组。

（5）电容器。

UN3499　双电层电容器（储能容量大于 0.3W·h）

UN3508　非对称电容器（储能容量大于 0.3W·h）

（6）救生设备。

UN2990　救生器材，自动膨胀式

UN3072　非自动膨胀式救生器材，器材中带有危险品

UN3268　救生器材，电启动

UN3559　灭火剂喷洒装置

（7）一旦发生火灾可形成二噁英的物质和物品。

UN2315　液态多氯联苯

UN3432　固态多氯联苯

UN3151　液态多卤联苯或

UN3151　液态单甲基卤化二苯基甲烷或

UN3151　液态多卤三联苯

UN3152　固态多卤联苯或

UN3152　固态单甲基卤化二苯基甲烷或

UN3152　固态多卤三联苯

（8）在高温下运输或交付运输的物质（液体）。

UN3257　高温液体，未另作规定的，温度等于或高于100℃、低于其闪点（包括熔融金属、熔融盐类等）

（9）在高温下运输或交付运输的物质（固体）。

UN3258　高温固体，未另作规定的，温度等于或高于240℃

（10）危害环境物质（固体）。

UN3077　对环境有害的固态物质，未另作规定的

（11）危害环境物质（液体）。

UN3082　对环境有害的液态物质，未另作规定的

（12）转基因微生物或转基因生物体。

UN3245　转基因微生物或

UN3245　转基因生物体

（13）硝酸铵基化肥。

UN2071　硝酸铵基化肥

（14）运输过程中存在危险但不能满足另一类别定义的其他物质和物品。

UN1841　乙醛合氨

UN1845　固态二氧化碳（干冰）

UN1931　连二亚硫酸锌（亚硫酸氢锌）

UN1941　二溴二氟甲烷

UN1990　苯甲醛

UN2216　鱼粉（鱼屑），稳定的

UN2807　磁化材料

UN2969　蓖麻籽或

UN2969　蓖麻粉或

UN2969　蓖麻油渣或

UN2969　蓖麻片

UN3166　易燃气体驱动的车辆或

UN3166　易燃液体驱动的车辆

UN3166　燃料电池车辆，易燃气体驱动或

UN3166　燃料电池车辆，易燃液体驱动

UN3171　电池组驱动车辆或

UN3171　电池组驱动设备

UN3316　化学品箱或

UN3316　急救箱

UN3334　空运受管制的液体，未另作规定的

UN3335　空运受管制的固体，未另作规定的

UN3359　熏蒸过的货物运输单元

UN3363　物品中的危险货物或

UN3363　机器中的危险货物或

UN3363　仪器中的危险货物

UN3509　废弃空包装，未清洁

UN3530　内燃机或

UN3530　内燃机器

UN3548　含有未另作规定的杂项危险货物的物品

UN3356　锂离子电池组驱动的车辆

UN3357　锂金属电池组驱动的车辆

UN3358　钠离子电池组驱动的车辆

4.1.2　危险货物包装的类别

除第1类、第2类、第7类、第5类的5.2项、第6类的6.2项，以及第4类的4.1项自反应物质外的其他各类危险货物，按照它们具有的危险程度，划分为3个包装类别：

Ⅰ类包装———显示高度危险性的物质；

Ⅱ类包装———显示中等危险性的物质；

Ⅲ类包装———显示轻度危险性的物质。

多数常用危险货物的包装类别均在《规章范本》的"危险货物一览表"中列明，表中未列明的也可通过《规章范本》中规定的试验方法来确定。

4.2　危险性先后顺序

在危险货物运输领域，确保货物的安全性和可靠性是至关重要的。危险货物可能具有多种不同的危险性，如一种货物可能同时具有易燃、腐蚀性、毒性等。为了准确评估和处理这些多重危险性，必须依据一定的规则和标准来确定其主要的和次要的危险性。《规章范本》作为国际上通用的指导性文件，通过"危险性先后顺序"的设定，为危险货物的分类和运输提供了重要框架和标准。本节将深入探讨这一先后顺序的逻辑与实际应用，确保在运输和处理危险货物时，能够作出最为合理和安全的决策。

《规章范本》在"危险货物一览表"中列出危险货物的主、次危险性。未列入

"危险货物一览表"的，应根据《规章范本》"危险性先后顺序表"来确定，如表4-1所示。需要说明的是，有些主要危险性总是占据优先地位，无论其在顺序表中的先后顺序如何，包括：

第1类爆炸品；第2类气体；第3类项下的液态退敏爆炸品；4.1项下的自反应物质和固态退敏爆炸品；4.2项下的发火物质；5.2项有机过氧化物；具有包装类别Ⅰ吸入毒性的6.1项物质［注意，其中符合第8类的标准并且粉尘和烟雾吸入毒性（LC_{50}）在包装类别Ⅰ的范围内，但经口或经皮接触毒性只在包装类别Ⅲ的范围内或更小的物质或制剂除外，这类物质或制剂应划入第8类］；6.2项感染性物质；第7类放射性物质。

表4-1 《规章范本》危险货物危险性先后顺序表

类或项及包装类别		4.2	4.3	5.1 Ⅰ	5.1 Ⅱ	5.1 Ⅲ	6.1,Ⅰ经皮	6.1,Ⅰ经口	6.1 Ⅱ	6.1 Ⅲ	8,Ⅰ液体	8,Ⅰ固体	8,Ⅱ液体	8,Ⅱ固体	Ⅲ液体	Ⅲ固体
3	Ⅰ*		4.3				3	3	3	3	3	−	3	−	3	−
3	Ⅱ*		4.3				3	3	3	3	8	−	3	−	3	−
3	Ⅲ*		4.3				6.1	6.1	6.1	3**	8	−	8	−	3	−
4.1	Ⅱ*	4.2	4.3	5.1	4.1	4.1	6.1	6.1	4.1	4.1	−	8	−	4.1	−	4.1
4.1	Ⅲ*	4.2	4.3	5.1	4.1	4.1	6.1	6.1	6.1	4.1	−	8	−	8	−	4.1
4.2	Ⅱ		4.3	5.1	4.2	4.2	6.1	6.1	4.2	4.2	8	8	4.2	4.2	4.2	4.2
4.2	Ⅲ		4.3	5.1	5.1	4.2	6.1	6.1	6.1	4.2	8	8	8	4.2	4.2	4.2
4.3	Ⅰ			5.1	4.3	4.3	6.1	4.3	4.3	4.3	4.3	4.3	4.3	4.3	4.3	4.3
4.3	Ⅱ			5.1	4.3	4.3	6.1	4.3	4.3	4.3	8	8	4.3	4.3	4.3	4.3
4.3	Ⅲ			5.1	5.1	5.1	6.1	6.1	6.1	4.3	8	8	8	8	4.3	4.3
5.1	Ⅰ						5.1	5.1	5.1	5.1	5.1	5.1	5.1	5.1	5.1	5.1
5.1	Ⅱ						6.1	5.1	5.1	5.1	8	8	5.1	5.1	5.1	5.1
5.1	Ⅲ						6.1	6.1	6.1	5.1	8	8	8	8	5.1	5.1
6.1	Ⅰ,皮肤										8	6.1	6.1	6.1	6.1	6.1
6.1	Ⅰ,口服										8	6.1	6.1	6.1	6.1	6.1

续表

6.1	Ⅱ,吸入					8	6.1	6.1	6.1	6.1	6.1
6.1	Ⅱ,皮肤					8	6.1	8	6.1	6.1	6.1
6.1	Ⅱ,口服					8	8	8	6.1	6.1	6.1
6.1	Ⅲ					8	8	8	8	8	8

资料来源：此表引自《规章范本》2.0.3.3节的危险性先后顺序表（未作删改），未列入本表的危险性，见《规章范本》2.0.3节。

注：1. *自反应物质和固态退敏爆炸品以外的4.1项物质以及液态退敏爆炸品以外的第3类物质。

2. **农药为6.1。

3. -表示不可能组合。

4.3 危险货物一览表及其结构

危险货物一览表是《规章范本》中的核心内容之一，它提供了一个详尽的框架，用于识别和分类全球范围内运输的危险货物。该表不仅列出了众多常见的危险货物，还详细注明了它们的特性、危险性以及相应的运输要求，有助于从业人员迅速、准确地了解和处理各种危险货物，从而确保运输过程的安全与效率。

本节将深入探讨危险货物一览表的结构和使用方法。该表是理解和应用《规章范本》的关键，它提供了危险货物的正确运输名称、类别、次要危险性、包装类别等关键信息。通过正确使用该表，可以对危险货物进行科学的分类和管理，进而制定出合理的运输策略和安全措施。这不仅有助于降低运输风险，还能提高运输的合规性和效率。因此，深入了解并熟练掌握危险货物一览表，对于从事危险货物运输和管理的人员来说至关重要。

4.3.1 适用范围

危险货物一览表在《规章范本》中占了相当大的篇幅，限定了危险货物的范围，列出了4000多种在运输中常见的危险货物，为危险货物检验监管人员提供了重要的技术资料。该表包括已列明的危险货物条目、物品条目、通用条目和未另作规定的条目。因为列出每种危险物质和物品商业上的特殊名称是不切实际的，特别是一些不同成分和浓度的溶液、混合物名称，所以危险货物一览表还引用通用条目和未另作规定的条目（例如：1993，易燃液体，未另作规定的）。

4.3.2 一般规定

对于在危险货物一览表中已列出的具体危险货物名称，应按表中适用于该物质或物品的规定运输。对于在危险货物一览表中没有列入的物质或物品，可以使用"类属"和"未另作规定的"条目的要求进行运输。物质或物品只有在其危险性质确定后才可以运输，并且应按照类别定义和试验标准对该物质或物品进行分类，并使用危险货物一览表中最恰当地描述该物质或物品的名称。物质或物品的类别一经确定，必须满足《规章范本》规定的所有装货和运输条件。

含有该表中列明的一种危险物质和一种或多种非危险物质的混合物或溶液应按照该危险物质要求运输，除非有特殊规定。

必须使用该表中危险货物的正确运输名称。在一个 UN 编号下的多个名称组成的条目，应选择一个合适正确的运输名称。

对于危险货物一览表中没有列出的物质或物品，可以使用通用条目或未另作规定的条目，每个条目都指定一个 UN 编号，但是应根据有关规定使用。

若危险货物一览表中对某种物质或物品规定有预防措施（如必须加稳定剂或减敏剂），则该物质或物品在未采取这些措施的情况下一般不得运输，除非该物质或物品列在别处（如第1类），并且未标明须采取的预防措施，或者标明了不同的预防措施。

4.3.3 危险货物一览表结构说明

危险货物一览表包括了《规章范本》中所有的危险货物条目，并将它们的 UN 编号、名称和说明、类别或项别、次要危险性、联合国包装类别、特殊规定、有限和例外数量等要求列成多个栏目，如表4-2所示。

表4-2 《规章范本》危险货物一览表

UN编号	名称和说明	类别或项别	次要危险性	联合国包装类别	特殊规定	有限和例外数量		包装和中型散装容器		可移动罐体和散装容器	
						有限数量	例外数量	包装指南	特殊包装规定	指南	特殊规定
(1)	(2)	(3)	(4)	(5)	(6)	(7a)	(7b)	(8)	(9)	(10)	(11)
—	3.1.2	2.0	2.0	2.0.1.3	3.3	3.4	3.5	4.1.4	4.1.4	4.2.5/4.3.2	4.2.5

第4章 危险货物分类

续表1

UN编号	名称和说明	类别或项别	次要危险性	联合国包装类别	特殊规定	有限和例外数量		包装和中型散装容器		可移动罐体和散装容器	
								包装指南	特殊包装规定	指南	特殊规定
(1)	(2)	(3)	(4)	(5)	(6)	(7a)	(7b)	(8)	(9)	(10)	(11)
-	3.1.2	2.0	2.0	2.0.1.3	3.3	3.4	3.5	4.1.4	4.1.4	4.2.5/4.3.2	4.2.5
0004	苦味酸铵，干的或湿的，按质量含水低于10%	1.1D				0	E0	P112 (a) P112 (b) P112 (c)	PP26		
0005	武器子（炮）弹，带爆炸装药	1.1F				0	E0	P130 LP101			
0006	武器子（炮）弹，带爆炸装药	1.1E				0	E0	P130 LP101	PP67 L1		
0007	武器子（炮）弹，带爆炸装药	1.2F				0	E0	P130 LP101			
0009	燃烧弹药，带或不带起爆药、发射药或推进药	1.2G				0	E0	P130 LP101	PP67 L1		
0010	燃烧弹药，带或不带起爆药、发射药或推进药	1.3G				0	E0	P130 LP101	PP67 L1		
0012	武器子（炮）弹，带惰性射弹或轻武器子弹	1.4S				364	5kg	E0	P130 LP101			
0014	武器子（炮）弹，空包弹；或轻武器子弹，空包弹；工具子弹，空包弹	1.4S				364	5kg	E0	P130 LP101			
0015	发烟弹药，带或不带起爆药、发射药或推进药	1.2G				204	0	E0	P130 LP101	PP67 L1		

63

续表2

UN编号	名称和说明	类别或项别	次要危险性	联合国包装类别	特殊规定	有限和例外数量		包装和中型散装容器		可移动罐体和散装容器	
								包装指南	特殊包装规定	指南	特殊规定
(1)	(2)	(3)	(4)	(5)	(6)	(7a)	(7b)	(8)	(9)	(10)	(11)
—	3.1.2	2.0	2.0	2.0.1.3	3.3	3.4	3.5	4.1.4	4.1.4	4.2.5/4.3.2	4.2.5
0016	发烟弹药，带有或不带起爆药、发射药或推进药	1.3G			204	0	E0	P130 LP101	PP67 L1		
0018	催泪弹药，带起爆药、发射药或推进药	1.2G	6.1 8			0	E0	P130 LP101	PP67 L1		
0019	催泪弹药，带起爆药、发射药或推进药	1.3G	6.1 8			0	E0	P130 LP101	PP67 L1		
0020	毒性弹药，带起爆药、发射药或推进药	1.2K	6.1		274	0	E0	P101			
0021	毒性弹药，带起爆药、发射药或推进药	1.3K	6.1		274	0	E0	P101			
0027	黑火药（火药），颗粒状或粉状	1.1D				0	E0	P113	PP50		
0028	压缩黑火药（火药）或丸状黑火药（火药）	1.1D				0	E0	P113	PP51		
0029	非电引爆雷管，爆破用	1.1B				0	E0	P131	PP68		
0030	电引爆雷管，爆破用	1.1B			399	0	E0	P131			
0033	炸弹，带爆炸装药	1.1F				0	E0	P130 LP101			

第4章 危险货物分类

续表3

UN 编号	名称和说明	类别或项别	次要危险性	联合国包装类别	特殊规定	有限和例外数量		包装和中型散装容器		可移动罐体和散装容器	
								包装指南	特殊包装规定	指南	特殊规定
(1)	(2)	(3)	(4)	(5)	(6)	(7a)	(7b)	(8)	(9)	(10)	(11)
—	3.1.2	2.0	2.0	2.0.1.3	3.3	3.4	3.5	4.1.4	4.1.4	4.2.5/4.3.2	4.2.5
0034	炸弹，带爆炸装药	1.1D				0	E0	P130 LP101	PP67 L1		
0035	炸弹，带爆炸装药	1.2D				0	E0	P130 LP101	PP67 L1		
0037	摄影闪光弹	1.1F				0	E0	P130 LP101			
0038	摄影闪光弹	1.1D				0	E0	P130 LP101	PP67 L1		
0039	摄影闪光弹	1.2G				0	E0	P130 LP101	PP67 L1		
0042	助爆管，不带雷管	1.1D				0	E0	P132（a） P132（b）			
0043	起爆装置，爆炸性亡	1.1D				0	E0	P133	PP69		

资料来源：此表格直接引自《规章范本》3.2 章中的危险货物一览表（行数有删减）。

1. 第 1 栏：UN 编号

本栏是根据联合国分类制度给物品或物质划定的系列号码。

2. 第 2 栏：名称和说明

本栏包括用英文大写字母、中文黑体字表示的正式运输名称，可能附加用英文小写字母、中文宋体字写出的说明文字。

3. 第 3 栏：类别或项别

本栏包括类别或项别，如果是第 1 类爆炸品，还包括按照《规章范本》描述的分类制度给物品或物质划定的配装组。

4. 第 4 栏：次要危险性

本栏包括《规章范本》确定的任何重要次要危险性的类号或项号。

5. 第 5 栏：联合国包装类别

本栏是给物品或物质划定的联合国包装类别编号（即Ⅰ、Ⅱ或Ⅲ）。

6. 第 6 栏：特殊规定

本栏所示的号码指《规章范本》3.3.1 节中所载的与物品或物质有关的任何特殊规定。特殊规定适用于允许用于特定物质或物品的所有包装类别，除非其措辞表明不同的情况。

7. 第 7 栏 a：有限数量

本栏对按照《规章范本》3.4 章准许运输的有限数量危险货物，规定了每个内包装和外包装所装的最大数量。

8. 第 7 栏 b：例外数量

本栏列出《规章范本》3.5.1.2 节所列的字母数字编码，表明根据 3.5 章准许的例外数量，每件内包装和外包装可运输的危险货物最大数量。

9. 第 8 栏：包装和中型散装容器包装指南

本栏中的字母数字编码指《规章范本》4.1.4 节中规定的有关包装规范。包装规范表明可用于运输物质和物品的容器（包括中型散装容器和大包装），其中：

包含字母"P"的编码指使用《规章范本》6.1 章、6.2 章或 6.3 章描述的包装的包装指南；

包含字母"IBC"的编码指使用《规章范本》6.5 章描述的中型散装容器的包装指南；

包含字母"LP"的编码指使用《规章范本》6.6 章描述的大包装的包装指南。

10. 第 9 栏：包装和中型散装容器特殊包装规定

本栏中的字母数字编码指《规章范本》4.1.4 节中有关特殊包装的规定。特殊包装规定表明适用于包装（包括中型散装容器和大包装）的特殊规定。其中：

包含字母"PP"的特殊规定，指适用于使用带编码"P"的包装规范的特殊包装指南；

包含字母"B"的特殊规定，指适用于使用带编码"IBC"的包装规范的特殊包装指南。

11. 第 10 栏：可移动罐体和散装容器指南

本栏列出一个前加字母"T"的号码，可参考指《规章范本》4.2.5 节中的有关规范，这些规范规定了物质使用可移动罐柜运输时所要求的罐体型号。带有字母"BK"的编码，指《规章范本》6.8 章中规定的散装货物运输使用的散装容器类型。允许用多元气体容器运输的气体，在《规章范本》4.1.4.1 节中包装规范 P200 表 1 和表 2 的

"多元气体容器"栏内标明。

12. 第 11 栏：可移动罐体和散装容器特殊规定

本栏列出一个前加字母"TP"的号码，指《规章范本》4.2.5.3 节中所列适用于可移动罐柜运输物质时适用的所有特殊规定。

第5章

化学品的危险特性分类

危险特性分类是化学品管理和安全使用的核心环节之一。为了确保化学品的正确处理、储存和使用，应对它们进行全面准确的危险特性分类。其重要性体现在多个方面。

人身安全。正确的危险特性分类有助于化学品在生产、运输、储存和使用过程中对人类健康的影响得到控制，可以提高人们对潜在危险的认识，并采取适当的防护措施，从而减少意外事故和伤害的发生。

环境保护。化学品对环境的影响包括土壤污染、水体污染和空气污染等。通过正确分类和标示化学品的危险特性，可以降低化学品泄漏或释放对环境造成的损害，保护生态系统的稳定性和健康水平。

合规性。许多国家（地区）都制定了法规和标准，要求对化学品进行正确的危险特性分类和标识。正确的分类有助于企业遵守相关法规，避免因未达到合规要求而面临法律责任和罚款。

贸易和运输。国际贸易中涉及大量化学品的运输。统一的危险特性分类和标示系统，可以降低国际贸易中因语言和文化差异而导致的误解和风险，促进贸易畅通和经济发展。

公众信息透明。准确的危险特性分类和标识有助于提供公众所需的关于化学品安全和风险的信息，加深公众对化学品的认识和理解，提高社会对化学品管理和监管的信任和支持。

本章将深入探讨化学品危险特性分类的程序、试验方法和相关标准，并通过标准化的试验方法进行验证。通过本章的学习，读者将能够更好地理解化学品危险特性分类的复杂性，并掌握进行分类所必需的工具和知识。

5.1　危险特性分类的一般原则

GHS 适用于纯物质及其稀释溶液和混合物。危险特性分类不仅有助于人们更好地识别和管理不同类型的危险化学品，还能确保相关人员的安全。GHS 为危险化学品的分类提供了明确的指导原则，通过这一系列严谨的步骤，人们能够准确地判断化学品的危险性，并据此采取相应的安全措施。接下来，本章将深入探讨 GHS 中提及的"危险分类"概念及其关键步骤。

5.1.1　危险（危害）种类和类别

GHS 对化学品的危险特性进行了全面且详尽的分类，共划分为 29 个危险（危害）种类（Hazard Class），涵盖了 17 个物理危险、10 个健康危害以及 2 个环境危害。每种危险（危害）种类都代表了化学物质所固有的某种物理、健康或环境危险（危害）性。比如，"易燃固体"指的是那些在特定条件下容易起火或助燃的化学物质；"致癌性"则指的是那些有可能诱发癌症的化学物质；"急毒性"则指的是那些在短时间内能对生物体造成严重伤害甚至致死的化学物质。

为了对这些危险（危害）进行更为细致地评估和管理，GHS还在每个危险（危害）种类下划分了多个危险（危害）类别（Hazard Category）。根据危险（危害）的严重程度和可能造成的后果，这些危险（危害）类别进一步细分为不同的等级。例如，易燃液体被详细划分为4个危险类别，这样的分类有助于人们更准确地评估风险并采取相应的预防措施。同样，急毒性被划分为5个危害类别，根据物质对生物体的毒性程度和接触时间来分类。

物理危险、健康危害、环境危害的种类和危险（危害）类别的清单分别如表5-1、表5-2、表5-3所示。

表5-1 GHS危险化学品物理危险一览表

危险种类	危险类别						
爆炸物	不稳定爆炸物	1.1项	1.2项	1.3项	1.4项	1.5项	1.6项
易燃气体		1A		1B	2	—	—
	易燃气体	发火气体	化学性质不稳定气体	—	—	—	—
			A	B			
气雾剂和加压化学品	1	2	3				
氧化性气体	1	—					
高压气体	压缩气体	液化气体	冷冻液化气体	溶解气体			
易燃液体	1	2	3	4			
易燃固体	1	2					
自反应物质和混合物	A型	B型	C型	D型	E型	F型	G型
发火液体	1						
发火固体	1	—					
自热物质和混合物	1	2	—				

续表

危险种类	危险类别						
遇水放出易燃气体的物质和混合物	1	2	3	—	—	—	—
氧化性液体	1	2	3	—	—	—	—
氧化性固体	1	2	3	—	—	—	—
有机过氧化物	A型	B型	C型	D型	E型	F型	G型
金属腐蚀剂	1	—	—	—	—	—	—
退敏爆炸品	1	2	3	4	—	—	—

表 5-2 健康危害一览表

危害种类	危害类别				
急毒性：口服					
急毒性：皮肤	1	2	3	4	5
急毒性：吸入					
皮肤腐蚀/刺激	1			2	3
	1A	1B	1C	—	—
严重眼损伤/眼刺激	1	2A	2B	—	—
呼吸或皮肤致敏	1	1A	1B	—	—
生物细胞致突变性	1A	1B	2	—	—
致癌性	1A	1B	2	—	—
生殖毒性	1A	1B	2	附加分类	—
特定目标器官毒性——单次接触	1	2	3	—	—
特定目标器官毒性——重复接触	1	2	—	—	—
吸入危险	1	2	—	—	—

表 5-3 环境危害一览表

危害种类		危害类别			
危害水生环境	急性	1	2	3	—
	慢性	1	2	3	4
危害臭氧层		1	—	—	—

5.1.2 分类步骤

GHS 对于危险特性的分类包含以下 3 个步骤。

5.1.2.1 识别与物质或混合物的危险性相关的数据

首先，根据 GHS 的分类适用范围来确定某种化学品是否需要分类。这一制度适用于化学物质及混合物，但不适用于医药品、食品添加剂、化妆品或食品中的农药残留物。简单来说，如果某化学品是 GHS 中定义的"物质"或"混合物"，那么它就需要被分类。在 GHS 中，物质是指化学元素及其化合物，包括任何必要的添加剂和杂质，但不包括可以轻易分离的溶剂；混合物是指由两种或多种物质混合而成，如合金等。

另外，若化学品仅用于医药、食品添加、化妆或作为食品中的农药残留，则无须分类。

5.1.2.2 审查上述数据，以确定与物质或混合物相关的危险性

根据 GHS 对危险（危害）种类的划分，分类人员可以从联合国相关机构和发达国家管理部门的官方数据库中查询和收集必要的数据。他们会对这些数据的质量和可靠性进行评估，以确保其适用性和充分性。

当存在多组同一化学品试验数据时，分类人员需要核实这些数据是否遵循了如《OECD 化学品测试准则》等国际公认的试验导则或其他等效的测试方法。在选择数据时，会优先考虑那些可靠的数据来进行分类判断。例如，在评估健康危害性时，如果能够获取多个急毒性（LD_{50}/LC_{50}）数据，分类人员会首先选择那些遵循《OECD 化学品测试准则》并由符合良好实验室规范的实验室提供的数据。若缺少完全符合这些标准的数据，则会选择遵循《OECD 化学品测试准则》但来源不明确的数据。如果仍然难以做出选择，分类人员会综合考虑试验数据的年份、试验剂量、试验动物种类和染毒途径的有效性等因素，选择科学性最高的数据进行分类评估。在面临困难决策时，分类人员可能会寻求相关领域的专家帮助。

在判断化学品的物理危险性时，分类人员还会参考过去的生产、储运和使用经验，以及现有的化学品危险分类结果，以帮助他们判断某一分类的适用性，并决定是否需要进行进一步的试验。

需要特别注意的是，虽然危险化学品生产商提供的安全技术说明书可能包含有关化学品危害性的信息，但在未经验证其原始文献来源的情况下，这些信息不应用于 GHS 的危险分类。

5.1.2.3 根据分类标准和判定逻辑判定其危险（危害）种类（类别）

危险（危害）性分类主要是识别化学品的潜在危险，包括物理危害、健康危害和环境危害。为了确定化学品的危险（危害）分类，需要将其所识别到的危险（危害）及其严重程度与 GHS 中的化学品分类标准进行对比，并依据相应的判定规则来进行。

在分类过程中，首先考虑能否缩小化学品的分类范围。GHS 列出了 17 种物理危险。通过观察化学品的物理形态，如气体、液体或固体，并分析其分子中是否含有某些特定的原子基团，如与爆炸性或自反应性相关的基团，可以更精确地确定化学品的分类范围。这样不仅能提高分类的准确性，还能使整个过程更为高效。

部分物理危险种类适用的物理状态如表 5-4 所示。

表 5-4　部分物理危险种类适用的物理状态

物理危险种类	适用的物理状态		
	气体	液体	固体
爆炸物	×	√	√
易燃气体	√	×	×
气雾剂	√	√	√
氧化性气体	√	×	×
加压气体	√	×	×
易燃液体	×	√	×
易燃固体	×	×	√
自反应物质和混合物	×	√	√
发火液体	×	√	×
发火固体	×	×	√
自热物质和混合物	×	△	√
遇水放出易燃气体的物质和混合物	×	√	√
氧化性液体	×	√	×
氧化性固体	×	×	√
有机过氧化物	×	√	√
金属腐蚀物	△	√	△
退敏爆炸品	×	√	√

资料来源：本表格内容来源于 Japan GHS Classification Guidance for Enterprises，2009。

注：√表示适用；×表示不适用；△表示可能适用，但尚未建立相应的试验方法。

在选择确定适当的分类数据基础上,根据 GHS 中每个危险(危害)分类种类和类别标准,对这些信息进行分析判断,就该物质是否符合分类标准做出判定。当符合某一危险(危害)性分类种类的标准时,分类人员应当针对该危险(危害)性种类指定一个或几个危险(危害)性类别,做出分类结论,然后给该物质指定相应的危险(危害)性公示要素。若待分类物质缺少分类所需要的数据,则只有开展相关试验,获取有效和充分相关数据之后,才能进行分类判定。

如果分类人员存在疑问,不能做出正确的分类判定,应当邀请相关领域专家判断选择最适当的分类数据值并做出分类判定。

5.1.2.4 描述分类结论和分类依据

完成分类判定后,应使用适当的专业术语来表述分类结果及其分类依据。通常可采用以下 4 项专业术语来表达 GHS 分类的结论,即不能分类(Classification is Not Possible)、不适用(Not Applicable)、非此类(Not Classified)、具体分类类别(Specified Class and Category)。

各分类结论术语的含义及其适用举例如表 5-5 所示。完成分类判定后,还应在分类原始记录中清楚说明分类结论和分类依据,分类依据包括做出分类判定的理由、分类数据依据及其参考文献来源。

表 5-5 分类结论专用术语的含义和适用举例

专用术语	含义	适用举例
不能分类	在查询各类数据信息源之后,没有可提供的数据或者缺少充分的数据判定一种物质的危险性分类,分类结论为"不能分类"	(1)没有数据或者提供的数据不充分。如判定易燃液体类别 1,需要(初)沸点和闪点两项数据。如果只提供了闪点或沸点数据之一的,则不能分类; (2)试验方法不适用。例如,联合国规定的鉴别自热物质的试验方法,目前仅适用于粉状或颗粒状固体物质的测试,而适用于液体物质(包括熔点在 140℃ 的固体物质)的试验方法尚未建立。如果待分类物质为液体,由于不能提供测试数据,因而不能分类

续表

专用术语	含义	适用举例
不适用	鉴于某些物理性质，如其物理形态不符合某一物理危险种类定义的范围，或者一种物质分子结构中不含有某些特定原子基团，因而不适用某一危险性分类标准的判定程序，分类结论为"不适用"	(1) 固态物质或气态物质不适用易燃液体的分类； (2) 爆炸物的分子结构中应含有与爆炸性相关的特定原子基团，如芳香硝基、亚硝基、叠氮化物等。如果物质分子结构中不含有该原子基团，则不适用
非此类	虽然掌握了一种物质的充分数据，但是按照分类标准和程序判定分类之后，仍然没有足够证据将该物质划为 GHS 某一危险（危害）种类中最低危险（危害）的类别，其分类结论为"非此类"。如果是由于缺少充分的数据，其分类结论应当为"不能分类"	(1) 根据易燃液体分类标准，物质的闭杯闪点应当≤93℃，如果一种液体物质的闭杯闪点大于93℃，则分类结论为"非此类"； (2) 根据危害水生环境物质分类标准，一种物质的急性水生毒性 $LC(LE)_{50} \leqslant 100mg/L$，如果其 $LC(LE)_{50} > 100mg/L$，其分类结论为"非此类"
具体分类类别	明确说明划定的 GHS 某一危险（危害）性类别	如易燃液体类别1、致癌性类别1

5.1.3 混合物的分类顺序

本章主要介绍物质和混合物的分类标准，每个危险种类都聚焦于一个具体的危险（危害）类别，或是一组紧密相关联的危险（危害）类别，为读者提供了清晰的分类指导。针对大多数危险类别的混合物分类，GHS 推荐以下顺序。

1. 如果混合物有试验数据，混合物的分类将始终依据该数据进行。

2. 如果混合物本身没有试验数据，那么就应考虑每个具体章节中所载并说明的"架桥原则"①，看哪些原则可用于对混合物分类。如果试验数据确定地表明无须分类，那么也可适用"架桥原则"。

3. 对于健康危害和环境危害而言，如果混合物本身没有试验数据，并且现有信息不足以适用上述"架桥原则"，就只能采用所述的认定方法，根据已知信息估计其危险（危害），再对混合物做出分类。

在多数情况下，难以获取所有混合物关于生殖细胞致突变性、致癌性和生殖毒性

---

① 关于"架桥原则"的解释，请参考5.3.2.2节。

等危险（危害）种类的完整数据。因此，通常依据混合物中各单项成分的资料，采用每种危险（危害）类别中的临界值/浓度方法对这些危险（危害）种类进行分类。若已掌握完整的混合物试验数据，可根据具体情况调整分类，但必须遵循 GHS 标准，并确保所依据的数据确凿无疑。

5.1.4 现有数据、试验方法和试验数据质量

GHS 本身并不包含对物质或混合物的具体试验要求，因此它并不强制要求为任何危险（危害）种类生成试验数据。尽管某些管理制度确实要求生成相关数据（如农药等），但这些要求与 GHS 并无直接联系。为了对混合物进行合理分类，所制定的标准将允许使用现有的混合物数据，或类似混合物的数据，抑或是混合物各成分的数据。

5.1.4.1 基本原则

物质或混合物的分类不仅依赖于明确的标准，还取决于作为这些标准基础的试验方法的可靠性。在某些情况下，分类基于特定试验的结果，如物质或混合物成分的生物降解试验。而在其他情况下，分类则根据剂量/反应曲线和试验期间的观察结果进行解释。无论在哪种情况下，都必须确保试验条件的标准化，以便试验结果能够在给定的物质上重现。同时，标准化的试验必须能够产生用于界定相关危险（危害）种类的有效数据。

按照国际公认的科学原则进行试验，可以确定危险（危害）属性，从而评估健康和环境危害的风险。GHS 对健康和环境危害的评估标准并不特定要求某种试验方法，其允许使用多种方法，只要这些方法在科学上是可靠的，符合国际程序和标准，并且产生的数据是可接受的。

5.1.4.2 已有分类的化学品

对于之前已经分类的化学品，GHS 确立了一项总原则：在原有分类制度下为化学品分类所产生的试验数据，在根据 GHS 重新分类时应予以接受，以避免不必要的重复试验和减少试验动物的使用。然而，在某些情况下，可能难以评估早期研究产生的数据的质量，此时需要依赖专家的专业判断来确保数据的准确性和可靠性。

5.1.4.3 动物福利

试验动物是否受到虐待一直备受关注。这一伦理问题不仅要求人们关注如何减轻试验动物的紧张和痛苦，还涉及试验动物的使用问题。在条件允许的情况下，人们应

优先选用无须使用活体动物的试验方法。正因如此，一些风险评估已经将非动物的观察和测量方法纳入分类体系。同时，如果已有国际公认的能够减少动物用量或降低动物痛苦的替代性试验方法，应优先选择这些方法。

5.1.4.4 人类证据

在评估化学品对人体健康的危害以进行分类时，应考虑与化学品对人体影响相关的可靠流行病学数据和经验，如职业数据、事故数据库中的数据等。通常情况下，仅仅为了识别危害而对人进行试验是不可接受的。

5.1.4.5 专家判断

混合物分类方法也包括在多个领域采用专家判断，以确保尽可能多的混合物能够利用现有信息进行分类，从而有效保护人类健康和环境。同时，在对物质进行危险（危害）分类并解释相关数据时，专家判断同样重要，尤其是在需要进行证据权重评估的情况下，专家判断能够提供更准确、更科学的分类依据。

5.1.4.6 证据权重

对于某些危险（危害）种类，只要数据满足特定标准，分类就会直接确定。然而，对于其他种类，需要根据数据的整体权重来对物质或混合物进行分类。这意味着必须全面考虑所有可获得的、能够影响毒性判断的信息，包括有效的体外试验结果、相关的动物数据，以及人类经验，例如流行病学和临床研究，还有可靠的文献记录和案例观察结果。

数据的质量和一致性至关重要。评估过程中，需要包括与被分类相关的物质或混合物的评价，同时涵盖对作用部位和作用机制或方式的研究成果。在评估每个数据的权重时，应综合考虑正面和负面的结果。

如果观察到与每种分类标准一致的阳性效应，无论是在人类还是动物中，通常都能证明分类的合理性。当证据同时来自人类和动物，但研究结果相互矛盾时，需要评估这两个来源的数据质量和可靠性，以解决分类的疑问。一般而言，高质量和可靠的人类数据更具优先权。然而，即使是经过精心设计和执行的流行病学研究方案，也难以发现较为罕见但仍很重要的效应，或评估潜在的混淆因素。精心进行的动物研究所获得的阳性结果，并不一定会因为缺乏人类阳性经验而被否定，而是需要根据预期的效应发生频率和潜在混淆因素的影响，来评估人类和动物这两方面数据的可靠性和质量。

接触途径、机械信息和新陈代谢研究都适用于确定某种效应与人的相关性。当此类信息对与人的相关性提出疑问时，可能需要降低划分的类别。当作用机理或方式显然与人不相关时，就不应对物质或混合物进行分类。

在证据权重的评估过程中，应同时考虑阳性和阴性的结果。然而，依据可靠的科学原则进行的研究，如果取得单一阳性结果，并且这一结果在统计学和生物学上具有意义，那么也可以作为分类的依据。

5.2 物理危险分类

联合国《试验和标准手册》载有各种标准、试验方法和程序，可用于根据《规章范本》对危险货物进行分类，以及根据 GHS 对具有物理危险的化学品进行分类。因此，联合国《试验和标准手册》也是对《规章范本》或 GHS 衍生出的国内或国际规章的补充。

5.2.1 有关爆炸物的分类

被认为具有爆炸性质或拟用作炸药的新产品应首先考虑列入爆炸物类。

5.2.1.1 试验系列 1

试验系列 1 确定物质是否具有爆炸性，包括 3 种试验类型，如表 5-6 所示。

表 5-6 爆炸物试验系列 1 试验类型

试验类型	试验名称	试验目的
类型 1（a）	联合国隔板试验	确定是否传播爆炸
类型 1（b）	克南试验	确定在封隔条件下加热的效应
类型 1（c）	时间/压力试验	确定在封隔条件下点火的效应
类型 1（c）	内部点火试验	确定在封隔条件下点火的效应

5.2.1.2 试验系列 2

试验系列 2 确定物质是否太不敏感而不应列入爆炸物类，包括 3 种试验类型，如表 5-7 所示。

表 5-7 爆炸物试验系列 2 试验类型

试验类型	试验名称	试验目的
类型 2（a）	联合国隔板试验	确定对冲击的敏感度
类型 2（b）	克南试验	确定在封隔条件下加热的效应
类型 2（c）	时间/压力试验	确定在封隔条件下点火的效应
	内部点火试验	

5.2.1.3 试验系列 3

试验系列 3 确定某一物质在受试形态下可否划定项别，包括 4 种试验类型，如表 5-8 所示。

表 5-8 爆炸物试验系列 3 试验类型

试验类型	试验名称	试验目的
类型 3（a）	炸药局撞击设备	确定对撞击的敏感度
	联邦材料检验局落锤仪	
	罗特试验	
	30 千克落锤试验	
	改进的 12 型撞击装置	
	撞击敏感度试验	
	修改的美国矿务局冲击机试验（MBOM 冲击机试验）	
类型 3（b）	联邦材料检验局摩擦仪	确定对摩擦（包括撞击摩擦）的敏感度
	旋转式摩擦试验	
	摩擦敏感度试验	
	ABL 摩擦机试验	
类型 3（c）	75℃ 热稳定性试验	确定物质的热稳定性
	75℃ SBAT（模拟堆垛自燃温度）热稳定性试验	
类型 3（d）	小型燃烧试验	确定物质对火的反应

5.2.1.4 试验系列 4

试验系列 4 确定物品、包装物品或包装物质可否划定项别，包括 2 种试验类型，如表 5-9 所示。

表 5-9　爆炸物试验系列 4 试验类型

试验类型	试验名称	试验目的
类型 4（a）	无包装物品和有包装物品的热稳定性试验	物品的热稳定性试验
	液体的钢管跌落试验	
类型 4（b）	物品、包装物品和包装物质的 12 米跌落试验	确定跌落引起的危险性试验

5.2.1.5　试验系列 5

试验系列 5 确定物质是否可以划入 1.5 项①，包括 3 种试验类型，如表 5-10 所示。

表 5-10　爆炸物试验系列 5 试验类型

试验类型	试验名称	试验目的
类型 5（a）	冲击试验	确定对强烈机械刺激的敏感度
类型 5（b）	热试验	确定爆燃转爆轰的倾向
类型 5（c）	1.5 项的外部火烧试验	确定大量物质被大火烧灼时是否爆炸

5.2.1.6　试验系列 6

试验系列 6 将物质或物品划入 1.1 项、1.2 项、1.3 项或 1.4 项或排除于爆炸物类之外，包括 4 种试验类型，如表 5-11 所示。

表 5-11　爆炸物试验系列 6 试验类型

试验类型	试验名称	试验目的
类型 6（a）	单个包装件试验	确定内装物是否整体爆炸
类型 6（b）	堆垛试验	确定爆炸是否从一个包装件传播到另一个包装件或从一个无包装物品传播到另外一个

---

① 本章中，如无特别说明，1.1 项、1.2 项、1.3 项等均是指 GHS 中的危险类别，参见表 5.1，而非指《规章范本》中的项别。

续表

试验类型	试验名称	试验目的
类型 6（c）	外部火烧（篝火）试验	确定它们卷入火中时是否发生整体爆炸或有危险的迸射、辐射热和/或猛烈燃烧或任何其他危险效应造成的危险
类型 6（d）	无封隔包装件试验	确定内装物意外点火或引发是否会在包装件外造成危险效果

5.2.1.7 试验系列 7

试验系列 7 确定物品是否可以划入 1.6 项，包括 11 种试验类型，如表 5-12 所示。

表 5-12 爆炸物试验系列 7 试验类型

试验类型	试验名称	试验目的
类型 7（a）	极不敏感物质的雷管试验	确定对强烈机械刺激的敏感度
类型 7（b）	极不敏感物质的隔板试验	确定对冲击的敏感度
类型 7（c）	苏姗试验 脆性试验	确定爆炸性物质对撞击效应下变质的敏感度
类型 7（d）	极不敏感物质的子弹撞击试验 脆性试验	确定爆炸性物质对特定能源引起的撞击或穿透的反应程度
类型 7（e）	极不敏感物质的外部火烧试验	确定爆炸性物质在封隔条件下对外部火烧的反应
类型 7（f）	极不敏感物质的缓慢升温试验	确定爆炸性物质在温度逐渐上升至 365℃ 环境中的反应
类型 7（g）	1.6 项物品或部件级外部火烧试验	确定物品在其提交运输的状况下对外部火烧的反应
类型 7（h）	1.6 项物品或部件级缓慢升温试验	确定物品在温度逐渐上升至 365℃ 环境中的反应
类型 7（j）	1.6 项物品或部件级子弹撞击试验	确定物品对特定能源引起的撞击或穿透的反应
类型 7（k）	1.6 项物品的堆垛试验	确定物品的爆炸是否会引发相邻、类似物品的爆炸
类型 7（l）	1.6 项物品或部件级碎片撞击试验	确定物品对其易爆成分受到冲击的敏感度

5.2.1.8 试验系列 8

试验系列 8 确定硝酸铵乳胶或悬浮体或凝胶，爆破炸药的中间体（ANE）敏感度是否足够低，可分类为氧化性物质，并评估是否适合用槽罐封装，包括 5 种试验类型，如表 5-13 所示。

表 5-13 爆炸物试验系列 8 试验类型

试验类型	试验名称	试验目的
类型 8（a）	ANE 的热稳定性试验	确定热稳定性的试验
类型 8（b）	ANE 的隔板试验	确定对强烈冲击的敏感度
类型 8（c）	克南试验	确定在封隔条件下加热效应
类型 8（d）	通风管试验	评估 ANE 是否适合作为一种氧化物质用可移动罐柜封装
类型 8（e）	加拿大爆炸物研究实验室最小自持燃烧压力（MBP）试验	确定在高度封隔条件下局部强热点火的效应

5.2.2 自反应物质、有机过氧化物和聚合性物质的分类试验

自反应物质、有机过氧化物和聚合性物质按其危害分成 7 个类型。试验分两步进行：第一步，为了实验室工作人员的安全，应当进行初步的小规模试验来确定物质的稳定性和敏感性；第二步，进行分类试验。

5.2.2.1 初步试验

初步试验包括确定物质对机械刺激（撞击和摩擦）以及对热和火焰的敏感度。

一般可用 4 类小规模试验来做初步安全评估：落锤试验，用于确定对撞击的敏感度；摩擦或撞击摩擦试验，用于确定对摩擦的敏感度；确定热稳定性和放热分解能的试验；确定点火效应的试验。

撞击和摩擦敏感度可用爆炸物试验系列 3 中的一个试验（见 5.2.1.3）来评估。

热稳定性的估计可用差示扫描量热法或绝热量热法等适当的量热方法。分解热的估计可用差示扫描量热法等合适的量热技术。

可以使用任何适当的方法来评估点火效应，只要该方法能够在很少或没有封隔的条件下识别出那些反应激烈的物质。

第 5 章　化学品的危险特性分类

5.2.2.2　分类试验

用于确定自反应物质、有机过氧化物和聚合性物质类型的试验方法分成 8 个系列，用字母 A 至 H 表示，如表 5-14 所示。

表 5-14　自反应物质、有机过氧化物和聚合性物质的分类试验

试验系列	试验项目	试验名称	试验目的
试验系列 A	A.1	BAM 50/60 钢管试验	确定是否传播爆炸的问题
	A.5	联合国隔板试验	
	A.6	联合国引爆试验	
试验系列 B	B.1	包装件中的引爆试验	确定物质在包装状态下能否传播爆炸的问题
试验系列 C	C.1	时间/压力试验	确定能否传播爆燃的问题
	C.2	爆燃试验	
试验系列 D	D.1	包装件中的爆燃试验	确定物质在包装状态下是否传播迅速爆燃的问题
试验系列 E	E.1	克南试验	确定在规定的封隔条件下加热的效应
	E.2	荷兰压力容器试验	
	E.3	美国压力容器试验	
试验系列 F	F.1	弹道臼炮 Mk.Ⅲd 试验	确定考虑用中型散装容器或罐体封装或考虑予以豁免的物质的爆炸力
	F.2	弹道臼炮试验	
	F.3	BAM 特劳泽试验	
	F.4	改进的特劳泽试验	
试验系列 G	G.1	包装件中的热爆炸试验	确定物质在包装状态下的热爆炸效应
	G.2	包装件中的加速分解试验	
试验系列 H	H.1	美国自加速分解温度/自加速聚合温度试验	确定有机过氧化物和自反应物质或潜在的自反应物质的自加速分解温度，以及用于确定自加速聚合温度
	H.2	绝热储存试验	
	H.3	等温储存试验	
	H.4	热积累储存试验	

试验系列 H 包括有关物质的热稳定性的试验和标准或有关确定物质是否符合自反应物质或聚合性物质定义的试验和标准。如果对物质进行试验是为了确定它是否为聚合性物质，则应进行一项试验系列 H 中的试验或适当的其他试验，以确定该物质在其

包装、中型散货箱或可移动罐柜中的自加速聚合温度是否低于或等于75℃。

5.2.3 有关气雾剂易燃性的分类试验

5.2.3.1 易燃气雾剂的分类程序

气雾剂根据其燃烧热和易燃成分的含量，按以下条件分为不易燃、易燃或极易燃。

1. 符合以下条件的气雾剂产品划为极易燃（2.1项/类别1）[①]：含85%或以上的易燃成分，且化学燃烧热超过或等于30kJ/g；满足喷雾气雾剂极易燃标准，或泡沫气雾剂极易燃标准。

2. 气雾剂如符合喷雾气雾剂易燃标准或泡沫气雾剂易燃标准，则划为易燃（2.1项/类别2）。

3. 如气雾剂产品所含的易燃成分在1%或以下，且化学燃烧热低于20kJ/g，则该产品视为不易燃（2.2项/类别3）。

易燃气雾剂分类流程图如图5-1所示，喷雾气雾剂分类流程图如图5-2所示，泡沫气雾剂分类流程图如图5-3所示。

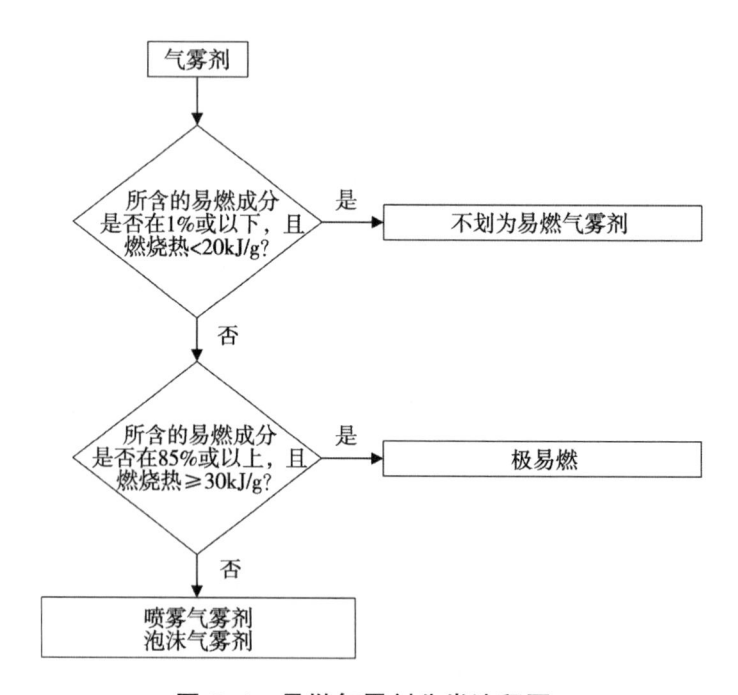

图5-1 易燃气雾剂分类流程图

[①] 本章中，如无特别说明，类别1、类别2等均是指GHS中的危险（危害）类别，参见表5.1~表5.3。

第5章 化学品的危险特性分类

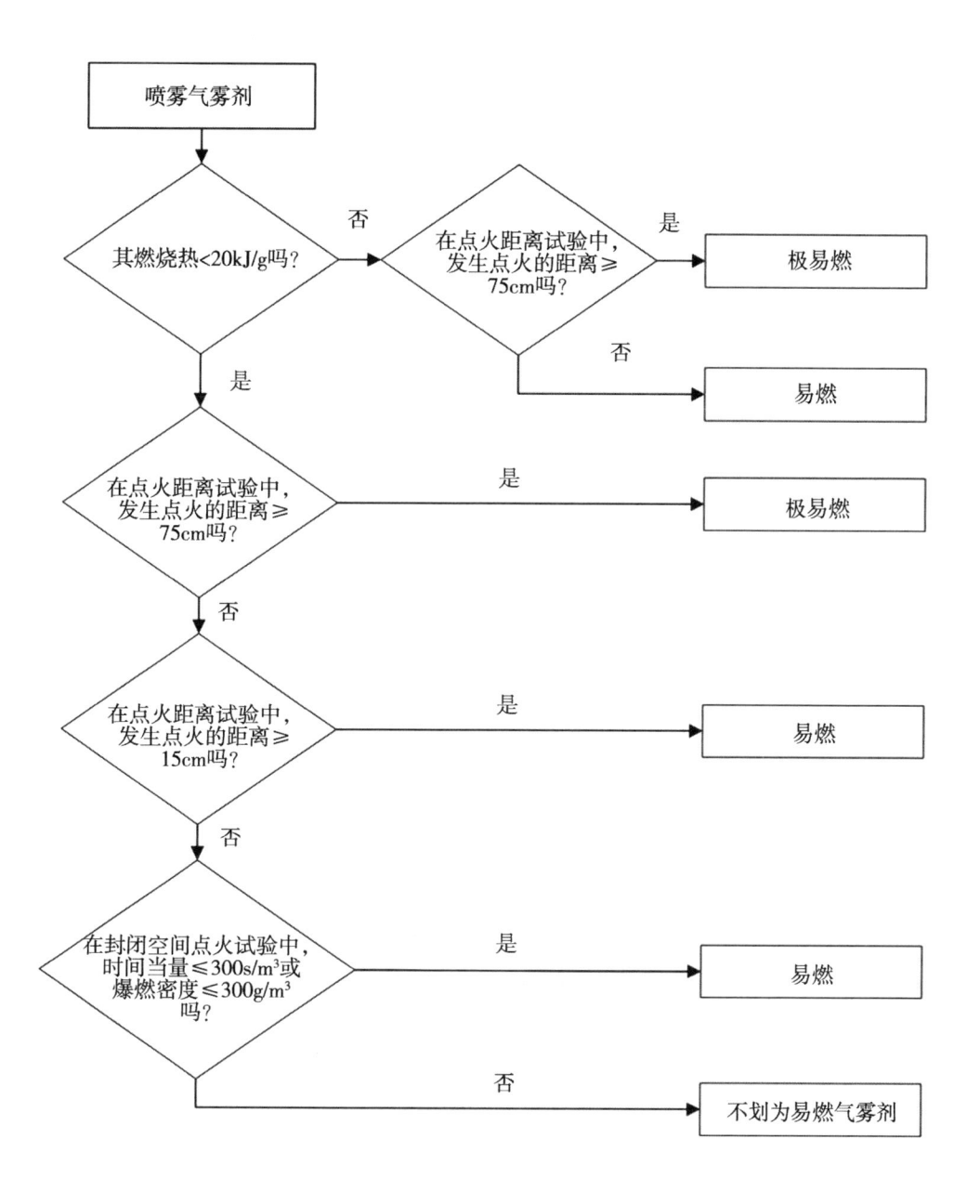

图 5-2 喷雾气雾剂分类流程图

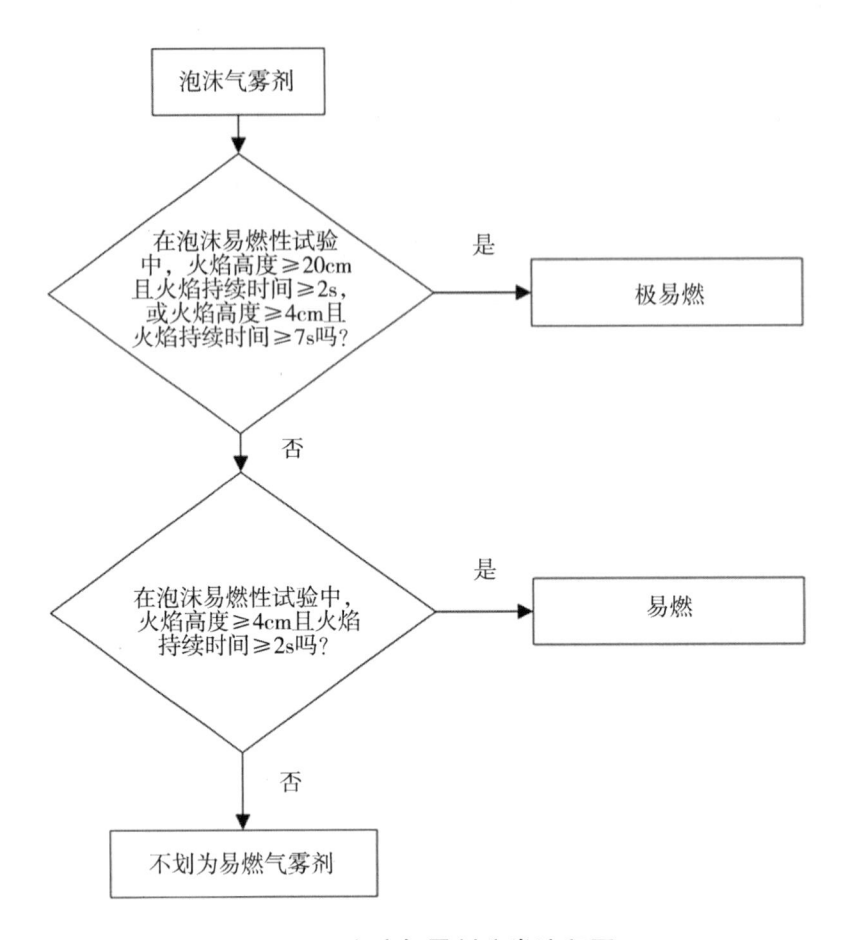

```
            ┌──────────┐
            │ 泡沫气雾剂 │
            └────┬─────┘
                 ▼
         ╱在泡沫易燃性试验╲      是
        ╱ 中,火焰高度≥20cm ╲ ──────▶ ┌──────┐
        ╲且火焰持续时间≥2s,╱         │ 极易燃 │
         ╲或火焰高度≥4cm且╱          └──────┘
          ╲火焰持续时间≥7s吗?╱
                 │否
                 ▼
         ╱在泡沫易燃性试验中,╲    是
        ╱  火焰高度≥4cm且火焰 ╲ ──────▶ ┌────┐
        ╲  持续时间≥2s吗?    ╱          │ 易燃 │
                 │                      └────┘
                 │否
                 ▼
         ┌──────────────┐
         │ 不划为易燃气雾剂 │
         └──────────────┘
```

图 5-3　泡沫气雾剂分类流程图

5.2.3.2　喷雾气雾剂的点火距离试验

本试验给出了确定气雾剂喷雾点火距离的方法,以评估相关的火焰风险。气雾剂向点火源方向喷洒,间距15cm,以观察是否发生喷雾点火或持续燃烧。点火和持续燃烧的定义是稳定的火焰至少保持5s。对点火源的规定是,使用气体燃烧器,火焰高度4~5cm、颜色为蓝色且不发光。

本试验适用于喷洒距离在15cm或以上的气雾剂产品。喷洒距离小于15cm的气雾剂产品,如喷涂泡沫、凝胶或糊状物的装置,或装有计量阀的装置,不在本试验的范围内。喷涂泡沫、凝胶或糊状物的气雾剂产品,须经过气雾剂泡沫易燃性试验。

喷雾气雾剂应按以下标准分类,如表5-15所示。

第5章 化学品的危险特性分类

表5-15 喷雾气雾剂分类标准（点火距离试验）

标准	《规章范本》项别	GHS 类别
发生点火的距离等于或大于 75cm，不论化学燃烧热大小	2.1	1
发生点火的距离小于 75cm，化学燃烧热等于或大于 20kJ/g	2.1	2
发生点火的距离等于或大于 15cm 但小于 75cm，化学燃烧热小于 20kJ/g	2.1	2
在点火距离试验中未发生点火，且化学燃烧热小于 20kJ/g	进行封闭空间点火试验	

5.2.3.3 封闭空间点火试验

本试验给出了在封闭或受限空间内喷雾器喷出的产品由其点火倾向所决定的易燃性进行评估的方法。将喷雾器的内装物喷洒到放有一支点燃蜡烛的圆柱形试验器皿内，如发生可观察到的点火，记录下所用的时间和排放量。

每个喷雾器在试验前，应使之处于试验状态，然后排放大约 1s，做好准备。这样做的目的是排除吸管中的不均匀物质。

应严格遵守使用说明，包括喷雾器应垂直正置还是倒置使用。在需要晃动时，应在晃动后立即试验。

试验应在通风但无气流的环境中进行，温度控制在 20℃±5℃，相对湿度在 30%~80%。

如喷雾气雾剂化学燃烧热低于 20kJ/g，在点火距离试验中未发生点火，应按以下标准进行分类，见表 5-16。

表5-16 喷雾气雾剂分类标准（封闭空间点火试验）

标准	《规章范本》项别	GHS 类别
时间当量低于或等于 300s/m^3，或爆燃密度低于或等于 300g/m^3	2.1	2
时间当量大于 300s/m^3，且爆燃密度大于 300g/m^3	2.2	3

5.2.3.4 气雾剂泡沫的易燃性试验

本试验给出了以泡沫、凝胶或糊状物形态喷出的气雾剂易燃性的确定方法。喷出泡沫、凝胶或糊状物的气雾剂，将其喷洒到表面玻璃上（大约5g），并将一个点火源（蜡烛、火柴或打火机）放在表面玻璃的基座上，观察泡沫、凝胶或糊状物是否发生点火和持续燃烧。点火的定义是，火焰稳定，至少保持2s，高度至少4cm。

每个喷雾器在试验前，应使之处于试验状态，然后排放大约1s，做好准备。这样做的目的是排除吸管中的不均匀物质。

应严格遵守使用说明，包括喷雾器应垂直正置还是倒置使用。在需要晃动时，应在晃动后立即试验。

试验应在通风但无气流的环境中进行，温度控制在20℃±5℃，相对湿度在30%~80%。

对于泡沫气雾剂，应按以下标准进行分类，如表5-17所示。

表5-17　泡沫气雾剂分类标准

标准	《规章范本》项别	GHS类别
火焰高度等于或高于20cm，且火焰持续时间等于或超过2s	2.1	1
火焰高度等于或高于4cm，且火焰持续时间等于或超过7s	2.1	1
火焰高度等于或高于4cm，且火焰持续时间等于或超过2s	2.1	2
火焰高度等于或低于4cm，或火焰持续时间等于或不足2s（如果有）	2.2	3

5.2.4　有关液态退敏爆炸物和易燃液体的分类试验

液态退敏爆炸物是溶解或悬浮在水中或其他液态物质中形成一种均匀的液态混合物以抑制其爆炸属性的爆炸性物质。

将物质划为易燃液体的条件是在闭杯试验中闪点不高于93℃。不过，闪点高于35℃但不超过60℃的液体，如果不持续燃烧，则出于某些监管目的（例如，出于运输目的），可视为不易燃。出于运输目的，还将适用以下规定：将物质划为易燃液体的条件是其闪点不高于60℃（不包括GHS易燃液体类别4）；对于在高温条件下运输或提交运输的物质，如果在温度等于或低于最高运输温度时释放出易燃蒸气，则划为易燃液体。

名称列入《规章范本》3.2章危险货物一览表的易燃液体应被视为是化学纯的。实际上，以这类物质的名称托运的货物常常是商业品，其中含有添加剂或杂质。所以，可能出现这种情况：有些液体因为其闪点在无杂质状态时超过60℃而未列入清单，但仍可能被划为闪点等于或低于上述范围的"一般"或"非另行说明的"易燃液体。此外，按无杂质状态被列入包装类别Ⅲ/类别 3 的液体，实际上作为商业品时可能因为有添加剂或杂质而被列入包装类别Ⅱ/类别 2。

为此，在使用危险货物一览表时应当慎重，危险货物一览表仅仅是指导性的。如果有疑问，闪点应当通过试验确定。

5.2.4.1 易燃液体

1. 用于确定闪点和黏度的试验方法

建议使用闭杯试验方法测定闪点。对于不能用闭杯试验方法进行试验的液体（例如，由于其黏度不符合标准）或者开杯试验数据已经具备，开杯试验方法可以接受。在这种情况下，应从测定值中减去 5.6℃，因为开杯试验方法产生的数值通常高于闭杯试验方法。

（1）无黏性易燃液体的试验。

可采用以下国际标准确定易燃液体的闪点：ISO 1516、ISO 1523、ISO 2719、ISO 13736、ISO 3679、ISO 3680。

（2）闪点低于 23℃ 的黏性易燃物质的试验。

闪点低于 23℃ 的油漆、搪瓷、喷漆、清漆、胶黏剂、抛光剂和其他黏性易燃液体的危险分类，按下列内容确定：用流过时间（单位为 s）表示的黏度；闭杯闪点；溶剂分离试验。

（3）黏度试验。

流过时间（单位为 s）是在 23℃ 下用喷嘴直径 4mm 的国际标准化组织标准杯（ISO 2431：1984）加以测定。如流过时间超过 100s，则用喷嘴直径 6mm 的国际标准化组织标准杯进行第二次试验。

2. 确定溶剂分离和持续燃烧的试验方法

（1）试验 L.1：溶剂分离试验。

本试验用于确定油漆、搪瓷、清漆、胶黏剂和抛光剂等黏性液体的溶剂分离程度。上部分离层的高度应当用占试样总高度的百分比表示。如果清澈的分离层小于 3%，该物质可被考虑划入包装类别Ⅲ。

（2）试验 L.2：持续燃烧试验。

本试验用于确定物质在试验条件下加热并暴露于火焰时是否持续燃烧。将具有凹陷处（试样槽）的金属块加热到规定的温度，将规定数量的受试物质放入试样槽，再在规定条件下施加标准火焰并随即移去之后观察受试物质是否持续燃烧。

如果任何一个试样在两个加热时间或两个试验温度中的一个发生以下一种情况,应确定为持续燃烧:试验火焰在"关"的位置时,试样点燃并持续燃烧;试验火焰在试验位置停留15s时,试样点燃并且在试验火焰回到"关"的位置后持续燃烧超过15s。

间歇性的闪烁不应解释为持续燃烧。通常情况下,在15s结束时,燃烧要么已明显停止,要么仍在继续,如存在疑问,物质应被视为能够持续燃烧。

3. 确定初沸点的试验方法

应采用以下国际标准确定易燃液体的初沸点:ISO 3924、ISO 4626、ISO 3405。

4. 易燃液体的危险分类

易燃液体可根据表5-18确定其GHS类别,如一种液体只具有易燃危险特性,而无其他危险特性,可根据表5-18确定其《规章范本》包装类别。

表5-18 按易燃性划分的危险分类

标准	《规章范本》包装类别	GHS类别
闪点<23℃,初沸点≤35℃	Ⅰ	1
闪点<23℃,初沸点>35℃	Ⅱ	2
闪点≥23℃但≤60℃,初沸点>35℃	Ⅲ	3
闪点>60℃但≤93℃	—	4

对于另有其他危险的液体,应考虑按表5-18确定的包装类别和根据其他危险的严重程度确定的包装类别。在此种情况下,应使用表5-1来确定液体的正确分类。根据物质的各种不同危险确定的危险程度最高的包装类别就是这一物质的包装类别。

5.2.4.2 液态退敏爆炸物

如果某物质符合被划为爆炸物的条件但稀释后通过试验系列6被排除于此类之外,那么对于这一稀释后的物质,如其符合另一危险(危害)类别的分类标准或定义,则应被划入该类,其浓度应为不致被划入爆炸物类的最高浓度。这类物质如经充分稀释,则出于某些监管目的(例如,出于运输目的),可视为无危险。

5.2.5 有关易燃固体、固态退敏爆炸物和易于自燃的物质的分类试验

5.2.5.1 易燃固体

为了区别能够点燃的物质和迅速燃烧的物质或燃烧起来特别危险的物质,只有燃

烧速率超过某一极限值的物质才被划为易燃固体。

应进行初步筛分试验以确定物质在被气体火焰点燃后是否出现燃烧带着火焰或冒烟传播。如果在规定的时间内出现传播，就应当进行全部试验以便确定燃烧速率和强度。

试验只适用于颗粒状、糊状或粉状物质。如果在筛分试验中，物质没有点燃并且没有带着火焰或冒烟传播燃烧，就不需要进行全部的燃烧速率试验，因为物质不是易燃固体。如果出现传播而且燃烧时间少于规定的时间，就应当进行全部燃烧速率试验。根据试验结果决定物质是否为易燃固体，以及如果是易燃固体，应当划入包装类别Ⅱ还是包装类别Ⅲ，类别1还是类别2。

易燃固体（除金属粉外）的分类流程图如图5-4所示。

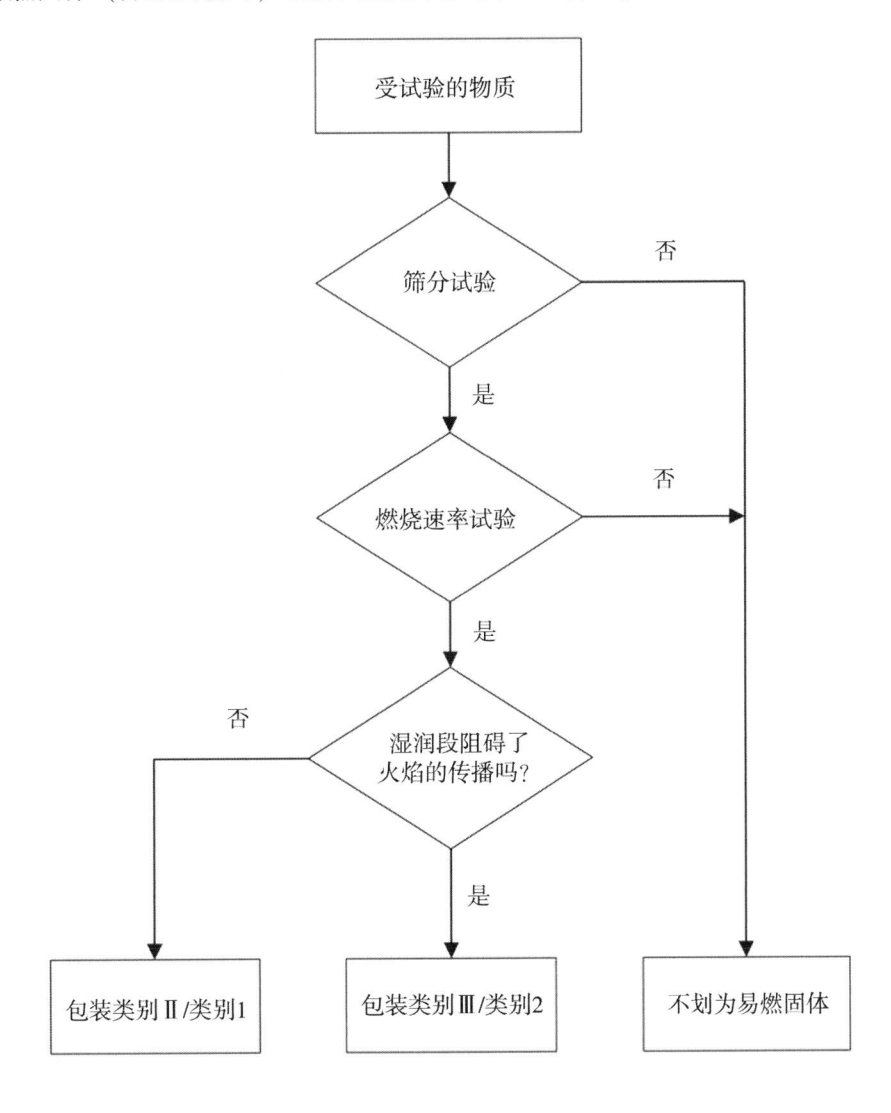

图 5-4　易燃固体（除金属粉外）的分类流程图

易燃固体试验（试验 N.1）用于确定物质传播燃烧的能力，方法是将物质点燃后确定燃烧时间。包括初步甄别试验和燃烧速率试验。

粉状、颗粒状或糊状物质如在根据 N.1 试验方法进行的试验中有一次或多次燃烧时间不到 45s 或燃烧速率大于 2.2mm/s，应划为易燃固体。金属粉如能点燃并且反应在 10min 以内蔓延到试样的全部长度（100mm），则应予以分类。

易燃固体（除金属粉外），如燃烧时间小于 45s 且火焰通过湿润段，应划入包装类别Ⅱ/GHS 类别 1。金属粉，如反应段在 5min 以内蔓延到试样的全部长度（100mm），则应划入包装类别Ⅱ/类别 1。

易燃固体（除金属粉外），如燃烧时间小于 45s 且湿润段阻止火焰传播至少 4min，应划入包装类别Ⅲ/类别 2。金属粉末如反应在大于 5min 但小于 10min 内蔓延到试样的全部长度（100mm），则应划入包装类别Ⅲ/类别 2。

5.2.5.2 固态退敏爆炸物

固态退敏爆炸物是用水或醇类湿润或用其他物质稀释形成一种均匀的固态混合物以便抑制其爆炸属性的物质。

当某种物质满足爆炸物类的分类标准，但通过系列试验 6 被稀释至免于归入此类时，若该稀释后的物质满足另一危险（危害）类别的分类标准或定义，则应按使其免于归入爆炸物类的最高浓度归入该类别。当稀释程度足够时，此类物质在某些监管目的（如运输）下可被视为非危险物质。

5.2.5.3 易于自燃的物质

1. 发火固体

发火固体试验（试验 N.2）用于确定固体与空气接触是否起火，方法是将固体暴露于空气中并确定起火所需时间。如果有一次试验中发生试样起火，应认为该物质具有自燃性，应划为包装类别Ⅰ/类别 1 的发火固体。

2. 发火液体

发火液体试验（试验 N.3）用于确定液体加到惰性载体上后暴露于空气中是否会起火，或与空气接触是否会使滤纸变成炭黑或起火。

如果液体在第一部分试验中起火，或使滤纸起火或变成炭黑，应被划为包装类别Ⅰ/类别 1 的发火液体。

如果没有起火，则进行第二部分试验以确定该液体是否会使滤纸变成炭黑或起火。

3. 自热物质

自然物质试验（试验 N.4）的具体操作是将物质装在边长 25mm 或 100mm 的立方形钢丝网容器内分别在温度 100℃、120℃或 140℃下暴露于空气中来确定物质是否会氧化自热。

将商业品形式的粉状或颗粒状试样装进试样容器，装满至边，并将容器轻拍若干次（如试样下沉，再添加一些；如试样堆高了，把它齐边削平）。将容器用罩罩住，并挂在烘箱的中心。将烘箱温度升高到 140℃，并保持 24h。连续记录试样和烘箱的温度。用 100mm 的立方体试样进行第一次试验。

如果出现自燃或如果试样温度比烘箱温度高出 60℃，即取得肯定的结果（如果取得否定的结果，就不需要进一步试验）。并且用 25mm 立方体试样在 140℃下进行第二次试验，以确定是否应划入包装类别Ⅱ/类别 1。如果在 140℃下进行试验，100mm 立方体试样取得肯定的结果，而 25mm 立方体试样没有，就应使用 100mm 立方体试样在下列温度下再进行一次试验：120℃，如果物质要封装在容积大于 450L 但不大于 3m³ 的包装件内；100℃，如果物质要封装在容积不大于 450L 的包装件内。

自热物质分类流程图如图 5-5 所示。

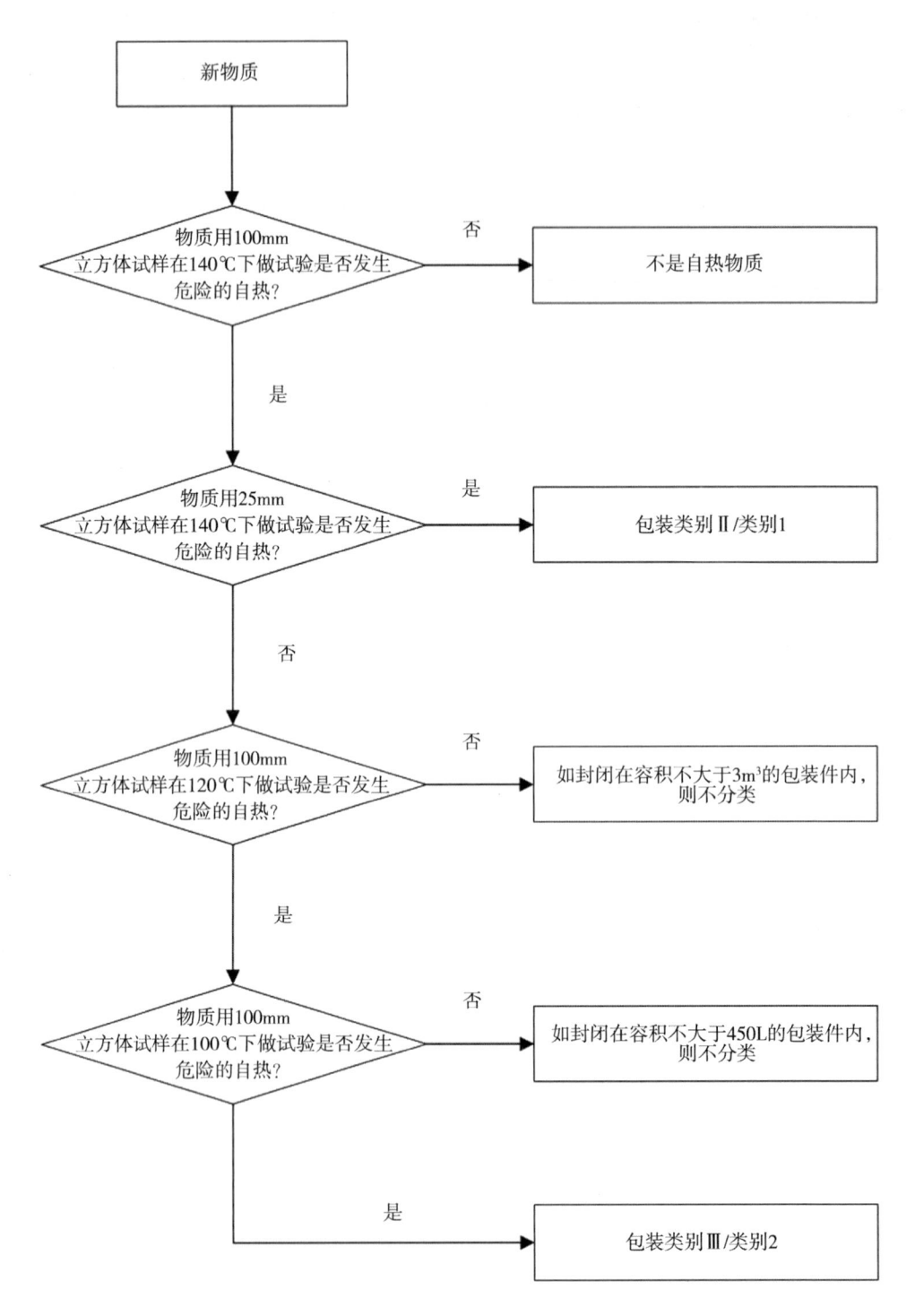

图 5-5 自热物质分类流程图

4. 遇水放出易燃气体的物质

遇水放出易燃气体的物质试验（试验 N.5）用于确定物质与水发生反应是否会放出危险数量的、可能燃烧的气体，适用于固态物质和液态物质。其通过使物质在各种不同条件下与水接触来确定物质是否会遇水放出易燃气体。

符合下列条件的物质应划入这一危险（危害）种类：在试验程序的任何一个步骤发生自燃；释放易燃气体的速度大于每千克物质每小时释放 1L。

任何物质如在环境温度下遇水起激烈反应并且所产生的气体通常显示自燃的倾向，或在环境温度下遇水容易起反应，释放易燃气体的速度大于等于每千克物质每分钟内释放 10L，应划入包装类别Ⅰ/类别 1。

任何物质如在环境温度下遇水容易起反应，释放易燃气体的最大速度大于等于每千克物质每小时释放 20L，并且不符合包装类别Ⅰ/类别 1 的标准，应划入包装类别Ⅱ/类别 2。

任何物质如在环境温度下遇水反应缓慢，释放易燃气体的最大速度大于每千克物质每小时释放 1L，并且不符合包装类别Ⅰ和Ⅱ/类别 1 和 2 的标准，应划入包装类别Ⅲ/类别 3。

5.2.6 有关氧化性固体和液体的分类试验

试验程序足以评估氧化性固体和液体的相对危险性，因此分类者能够做出适当的分类。如果试验结果与已知经验不一致，根据已知经验的判断应优先于试验结果。

5.2.6.1 试验 O.1：氧化性固体试验

本试验旨在测定一种固体物质在与某一种可燃物质完全混合时增加该可燃物质的燃烧速度或燃烧强度的潜力。试验时将待评估的受试物质与干纤维素按 1∶1 和 4∶1 的质量混合后进行。混合物的燃烧特性与标准混合物（即溴酸钾与纤维素之比为按质量 3∶7 的混合物）进行比较。如果燃烧时间小于等于这一标准混合物，燃烧时间应与包装类别Ⅰ或Ⅱ/类别 1 或 2 参考标准（即溴酸钾与纤维素之比分别为按质量 3∶2 和 2∶3 的混合物）进行比较。

1. 试验结果评估

平均燃烧时间与参考混合物的平均燃烧时间比较，以及物质和纤维素的混合物是否起火并燃烧。

2. 物质氧化性质试验标准

（1）包装类别Ⅰ/类别 1。

任何物质以试样对纤维素的质量比为4∶1或1∶1进行试验时,显示的平均燃烧时间小于溴酸钾和纤维素质量比为3∶2的混合物的平均燃烧时间。

(2) 包装类别Ⅱ/类别2。

任何物质以试样对纤维素的质量比为4∶1或1∶1进行试验时,显示的平均燃烧时间小于等于溴酸钾和纤维素质量比为2∶3的混合物的平均燃烧时间,并且未满足包装类别Ⅰ/类别1的标准。

(3) 包装类别Ⅲ/类别3。

任何物质以试样对纤维素的质量比为4∶1或1∶1进行试验时,显示的平均燃烧时间小于等于溴酸钾和纤维素质量比为3∶7的混合物的平均燃烧时间,并且未满足包装类别Ⅰ和Ⅱ/类别1和2的标准。

(4) 非氧化性固体。

任何物质以试样对纤维素的质量比为4∶1和1∶1进行试验时,都不发火并燃烧,或显示的平均燃烧时间大于溴酸钾和纤维素质量比为3∶7的混合物的平均燃烧时间。

5.2.6.2　试验O.2:氧化性液体试验

本试验旨在测量液态物质在与一种可燃物质完全混合时增加该可燃物质的燃烧速度或燃烧强度的潜力或形成自然混合物的潜力。具体操作是将液体和纤维素质量比为1∶1的混合物放在压力容器中加热,并确定压力上升速率。

1. 试验结果评估

物质和纤维素的混合物是否自燃,以及压力从690kPa上升到2070kPa(表压)所需的平均时间与参考物质的这一时间比较。

2. 物质氧化性质试验标准

(1) 包装类别Ⅰ/类别1。

任何物质以该物质和纤维素质量比为1∶1的混合物进行试验时自燃,或者该物质和纤维素质量比为1∶1的混合物的平均压力上升时间小于50%高氯酸和纤维素质量比为1∶1的混合物的平均压力上升时间。

(2) 包装类别Ⅱ/类别2。

任何物质以该物质和纤维素质量比为1∶1的混合物进行试验时,显示的平均压力上升时间小于或等于40%氯酸钠水溶液和纤维素质量比为1∶1的混合物的平均压力上升时间,以及未满足包装类别Ⅰ/类别1的标准的物质。

(3) 包装类别Ⅲ/类别3。

任何物质以该物质和纤维素质量比为1∶1的混合物进行试验时,显示的平均压力上升时间小于或等于65%硝酸水溶液和纤维素质量比为1∶1的混合物的平均压力上升时间,以及未满足包装类别Ⅰ和Ⅱ/类别1和2的标准的物质。

(4) 非氧化性固体。

任何物质以该物质和纤维素质量比为1∶1的混合物进行试验时,显示的压力上升小于2070kPa(表压),或者显示的平均压力上升时间大于65%硝酸水溶液和纤维素质量比为1∶1的混合物的平均压力上升时间。

5.2.6.3 试验O.3:氧化性固体重量试验

本试验用于测量一种固体物质在与一种可燃物质完全混合的情况下,提高后者燃烧速率或燃烧强度的潜在能力。试验时将待评估的受试物质与干纤维素按1∶1和4∶1的质量混合后进行,将这些混合物的燃烧速率与1∶2质量混合比的过氧化钙和纤维素参考混合物的燃烧速率加以比较。使用与适当数据记录系统连接的天平,确定混合物在燃烧过程中的质量损耗,记录为时间的函数。如果燃烧速率(g/s)大于等于包装类别Ⅲ/类别3的参考混合物的燃烧速率,再将其与包装类别Ⅰ或Ⅱ/类别1或2的参考混合物的燃烧速率加以比较。

GHS在"氧化性固体"这一危险种类中也提到了这种分类试验。关于按氧化力的高低排列,GHS使用3个类别,与危险货物运输制度使用的3个包装类别完全对应,即GHS的类别1、类别2、类别3分别直接对应包装类别Ⅰ、包装类别Ⅱ、包装类别Ⅲ。

1. 试验结果评估

(1) 将中值燃烧速率与参考混合物的燃烧速率进行比较。
(2) 受试物质与纤维素混合物是否起火和燃烧。

2. 包装类别/类别试验标准

(1) 包装类别Ⅰ/类别1。

任何物质,其试样与纤维素(按质量计)按4∶1或1∶1的比例混合,试验的中值燃烧速率大于过氧化钙与纤维素(按质量计)3∶1混合物的中值燃烧速率。

(2) 包装类别Ⅱ/类别2。

任何物质,其试样与纤维素(按质量计)按4∶1或1∶1的比例混合,试验的中值燃烧速率大于等于过氧化钙与纤维素(按质量计)1∶1混合物的中值燃烧速率,并且未满足包装类别Ⅰ/类别1的标准。

(3) 包装类别Ⅲ/类别3。

任何物质,其试样与纤维素(按质量计)按4∶1或1∶1的比例混合,试验的中值燃烧速率大于等于过氧化钙与纤维素（按质量计）1∶2 混合物的中值燃烧速率，并且未满足包装类别Ⅰ和Ⅱ/类别 1 或 2 的标准。

（4）非氧化性固体。

任何物质，其试样与纤维素（按质量计）按 4∶1 和 1∶1 的比例混合，试验均未起火和燃烧，或者中值燃烧速率小于过氧化钙与纤维素（按质量计）1∶2 混合物的中值燃烧速率。

5.2.7 确定气体和气体混合物的化学不稳定性的试验

本试验通过点火确定在封闭容器内气体和气体混合物在高温、高压下的化学不稳定性。

本试验不能用于化学工厂中加工条件下气体的分解，以及气体混合物中不同气体之间可能发生的危险反应。

气体混合物所含的各种成分之间可能发生危险反应，如易燃气体或氧化性气体，此种气体混合物在本试验中，不认为是化学性质不稳定的。

如果根据 ISO 10156：2010 的计算显示气体混合物是不易燃的，则无须以分类为目的进行旨在确定化学性质不稳定的试验。

应请专家作出判断，决定易燃气体或气体混合物是否可按化学性质不稳定分类，以避免做不必要的试验。表明气体化学不稳定性的功能团有三键、相邻双键或共轭双键、卤化双键和张力环等。

气体的分解倾向，在很大程度上取决于压力和温度，在气体混合物的情况下，还取决于化学性质不稳定成分的浓度。对发生分解反应的可能性进行评估，应在与装卸、使用和运输相当的条件下进行。因此，须在装卸、使用和运输的环境温度和压力下，以及在 65℃ 和相应初始压力下进行两类试验。

化学性质不稳定的气体或气体混合物为"在 20℃ 和 101.3kPa 标准压力下化学性质不稳定"，或"在温度高于 20℃ 和/或压力大于 101.3kPa 时化学性质不稳定"，应按照以下标准划分：

（1）如果在 20℃ 和 1.01bar（101.3kPa）条件下所做的试验显示压力上升超过初始绝对压力的 20%，气体划为"在 20℃ 和 101.3kPa 标准压力下化学性质不稳定"；

（2）如果在 65℃ 和相应初始压力下所做的试验显示压力上升超过初始绝对压力的 20%，但在 20℃ 和 1.01bar（101.3kPa）时未出现此种压力上升，则气体划为"在温度高于 20℃ 和/或压力大于 101.3kPa 时化学性质不稳定"。

如果任何一项试验均未显示压力上升超过初始绝对压力的 20%，则气体不按此项试验方法进行分类（即化学性质稳定）。

5.2.8 有关对金属有腐蚀性的物质的分类试验（试验 C.1：确定对金属腐蚀性的试验）

如果一种物质显示对皮肤具有腐蚀性，则无须再以运输分类为目的进行金属腐蚀性的试验。

本试验用于确定液体和在运输过程中可能变为液体的固体的腐蚀性（对金属有腐蚀性的物质，包装类别Ⅲ/类别1）。

1. 均匀腐蚀的试验结果评估

在均匀腐蚀的情况下，应使用腐蚀最严重的试样的质量损失。任何试样，如果金属试样的质量损失高于表 5-19 所列的数值，则试验结果视为阳性。

表 5-19 不同暴露时间后试样的最低质量损失

时间（d）	最低质量损失（%）
7	13.5
14	26.5
21	39.2
28	51.5

2. 局部腐蚀的试验结果评估

当表面除受到均匀腐蚀外或腐蚀不均匀而发生局部腐蚀时，最大的洞深或减少的最大厚度应加入计算结果，或单独用来确定侵蚀程度。如果最深的侵蚀（以金相学方法确定）超过表 5-20 所列的数值，则结果视为阳性。

表 5-20 定时暴露后的最低侵蚀深度

暴露时间（d）	最低侵蚀深度（μm）
7	120
14	240
21	360
28	480

5.2.9 有关运输第 9 类的物质和物品的分类程序、试验方法和标准

5.2.9.1 能够自持分解的硝酸铵基化肥

试验 S.1：确定含有硝酸盐的化肥自持放热分解的槽式试验。

能够自持分解的化肥界定为在局部范围引发的分解会扩大到整体化肥。将提交运输的化肥发生这类分解的倾向可以使用槽式试验来确定。在本试验中，局部分解是在装在横放的槽中的化肥底层引发的。在移开引发热源后，观察分解向整槽化肥传播的情况。如果分解继续传播到全部物质，化肥即被视为具有自持分解的危险；如果分解没有继续传播到全部物质，化肥即被视为没有自持分解的危险。

5.2.9.2 金属锂、锂离子和钠离子电池组

金属锂、锂离子和钠离子电池组的试验共有 8 种。

1. 试验 T.1：高度模拟

本试验模拟在低压条件下的空运。

如果试验电池和电池组在试验中和试验后无渗漏、无排气、无解体、无破裂和无起火，并且每个试验电池或电池组在试验后的开路电压不小于其在进行这一试验前电压的 90%，电池和电池组即符合本项要求。有关电压的要求不适用于完全放电状态的试验电池和电池组。

2. 试验 T.2：温度试验

本试验评估电池和电池组的密封完善性和内部电连接。试验利用迅速和极端的温度变化度（20±5℃）下存放 24h。对于大型电池和电池组，暴露于极端试验温度的时间至少应为 12h。

如果试验电池和电池组在试验中和试验后无渗漏、无排气、无解体、无破裂和无起火，并且每个试验电池或电池组在试验后的开路电压不小于其在进行本项试验前电压的 90%，电池和电池组即符合本项要求。有关电压的要求不适用于完全放电状态的试验电池和电池组。

3. 试验 T.3：振动

本试验模拟运输过程中的振动。

如果试验电池和电池组在试验中和试验后无渗漏、无排气、无解体、无破裂和无起火，并且每个试验电池和电池组在第三个垂直安装方位上的试验后立即测得的开路电压不小于在进行本项试验前电压的 90%，电池和电池组即符合要求。有关电压的要

求不适用于完全放电状态的试验电池和电池组。

4. 试验 T.4：冲击

本试验评估电池和电池组对累积冲击效应的耐受程度。

如果试验电池和电池组在试验中和试验后无渗漏、无排气、无解体、无破裂和无起火，并且每个试验电池或电池组在试验后的开路电压不小于其在进行本项试验前电压的90%，电池和电池组即符合这一要求。有关电压的要求不适用于完全放电状态的试验电池和电池组。

5. 试验 T.5：外部短路

本试验模拟外部短路。

如果电池和电池组的外壳温度不超过170℃，并且在试验过程中和试验后6h内无解体、无破裂和无起火，电池和电池组即符合本项要求。

6. 试验 T.6：撞击/挤压

本节的试验模拟撞击或挤压等可能造成内部短路的机械性破坏。

如果电池和电池组的外壳温度不超过170℃，并且在试验过程中和试验后6h内无解体、无破裂和无起火，电池和电池组即符合本项要求。

7. 试验 T.7：过度充电

本试验评估可充电电池组或可充电单一电池组承受过度充电状况的能力。

可充电电池组如在试验过程中和试验后7d内无解体和无起火，即符合本项要求。

8. 试验 T.8：强制放电

本试验评估原电池或可充电电池承受强制放电状况的能力。

原电池或可充电电池如在试验过程中和试验后7d内无解体和无起火，即符合本项要求。

所有类型的锂电池均应进行 T.1 至 T.6 项和 T.8 项试验。所有不可充电的锂电池组类型，包括由已经做过试验的电池组成的电池组，均应进行 T.1 至 T.5 项试验。所有可充电的锂电池组类型，包括由已经进行过试验的电池组成的电池组，均应进行 T.1 至 T.5 项和 T.7 项试验。此外，带有过度充电保护装置的可充电的单一电池锂电池组应进行 T.7 项试验。作为电池组一部分的元件锂电池，并非与电池组分开运输时，只需进行 T.6 和 T.8 项试验即可。元件锂电池与电池组分开运输时，应进行 T.1 至 T.6 项和 T.8 项试验。作为设备组成部分的作用设备电源的锂电池或电池组，如只能装在设备中运输，可按照装在设备中时适用的试验要求进行试验。

所有类型的钠离子电池均应进行 T.1 至 T.6 项试验。所有可充电的钠离子电池组类型，包括由已经进行过试验的电池组成的电池组，均应进行 T.1 至 T.5 项和 T.7 项试验。此外,带有过度充电保护装置的可充电的单一电池钠离子电池组应做 T.7 项试验。作为电池组一部分的元件钠离子电池,并非与电池组分开运输时,只需进行 T.6 项试验即可。元件钠离子电池与电池组分开运输时,应进行 T.1 至 T.6 项试验。作为设备组成部分的作用设备电源的钠离子电池或电池组,如只能装在设备中运输,可按照装在设备中时适用的试验要求进行试验。

5.2.9.3 会放出易燃气体的物质

试验:会放出易燃气体的物质的分类试验。

本试验方法适用于确定符合 UN2211 描述的、带有封装发泡剂的聚合珠粒料是否需划在该 UN 编号项下。

为确定是否能放出易燃气体,应将物质放入密封的玻璃瓶内,在规定的温度下置放一段规定的时间,然后确定易燃气体的种类和浓度。

如果易燃气体的浓度小于等于爆炸下限(LEL)值的 20%,该物质无须划为"聚合珠粒料,可膨胀"。

5.2.10 有关固态硝酸铵基化肥的分类

任何含有硝酸铵的固态化肥新品种均需按本分类程序进行分类。

硝酸铵基化肥是指含铵态氮(NH_4^+)和硝态氮(NO_3^-)离子的均匀混合物。

复合化肥是指含有氮(N)磷(P)钾(K)三要素中的至少两种要素的均匀混合物。在确定硝酸铵含量时,化肥中所含铵态氮离子的某个分子当量的全部硝态氮离子应算为硝酸铵。

固态硝酸铵基化肥的分类流程图如图 5-6 所示。

第 5 章 化学品的危险特性分类

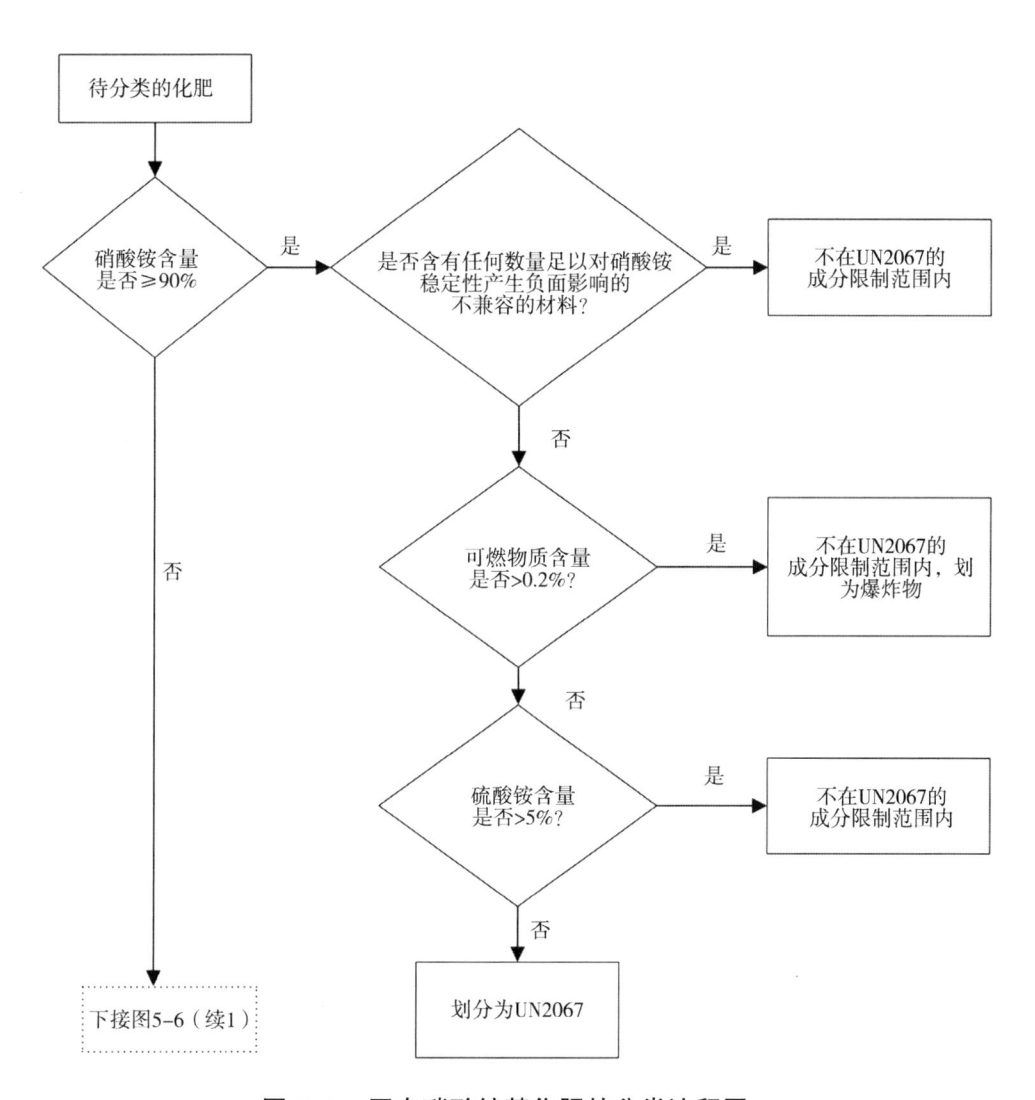

```
                    ┌──────────────┐
                    │ 待分类的化肥 │
                    └──────┬───────┘
                           │
                    ╱╲
                   ╱  ╲
           ╱硝酸铵含量╲     是      ╱是否含有任何数量足以对硝酸铵╲     是     ┌──────────────┐
          ╱是否≥90%    ╲──────────▶╲稳定性产生负面影响的          ╱──────────▶│ 不在UN2067的 │
           ╲          ╱              ╲不兼容的材料?              ╱             │ 成分限制范围内│
            ╲        ╱                 ╲                      ╱              └──────────────┘
             ╲      ╱                    ╲                  ╱
              ╲    ╱                      ╲ 否
               否                           │
               │                            ▼
               │                    ╱╲
               │                   ╱  ╲
               │                  ╱可燃物质含量╲    是     ┌──────────────────┐
               │                 ╱ 是否>0.2%?   ╲────────▶│ 不在UN2067的     │
               │                  ╲            ╱          │ 成分限制范围内，划│
               │                   ╲          ╱           │ 为爆炸物         │
               │                    ╲        ╱            └──────────────────┘
               │                      否
               │                      │
               │                      ▼
               │                    ╱╲
               │                   ╱  ╲
               │                  ╱硫酸铵含量  ╲    是     ┌──────────────┐
               │                 ╱ 是否>5%?    ╲────────▶│ 不在UN2067的 │
               │                  ╲           ╱          │ 成分限制范围内│
               │                   ╲         ╱           └──────────────┘
               │                     否
               │                      │
               │                      ▼
               │              ┌──────────────┐
               │              │ 划分为UN2067 │
               │              └──────────────┘
               ▼
      ┌───────────────────┐
      │ 下接图5-6（续1）  │
      └───────────────────┘
```

图 5-6 固态硝酸铵基化肥的分类流程图

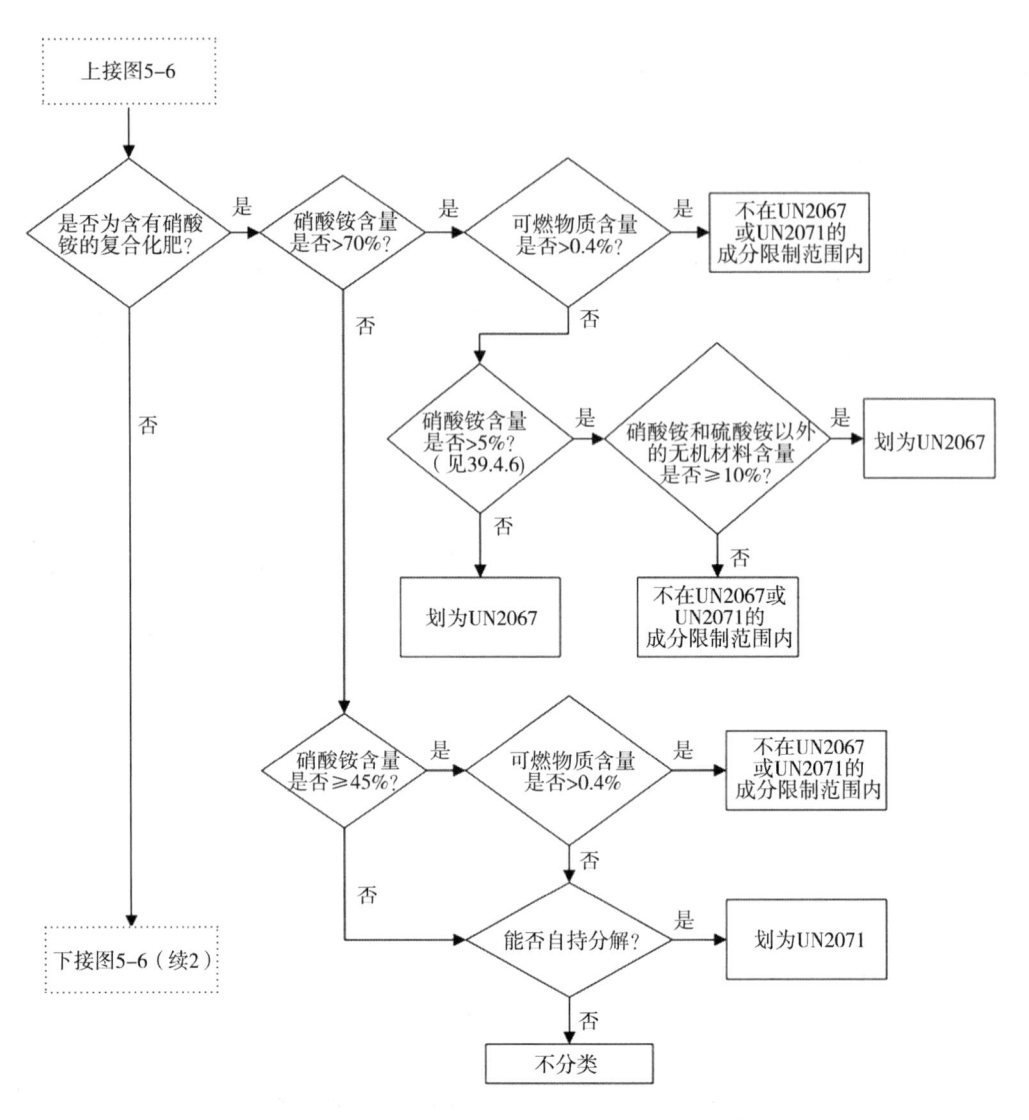

图 5-6　固态硝酸铵基化肥的分类流程图（续1）

第 5 章 化学品的危险特性分类

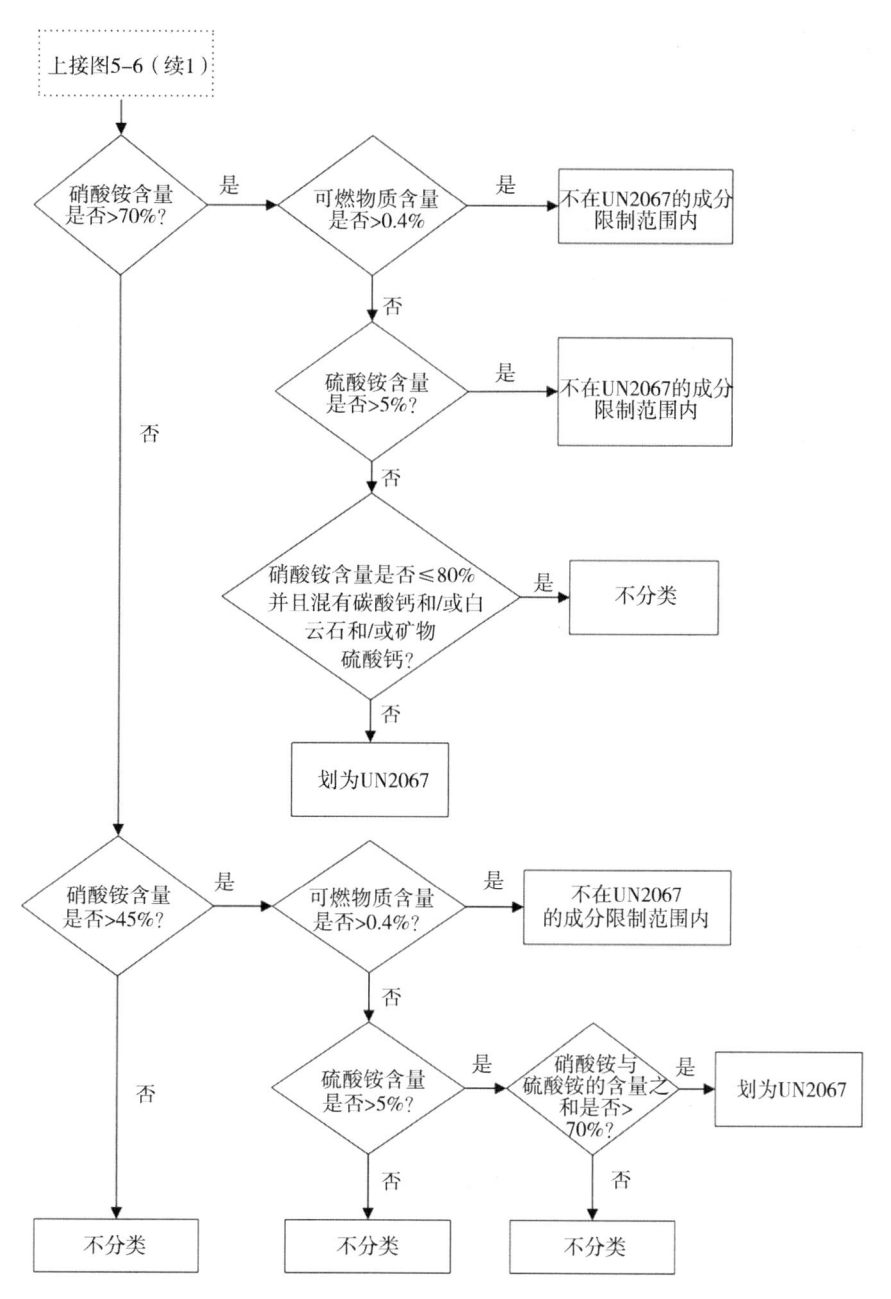

图 5-6 固态硝酸铵基化肥的分类流程图（续 2）

5.3 健康危害分类

《规章范本》中与健康危害有关的危险类别有急性毒性和皮肤腐蚀性，GHS 的分类中和健康危害类别有关的除急性毒性和皮肤腐蚀性等危险（危害）类别外，还包括皮肤敏化、呼吸敏化、致癌性等危险（危害）类别。鉴于本书篇幅所限，本章以 GHS 对急性毒性的分类为例来探讨健康危害的分类方法和判定标准，对于其他健康危害的分类和判定，可参考《规章范本》和 GHS 中的有关内容。

急性毒性，顾名思义，指的是某些物质在短时间内对人体产生的显著毒害作用。这种危害往往表现为突然出现的恶心、呕吐、头晕，甚至昏迷等中毒症状。其影响程度与个体暴露于有毒物质的时间、所接触的剂量，以及个人的身体状况紧密相关。正因为急性毒性的发作迅速且可能带来严重后果，对其进行精确分类在预防和控制中毒事故中显得尤为重要。本节通过对急性毒性的详细分析，旨在帮助读者更好地应对与危险品相关的健康风险。

5.3.1 急性毒性物质分类概述

急性毒性物质分类标准如表 5-21 所示，物质可按经口、经皮或吸入途径的急性毒性被划入 5 种危险类别之一。急性毒性值用（近似）LD_{50} 值（经口、经皮），或 LC_{50} 值（吸入），或急性毒性估计值（ATE）表示。虽然一些体内方法可直接确定 LD_{50}/LC_{50} 的值，但另一些较新的体内方法（如使用较少动物）还考虑到急性毒性的其他指标，诸如明显的临床毒性表征等，将之作为划定危险类别的参考。

表 5-21 急性毒性物质分类标准

接触途径	类别 1	类别 2	类别 3	类别 4	类别 5
经口 [mg/kg（体重）][1,2]	ATE≤5	5<ATE≤50	50<ATE≤300	300<ATE≤2000	2000 < ATE ≤5000[7]
经皮 [mg/kg（体重）][1,2]	ATE≤50	50<ATE≤200	200<ATE≤1000	1000<ATE≤2000	
气体 (ppmV)[1,2,3]	ATE≤100	100<ATE≤500	500<ATE≤2500	2500<ATE≤20000	
蒸气 (mg/L)[1,2,3,4,5]	ATE≤0.5	0.5<ATE≤2.0	2.0<ATE≤10.0	10.0<ATE≤20.0	—[7]
粉尘和烟雾 (mg/L)[1,2,3,6]	ATE≤0.05	0.05<ATE≤0.5	0.5<ATE≤1.0	1.0<ATE≤5.0	

注：

1. 物质的急性毒性估计 ATE 是通过使用可用的 LD_{50}/LC_{50} 得出的。

2. 混合物的急性毒性估计 ATE 是通过以下方式得出的：如果可用，则使用 LD_{50}/LC_{50}；否则，使用与范围测试结果相关的表 5-22 中的适当转换值；或使用与分类类别相关的表 5-22 中的适当转换值。

3. 表中的吸入临界值以 4 小时试验接触为基础。根据 1 小时接触产生的现有吸入毒性数据的换算，对于气体和蒸气，应除以因子 2，对于粉尘和气雾，应除以因子 4。

4. 一些管理制度可能使用饱和蒸气浓度作为附加要素，以提供特定的健康和安全保护，例如《规章范本》。

5. 一些物质的试验环境不仅仅是蒸气，而是由液相和气相混合组成。在液相和气相混合的环境中，分类应以 ppmV 为基础：类别 1（100ppmV）、类别 2（500ppmV）、类别 3（2500ppmV）、类别 4（20000ppmV）。粉尘、气雾和蒸气的定义如下：粉尘指物质或混合物的固态粒子悬浮在一种气体（通常是空气）中；气雾指物质或混合物的液滴悬浮在一种气体（通常是空气）中；蒸气指物质或混合物从其液体或固体状态释放出来的气体形态。

粉尘通常是通过机械工序形成的。气雾通常是由过饱和蒸气凝结或通过液体的物理剪切作用形成的。粉尘和气雾的大小通常从小于 1μm 到约 100μm。

6. 应审查粉尘和气雾的各项值，使之适应经济合作与发展组织（OECD）试验准则将来有关呼吸性粉尘和气雾浓度在产生、维护和测量技术限制方面的任何变化。

7. 应归入类别 5 的物质为急性毒性危害相对较低，但在某些环境下可能对易受害人群造成危险的物质。这些物质的经口或经皮 LD_{50} 的范围预计为 2000~5000mg/kg（体重），吸入途径为当量剂量。类别 5 的具体判定标准有两个。

第一，如果现有的可靠证据表 LD_{50}（或 LC_{50}）在类别 5 的数值范围内，或者其他动物研究或人类毒性效应表明对人类健康有急性影响，那么物质划入此类别。

第二，通过外推、评估或测量数据，将物质划入此类别，但前提是没有充分理由将物质划入危险性更高的类别，并且满足以下条件之一：现有的可靠信息表明对人类有显著的毒性效应；当以经口、吸入或经皮途径进行试验，剂量达到类别 4 的值时，观察到任何致命性；当进行试验剂量达到类别 4 的值时，专家判断证实有显著的毒性临床征象，腹泻、毛发竖立或外表污秽除外；专家判断证实，在其他动物研究中，有可靠信息表明可能出现显著急性效应。

为保护动物，不应在类别 5 范围内对动物进行试验，只有试验结果极有可能与保护人类健康直接相关时，才应考虑进行这样的试验。

5.3.2　急性毒性混合物分类

对于混合物，急性毒性的分类方法是分层的，而且取决于混合物本身及其成分的现有信息数量。混合物急性毒性分层分类方法如图 5-7 所示。

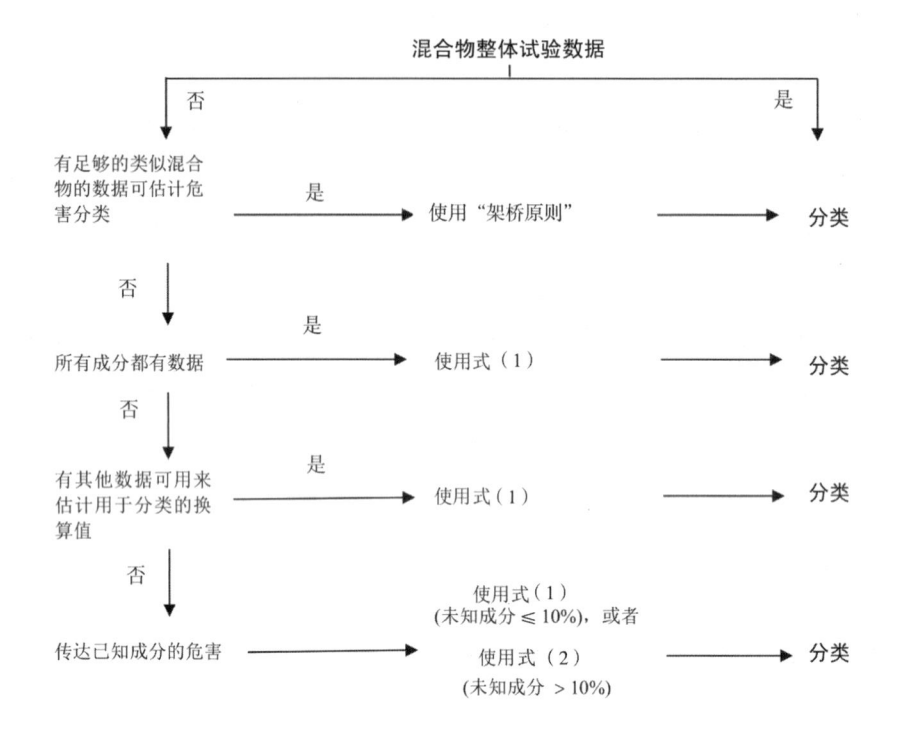

```
                        混合物整体试验数据
                    ┌─────────┴─────────┐
                    否                   是
                    ↓                    ↓
         有足够的类似混合
         物的数据可估计危 ──是──→ 使用"架桥原则" ──→ 分类
         害分类
                    │
                    否
                    ↓
         所有成分都有数据 ──是──→ 使用式(1) ──→ 分类
                    │
                    否
                    ↓
         有其他数据可用来
         估计用于分类的换 ──是──→ 使用式(1) ──→ 分类
         算值
                    │
                    否
                    ↓
                            使用式(1)
         传达已知成分的危害 ──→ (未知成分≤10%),或者 ──→ 分类
                            使用式(2)
                            (未知成分>10%)
```

注：式（1）、式（2）参见 5.3.2.3 节。

图 5-7　混合物急性毒性分层分类方法

混合物急性毒性的分类，可以对每一种接触途径进行，但如果所有成分都循经一种接触途径（估计或试验确定），且没有相关证据表明急性毒性循经多种途径，那么只需对该接触途径进行分类即可。如果有相关证据表明毒性有多个接触途径，必须对所有相关的接触途径进行分类。所有现有信息均应考虑在内。图标和信号词应反映最严重的危险类别，并应使用所有相关的危险说明。

为利用所有已知的信息对混合物的危险进行分类，作了一些假设，可酌情应用于分层方法。

第一，一种混合物的"相关成分"，是指浓度大于等于1%的成分（固体、液体、粉尘、气雾和蒸气为重量百分比，气体为体积百分比），除非有理由怀疑浓度小于1%的成分仍然与混合物的急性毒性分类具有相关性。当未经过试验的混合物含有划入类别1和类别2的成分时，这一点在分类时尤其重要。

第二，如果一种已分类混合物被用作另一种混合物的成分，在使用公式计算新混合物的分类时，可使用该混合物实际或推算的ATE。

第三，如果对混合物的所有成分换算得到的急性毒性点估计值均属同一类别，那

第5章 化学品的危险特性分类

么混合物应被划入该类别。

第四，如果只有混合物各成分的范围估计数据（或急性毒性危险类别资料），在使用公式计算新混合物的分类时，可根据表5-22将其换算成急性毒性点估计值。

表 5-22 试验获得的急性毒性范围数值（或急性毒性危险类别）换算成混合物分类公式使用的急性毒性点估计值

接触途径	分类类别或试验获得的急性毒性范围估计值[1]	换算得到的急性毒性点估计值[2]
经口 [mg/kg（体重）]	0<类别1≤5 5<类别2≤50 50<类别3≤300 300<类别4≤2000 2000<类别5≤5000	0.5 5 100 500 2500
经皮 [mg/kg（体重）]	0<类别1≤5 5<类别2≤50 50<类别3≤300 300<类别4≤2000 2000<类别5≤5000	5 50 300 1100 2500
气体 （ppmV）	0<类别1≤100 100<类别2≤500 500<类别3≤2500 2500<类别4≤20000 类别5[2]	10 100 700 4500
蒸气 （mg/L）	0<类别1≤0.5 0.5<类别2≤2 2<类别3≤10 10<类别4≤20 类别5[2]	0.05 0.5 3 11
粉尘和烟雾 （mg/L）	0<类别1≤0.05 0.05<类别2≤0.5 0.5<类别3≤1.0 1.0<类别4≤5.0 类别5[2]	0.005 0.05 0.5 1.5

注：1. 气体浓度以体积百万分率（ppmV）表示。

2. 类别5适用于急性毒性相对较低，但在某些环境下可能对易受害人群造成危险的物质。这些物质的经口或经皮 LD_{50} 值的范围预计为 2000~5000mg/kg（体重），吸入接触途径为当量剂量1。

5.3.2.1 有可用的混合物整体急性毒性试验数据

如果已对混合物本身做过确定其急性毒性的试验，可根据表 5-21 的分类标准对混合物进行分类。

5.3.2.2 没有可用的混合物整体急性毒性试验数据：架桥原则

如果对混合物本身没有做过确定其急性毒性的试验，但有关于混合物单个成分和已试验过的类似混合物的充分数据，足以确定该混合物的危险特性，可根据以下议定的架桥原则使用这些数据。这可确保分类过程尽可能地使用现有数据确定混合物的危险特性，而无须另做动物试验。

1. **稀释**

如果做过试验的混合物用稀释剂进行稀释，稀释剂的毒性分类等于或低于原始成分中毒性最低的成分，并且该稀释剂不会影响其他成分的毒性，那么经稀释的新混合物可划为与做过试验的原混合物相等的类别，也可使用式（1）（见 5.3.2.3 节）。

2. **产品批次**

混合物已做过试验的一个生产批次的毒性，可以认为实际上与同一制造商生产的或在其控制下生产的同一商业产品的另一个未经试验的产品批次的毒性相同，除非有理由认为，未试验产品批次的毒性有显著变化。如果后一种情况发生，则需要进行新的分类。

3. **高毒性混合物的浓度**

已做过试验的混合物被划入类别 1，如果该混合物中属于类别 1 的成分浓度增加，则产生的未经试验的混合物仍划入类别 1，无须另做试验。

4. **同一危险类别内的内推法**

3 种成分完全相同的混合物 A、B 和 C，混合物 A 和混合物 B 经过测试，属同一危险类别，而混合物 C 未经测试，但含有与混合物 A 混合物 B 相同的毒素活性成分，且其毒素活性成分浓度介于混合物 A 与混合物 B 之间，可以假定混合物 C 与 A 和 B 属同一危险类别。

5. **实质上类似的混合物**

假定有两种混合物 a 和 b，a 含有成分 A 和 B，b 含有成分 B 和 C。

成分 B 的浓度在两种混合物中基本相同，混合物 a 中成分 A 的浓度等于混合物 b 中成分 C 的浓度，已有成分 A 和 C 的毒性数据，并且它们属于相同的危险类别，而且可能不会影响成分 B 的毒性。

如果混合物 a 或 b 已经根据试验数据分类，那么另一混合物可以划入相同的危险类别。

6. 气雾剂

如果加入的气雾剂并不影响混合物喷射时的毒性，那么这种雾化形式的混合物可划为与业已经过试验的非雾化形式的混合物的经口和经皮毒性相同的危险类别。雾化混合物的吸入毒性分类应单独考虑。

5.3.2.3　根据混合物的成分对混合物进行分类（加和公式）

1. 已知所有成分的数据

为确保混合物分类准确，并且所有制度、部门和类别只需进行一次计算，各成分的 ATE 应从以下方面考虑：

（1）包括所有已知具有急性毒性、属于统一分类制度中任何一个急性毒性危险类别的成分；

（2）忽略所有假定不具有急性毒性的成分（例如水、糖等）；

（3）如果现有数据来自极限剂量试验，并且不显示急性毒性，可不考虑该成分。

根据式（1），通过计算所有相关成分的 ATE 来确定混合物的经口、经皮或吸入毒性 ATE：

$$\frac{100}{\text{ATE}_{mix}} = \sum_n \frac{C_i}{\text{ATE}_i} \quad\quad\quad (1)$$

式中：

C_i——成分 i 的浓度；

n——成分的数量，并且 i 从 1 到 n；

ATE_i——成分 i 的 ATE；

ATE_{mix}——混合物的 ATE。

2. 混合物的一种或多种成分无可用数据

如混合物的某一个成分没有 ATE，但从下列已知信息可以推算出换算值，可使用式（1）。

如果混合物中的某一成分浓度大于等于 1%，但没有任何对分类有用的信息，则可推断该混合物没有确定的急性毒性估计值。在这种情况下，应只根据已知成分对混合物进行分类，并附加说明，混合物含有 x% 的未知急性（经口/经皮/吸入）毒性成分。

如果未知的相关急性毒性成分总浓度小于等于 10%，那么应使用式（1）。如果未知的相关毒性成分总浓大于 10%，则应对式（1）按未知成分的百分比作如下修正：

$$\frac{100 - (\sum C_{unknown} \text{if} > 10\%)}{\text{ATE}_{mix}} = \sum_n \frac{C_i}{\text{ATE}_i} \quad\quad\quad (2)$$

式中：

C_i——成分 i 的浓度；

n——成分，并且 i 从 1 到 n；

ATE_i——成分 i 的急性毒性估计值；

ATE_{mix}——混合物的 ATE。

5.4 环境危害分类

在《规章范本》中，与环境危害相关的危险（危害）类别主要关注的是水生环境危害。然而，在 GHS 中，环境危害的分类更为广泛，不仅包括了水生环境危害，还扩展到了对臭氧层的危害等。鉴于本书的重点和篇幅限制，本节将专注于探讨《规章范本》对水生环境危害的分类方法及其判定标准。

危害环境物质（水生环境）分类的基本要素是：急性水生毒性；慢性水生毒性；可能或实际形成生物体内积累和（生物或非生物的）有机化合物降解。

虽然最好使用国际统一的试验方法取得的数据，但在实践中也可使用本国（地区）的方法取得的数据，只要可以认为两者是相当的。一般来说，淡水和海洋物种的毒性数据可被认为是等效数据，这些数据可以根据良好实验室规范（GLP）的各项原则，也可以使用 OECD 试验准则或等效试验准则获取。在无法得到这类数据的情况下，分类应根据掌握的最可靠的数据。

5.4.1 水生环境危害物质分类概述

如果相关物质符合表 5-23 中列出的急毒性 1、慢毒性 1 或慢毒性 2 的标准，那么这些物质应当被归类为"危害环境物质（水生环境）"。这一分类是基于这些物质对水生环境可能产生的危害而定的。

表 5-23 危害水生环境物质的分类

(1) 急性（短期）水生危害	
急毒性类别 1[2]：	
96 h LC_{50}（对鱼类）	≤1 mg/L 和/或
48 h EC_{50}（对甲壳纲动物）	≤1 mg/L 和/或
72 或 96 h ErC_{50}（对藻类或其他水生植物）	≤1 mg/L[3]

续表

(2) 慢性水生危害（见图 5-8）	
（a）不能快速降解的物质[4]，已有充分的慢性毒性数据	
慢毒性类别 1[2]：	
慢毒 NOEC 或 ECx（对鱼类）	≤0.1 mg/L 和/或
慢毒 NOEC 或 ECx（对甲壳纲动物）	≤0.1 mg/L 和/或
慢毒 NOEC 或 ECx（对藻类或其他水生植物）	≤0.1 mg/L
慢毒性类别 2：	
慢毒 NOEC 或 ECx（对鱼类）	≤1 mg/L 和/或
慢毒 NOEC 或 ECx（对甲壳纲动物）	≤1 mg/L 和/或
慢毒 NOEC 或 ECx（对藻类或其他水生植物）	≤1 mg/L
（b）可快速降解的物质，已有充分的慢性毒性数据	
慢毒性类别 1[2]：	
慢毒 NOEC 或 ECx（对鱼类）	≤0.01 mg/L 和/或
慢毒 NOEC 或 ECx（对甲壳纲动物）	≤0.01 mg/L 和/或
慢毒 NOEC 或 ECx（对藻类或其他水生植物）	≤0.01 mg/L
慢毒性类别 2：	
慢毒 NOEC 或 ECx（对鱼类）	≤0.1 mg/L 和/或
慢毒 NOEC 或 ECx（对甲壳纲动物）	≤0.1 mg/L 和/或
慢毒 NOEC 或 ECx（对藻类或其他水生植物）	≤0.1 mg/L
（c）没有充分的慢性毒性数据的物质	
慢毒性类别 1[2]：	
96 h LC_{50}（对鱼类）	≤1 mg/L 和/或
48 h EC_{50}（对甲壳纲动物）	≤1 mg/L 和/或
72 h 或 96 h ErC_{50}（对藻类或其他水生植物）	≤1 mg/L[3]
该物质不能快速降解，且/或试验确定的 BCF≥500（在无试验结果的情况下，log Kow≥4）[4,5]	
慢毒性类别 2：	
96 h LC_{50}（对鱼类）	>1 但 ≤10 mg/L 和/或
48 h EC_{50}（对甲壳纲动物）	>1 但 ≤10 mg/L 和/或
72 或 96 h ErC_{50}（对藻类或其他水生植物）	>1 但 ≤10 mg/L[3]
该物质不能快速降解，且/或试验确定的 BCF≥500（在无试验结果的情况下，log Kow≥4）[4,5]	

注：1. 鱼类、甲壳纲和藻类等生物体作为替代物种进行试验，试验包括一系列的营养水平和门

类,而且试验方法高度标准化。当然,其他生物体数据也可以使用,但前提是它们是等效的物种和试验终点指标。

2. 在对物质作急毒性 1 和/或慢毒性 1 分类时,应同时注明求和法使用的适当的 M 乘数。

3. 如果藻类毒性 ErC_{50} [= EC_{50}(生长率)] 下降到下一个最敏感物种的 100 倍水平之下,而且导致仅以该效应为基础的分类,那么应考虑这种毒性是否代表对水生植物的毒性。如果能够证明不是如此,那么应使用专业判断来确定是否应进行分类。分类应以 ErC_{50} 为基础。在未规定 EC_{50} 基准,而且没有记录 ErC_{50} 的情况下,分类应以可得的最 EC_{50} 为基础。

4. 断定不能快速降解的依据,是本身不具备生物降解能力,或有其他证据证明不能快速降解。在不掌握有意义的降解性数据的情况下,不论是试验确定的还是估计的数据,物质均应视为不能快速降解。

5. 生物积累潜力以试验得到的 BCF≥500 为基础,或者如果没有该数值,以 log Kow ≥ 4 为基础,但前提是 log Kow 是物质生物积累潜力的适当描述指标。log Kow 测定数值优先于估计数值,BCF 测定数值优先于 log Kow 数值。

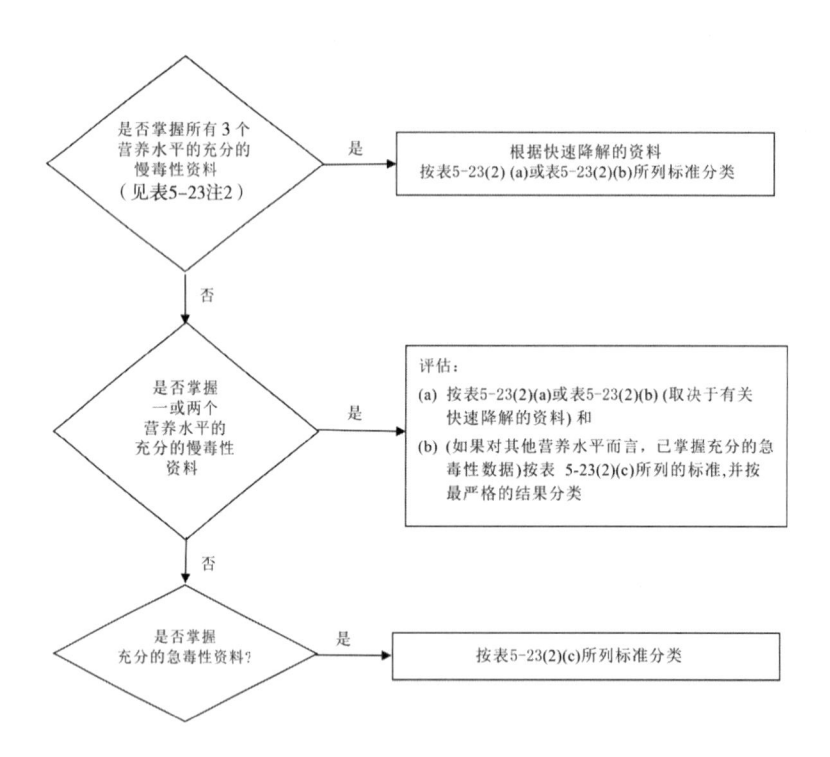

图 5-8 慢性水生危害的危害物质类别

危害水生环境的物质分类方案如表 5-24 所示。

第5章 化学品的危险特性分类

表 5-24 危害水生环境的物质分类方案

分类类别			
急毒性危害[1]	长期危害[2]		
^	掌握充分的慢毒性资料		没有掌握充分的慢毒性资料[1]
类别：急毒性 1	类别：慢毒性 1[3]	类别：慢毒性 1[3]	类别：慢毒性 1
L（E）C$_{50}$≤1.00	NOEC 或 ECx≤0.1	NOEC≤ 或 ECx≤0.01	L（E）C$_{50}$≤1.00 且缺少快速降解能力，和/或 BCF≥500，或如没有该数值，log Kow≥4
—	类别：慢性 2	类别：慢性 2	类别：慢性 2
—	0.1<NOEC 或 ECx≤1	0.01＜NOEC 或 ECx≤0.1	1.00<L（E）C$_{50}$≤10.0 且缺少快速降解能力，和/或 BCF≥500，或如没有该数值，log Kow≥4

注：1. 以鱼类、甲壳纲动物和/或藻类或其他水生植物的 L（E）C$_{50}$ 数值（单位 mg/L）为基础的急毒性范围［或者如果没有试验数据，以定量结构活性关系（QSAR）估计值为基础］。

2. 物质按不同的慢毒性类别，除非掌握所有 3 个营养水平在水溶性以上或 1mg/L 以上足够的慢毒性数据［"足够"是指数据充分涵盖了相关的终点指标。一般而言，这应是测得的试验数据，但为了避免不必要的试验，可根据具体情况使用估计数据，如（Q）SAR，或在明显的情况下，依靠专家的判断］。

3. 慢毒性范围以鱼类或甲壳纲动物的 NOEC 或等效的 ECx 数值（单位为 mg/L），或其他公认的慢毒性标准为基础。

4. NOEC 为无显见效果浓度；ECx 为产生 x% 反应的浓度。

5.4.2 水生环境危害混合物分类

混合物的分类制度包含了对物质采用的分类类别，即急毒性 1 类，以及慢毒性 1 类和 2 类。为了在对混合物的水生环境危害进行分类时，充分利用所有已知的数据，作了以下假设，根据情况适用：

混合物的"相关成分"，是指以等于或大于 0.1% 的浓度存在（按质量）应划为急性和/或慢性类别 1 的成分，以及等于和/或大于 1% 的其他成分，除非根据推测，低于 0.1% 存在的成分仍可对混合物的水生环境危害分类产生重要影响（如在高毒性成分的情况下）。

对水生环境危害的分类，采取了分层的办法，取决于对混合物本身和混合物的各种成分掌握了哪方面的信息。分层法的要素包括：根据对已经过测试的混合物进行分类；根据"架桥原则"分类；采用"对已分类成分的求和法"和/或"相加公式"。

图 5-9 给出了采用分层法对有急性和长期水生环境危害的混合物进行分类的主要程序。

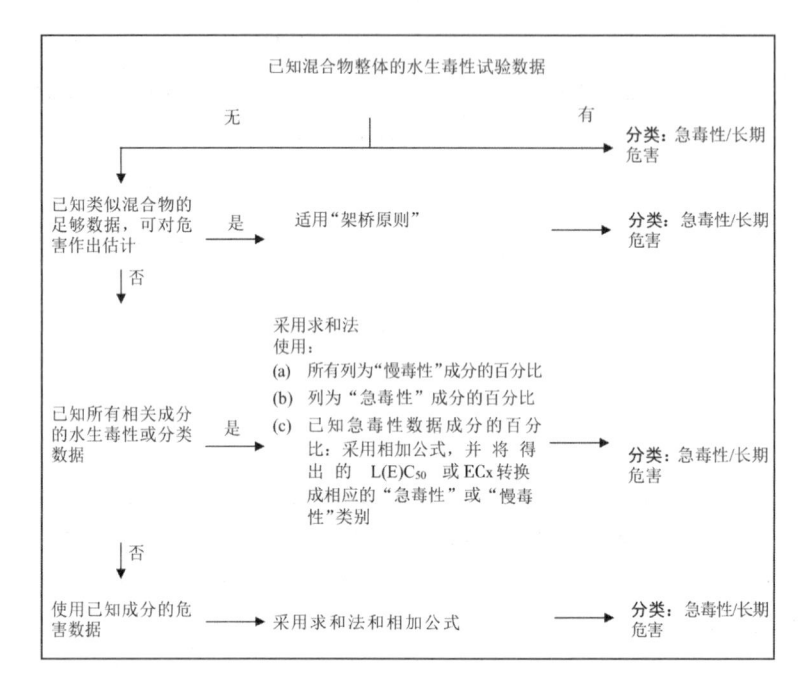

```
┌─────────────────────────────────────────────────────────────┐
│              已知混合物整体的水生毒性试验数据                 │
│         无            │            有                        │
│          ↓            │             → 分类：急毒性/长期危害  │
│                                                              │
│ 已知类似混合物的                                             │
│ 足够数据，可对危  是→ 适用"架桥原则" → 分类：急毒性/长期危害│
│ 害作出估计                                                   │
│          ↓否                                                 │
│                    采用求和法                                │
│                    使用：                                    │
│                    (a) 所有列为"慢毒性"成分的百分比          │
│ 已知所有相关成分   (b) 列为"急毒性"成分的百分比              │
│ 的水生毒性或分类 是→(c) 已知急毒性数据成分的百分              │
│ 数据                 比：采用相加公式，并将得   → 分类：急毒性│
│                      出的 L(E)C₅₀ 或 ECx 转换      /长期危害 │
│                      成相应的"急毒性"或"慢毒                │
│                      性"类别                                │
│          ↓否                                                 │
│ 使用已知成分的危 → 采用求和法和相加公式 → 分类：急毒性/长期危害│
│ 害数据                                                       │
└─────────────────────────────────────────────────────────────┘
```

图 5-9　采用分层法对有急性和长期水生环境危害的混合物进行分类

5.4.2.1　在掌握完整混合物毒性数据的情况下对混合物的分类

在已对混合物整体进行试验确定其水生毒性的情况下，这方面的资料应按对物质认定的标准对混合物进行分类。分类通常是依据鱼、甲壳纲动物和水蚤/植物的数据。

在没有充分的混合物整体的急性或慢性数据的情况下，应使用"架桥原则"或"求和法"。

对混合物的长期危害进行分类，还需要有关降解性的进一步资料，在有些情况下还需要在生物体内积累的数据。没有现成的混合物整体降解性和在生物体内积累的数据。不对混合物做降解性和在生物体内积累的试验，因为这类试验通常难以判读，这类试验只对单一物质有意义。

1. 急毒性类别 1 的分类

（1）已充分掌握混合物整体的急毒性试验数据（LC$_{50}$ 或 EC$_{50}$），显示 L（E）C$_{50}$ ≤ 1mg/L：根据表 5-23（1），混合物划为急毒性类别 1；

（2）已掌握混合物整体的急毒性试验数据（LC$_{50}$ 或 EC$_{50}$），显示 L（E）C$_{50}$ >

1mg/L或高于水溶性：在本规章下无须作急性危害分类。

2. 慢毒性类别1和类别2的分类

（1）已充分掌握混合物整体的慢毒性试验数据（ECx或NOEC），显示试验的混合物ECx或NOEC≤1mg/L。

如掌握的资料可得出结论，混合物的所有主要成分均可快速降解，根据表5-23（2）（b）（可快速降解），混合物划为慢毒性类别1或类别2（在这种情况下，当所试验混合物的ECx或NOEC>0.1mg/L时，在本规章下无须按长期危害分类）；在所有其他情况下，根据表5-23（2）（a）（不能快速降解），混合物划为慢毒性类别1或类别2。

（2）如充分掌握混合物整体的慢毒性数据（ECx或NOEC），显示测试的混合物ECx或NOEC>1 mg/L，或高于水溶性，在本规章下无须按长期危害分类。

5.4.2.2　在不掌握完整混合物毒性数据的情况下对混合物的分类："架桥原则"

如没有对混合物整体进行过试验确定其水生环境危害，但其单项成分和经过试验的类似混合物已有充分数据，足以确定该混合物的危害，应根据以下议定的"架桥规则"使用这些数据。这样做可以保证在确定混合物的危害时，分类程序可最大限度地利用已有数据，而无须做新的动物试验。

1. 稀释

如果一种新的混合物是通过稀释一种已经试验过的混合物或物质生成的，使用的稀释剂水生危害分类相当于或低于毒性最低的原始成分，且认为不会影响其他成分的水生危害，则所形成混合物的分类应与测试过的原混合物或物质相当。

如一种混合物是通过稀释另一种已经分类的混合物或物质生成的，稀释时使用了水或其他完全无毒性的物质，则该混合物的毒性应从原混合物或物质计算得出。

2. 产品批次

经过测试的混合物生产批次，其水生危害的分类应假定在本质上与同一制造商生产的或在其控制下生产的同一商业产品另一未经测试的产品批次相当，除非有理由相信存在重要差异，以致未经测试的产品批次水生危害分类已经改变。如发生此种情况，须作新的分类。

3. 划为最严重分类类别（慢毒性类别1和急毒性类别1）的混合物的浓度

如一种经过测试的混合物被列为慢毒性类别1和/或急毒性类别1，而该混合物中被列为慢毒性类别1和/或急毒性类别1的成分浓度有所增加，那么，浓度增加后但未经测试的混合物应划为与经测试的原混合物相同的分类类别，无须另作试验。

4. 同一毒性类别内的添加

对于 3 种成分完全相同的混合物（A、B 和 C），如果混合物 A 和混合物 B 经过测试，属同一毒性类别，而混合物 C 未经测试，但含有与混合物 A 和混合物 B 相同的毒素活性成分，且其毒素活性成分的浓度介于混合物 A 和混合物 B 的浓度之间，那么，混合物 C 应与 A 和 B 属同一类别。

5. 基本类似的混合物

假设存在以下条件：

（1）两种混合物 A+B 和 C+B；

（2）成分 B 的浓度在两种混合物中基本相同；

（3）成分 A 在混合物 A+B 中的浓度与成分 C 在混合物 C+B 的浓度相同；

（4）已经掌握 A 和 C 的水生危害数据并且二者基本相同，即它们属于同一危险性类别，并预计不会影响 B 的水生毒性；

如果已根据测试数据对混合物 A+B 或 C+B 作了分类，则另一混合物可划为同一危险性类别。

5.4.2.3 在掌握混合物所有成分的毒性数据或仅掌握其中部分成分毒性数据的情况下混合物的分类

混合物的分类应以其已分类成分浓度的相加之和为依据。列为"急毒性"或"慢毒性"成分的百分比，应直接计入求和法。

混合物可能是由两种已经分类的成分（如急毒性类别 1 和/或慢毒性类别 1、类别 2），和已经掌握足够毒性试验数据的成分结合而成的。当已经掌握混合物中一种以上成分的足够毒性数据时，这些成分的综合毒性应根据毒性数据的性质，使用式（3）或式（4）计算出来。

根据急性水生毒性：

$$\frac{\sum C_i}{L(E)C_{50m}} = \sum_n \frac{C_i}{L(E)C_{50i}} \quad \cdots\cdots\cdots\cdots\cdots\cdots\cdots (3)$$

式中：

C_i——成分 i 的浓度（质量百分比）；

$L(E)C_{50i}$——成分 i 的 LC_{50} 或 EC_{50}（mg/L）；

n——所含成分数，i 从 1 到 n；

$L(E)C_{50m}$——混合物已知测试数据部分的 $L(E)C_{50}$

计算出来的毒性结果，应用来划定该部分混合物的急毒性危险性类别，然后再将其用于求和法的计算。

根据慢性水生毒性：

$$\frac{\sum C_i + \sum C_j}{\mathrm{EqNOEC}_m} = \sum_n \frac{C_i}{\mathrm{NOEC}_i} + \sum_n \frac{C_j}{0.1 \times \mathrm{NOEC}_j} \quad\quad\quad (4)$$

式中：

C_i——成分 i 的浓度（质量百分比），包括可快速降解的成分；

C_j——成分 j 的浓度（质量百分比），包括不能快速降解的成分；

NOEC_i——成分 i（包含可快速降解的成分）的 NOEC（或其他承认的慢毒性测量值），按 mg/L；

NOEC_j——成分 j（包含不能快速降解的成分）的 NOEC（或其他承认的慢毒性测量值），按 mg/L；

n——所含成分数量，i 和 j 从 1 到 n；

EqNOEC_m——混合物有试验数据部分的等效 NOEC；

因此等效毒性反映了一个事实，即不能快速降解的物质分类更加"严格"，比可快速降解物质高出一个危险性类别。

计算出来的等效毒性，将根据可快速降解物质的标准［表 5-23（2）（b）］，用来划定该部分混合物的长期危险性类别，然后再将其用于求和法的计算。

在对混合物的一部分使用相加公式时，计算这部分混合物的毒性，最好使用每种成分对同一分类群（如鱼、甲壳纲动物或藻类）的毒性值，然后取用得到的最高毒性（最低值）（如取用 3 个类群中最敏感的一群）。但在无法得到每种成分对相同分类群的毒性数据时，选定每种成分的毒性值，应使用与选定物质分类毒性值相同的方法，即取用（最敏感的测试生物体）较高的毒性。然后用计算出来的急毒性和慢毒性值对这一部分混合物进行分类，采用与物质分类相同的标准，将之划为急毒性类别 1 和/或慢毒性类别 1 或类别 2。

如果某一混合物以一种以上的方式做分类，应选用取得较保守结果的方法。

5.4.2.4 求和法

一般而言，对混合物较严格的分类优先于不甚严格的分类，例如，划为慢毒性类别 1 优先于划为慢毒性类别 2。因此，如果分类的结果是慢毒性类别 1，分类程序便已完成。不可能作出比慢毒性 1 更严格的分类，因此也没有必要再经过其他分类程序。

1. 急毒性类别 1 的分类

首先，所有划为急毒性类别 1 的成分均需加以考虑。如果这些成分的浓度（百分比%）总和大于或等于25%，则整个混合物应列为急毒性类别1。如果计算的结果是混合物被列为急毒性类别1，分类程序便完成。

表5-25说明了如何根据已分类成分的浓度，采用求和法对混合物进行急毒性危害分类。

表5-25　根据已分类成分的浓度，采用求和法对混合物做急毒性危害分类

已分类成分浓度（%）之和为：	混合物分类为：
急毒性类别1×M^a≥25%	急毒性类别1

2. 慢毒性1类和2的分类

首先，所有列为慢毒性类别1的成分均须加以考虑。如这些成分的浓度（百分比%）之和大于或等于25%，混合物应被划为慢毒性类别1。如果计算的结果混合物被划为慢毒性类别1，分类程序便告完成。

在混合物没有划为慢毒性类别1的情况下，应考虑混合物列为慢毒性类别2的可能。如果一种混合物中所有划为慢毒性类别1的成分浓度（百分比%）之和乘以10，加上所有列为慢毒性类别2的成分浓度（百分比%）之和大于或等于25%，则该混合物应列入慢毒性类别2。如果计算结果将该混合物划为慢毒性类别2，分类程序便告完成。

表5-26说明了如何根据已分类成分的浓度，采用求和法对混合物做慢毒性危害分类。

表5-26　根据已分类成分的浓度，采用求和法对混合物做慢毒性危害分类

已分类成分浓度（%）之和为：	混合物分类为：
慢毒性类别1×M^a≥25%	慢毒性类别1
（M×10×慢毒性类别1）+慢毒性类别2≥25%	慢毒性类别2

3. 含有高毒性成分的混合物

急毒性1或慢毒性1的成分，若其急毒性明显低于1mg/L，和/或其慢毒性明显低于0.1mg/L（如不可快速降解）和0.01mg/L（如可快速降解），这类成分有可能影响混合物的毒性，因此在采用求和分类法时，应给以较多的权重。当一种混合物含有急毒性1或慢毒性1的成分时，应采用分层法，使用一个加权和数，将急性1和慢性1成分的浓度乘以一个因数，而不仅仅是将百分比相加。

表 5-27 列出了如何使用毒性值来确定对这些成分适用的乘数。因此，为了确定含有急性 1 和/或慢性 1 成分的混合物的分类，进行分类的人需要了解 M 因数的值，方能采用求和法。另外，如果掌握混合物中所有高毒性成分的毒性数据，且有确切证据表明，所有其他成分，包括尚不掌握具体急毒性和/或慢毒性数据的成分，均属低毒或无毒，不会对混合物的环境危害产生重大影响，在这种情况下，仍可使用相加公式。

表 5-27　混合物中高毒性成分的乘数

急毒性	M 乘数	慢毒性	M 乘数	
L（E）C$_{50}$ 值	—	NOEC 值	NRD^a 成分	RD^b 成分
0.1 < L（E）C$_{50}$ ≤ 1	1	0.01 < NOEC < 0.1	1	—
0.01 < L（E）C$_{50}$ ≤ 0.1	10	0.001 < NOEC < 0.01	10	1
0.001 < L（E）C$_{50}$ ≤ 0.01	100	0.0001 < NOEC < 0.001	100	10
0.0001 < L（E）C$_{50}$ ≤ 0.001	1000	0.00001 < NOEC < 0.0001	1000	100
0.00001 < L（E）C$_{50}$ ≤ 0.0001	10000	0.000001 < NOEC < 0.00001	10000	1000
（以 10 的倍数继续）		（以 10 的倍数继续）		

4. 混合物成分无任何可用信息情况下的分类

在无法得到一种或多种重要成分可用的急性和/或慢性水生毒性信息的情况下，可作出结论，该混合物无法划入确定的危险性类别。在这种情况下，只能根据已知成分对混合物作出分类。

第6章

危险货物运输包装通用技术要求

第6章 危险货物运输包装通用技术要求

为确保危险货物在储存和运输过程中的安全,除其本身的质量符合安全规定、其流通环节的各种条件正常合理外,危险货物必须具有适运的运输包装。曾有专家将危险货物比作"老虎",将危险货物包装比作"铁笼",只有"铁笼"牢,"老虎"才能不伤人,这个比喻非常贴切地阐明了危险货物与包装的密切关系。包装对于保证危险货物不发生危险具有十分重要的作用,同时也便于危险货物的保管、贮存、运输和装卸。也就是说,没有合格的包装,也就谈不上危险货物的保管、贮存、运输和装卸,更谈不上危险货物的贸易。

6.1 危险货物运输包装的定义、分类、编码和标记

危险货物包装是指盛装危险货物的包装容器,通常包括容量不超过450L,净重不大于400kg的包装容器、中型散装容器、大型容器(大包装)等,另外还包括压力容器、便携式罐体和多元气体容器等。

6.1.1 危险货物包装的定义及术语

不同的国家(地区)对同一种包装可能有不同的称谓,而对于同一个名词或术语又可能有不同的命名或定义。国际上依据联合国危险货物运输专家委员会制定的《规章范本》来规范和指导危险货物包装的定义。《规章范本》对危险货物包装种类及相关术语的定义如下。

6.1.1.1 箱

箱(box)是指由金属、木材、胶合板、再生木、纤维板、塑料或其他适当材料制作的完整矩形或多角形容器。为了诸如便于搬动或开启的目的,或为了满足分类的要求,允许有小的洞口,只要洞口不损害容器在运输时的完整性。

6.1.1.2 圆桶(桶)

圆桶(桶)(drum)是指由金属、纤维板、塑料、胶合板或其他适当材料制成的两端为平面或凸面的圆柱形容器。本定义还包括其他形状的容器,例如圆锥形颈容器或提桶形容器。

6.1.1.3 闭口桶

闭口桶(drum, non-removable head)是指桶顶或桶身设有孔径不大于7cm的注入

口或透气口的桶。

6.1.1.4 开口桶

开口桶（drum, removable head）是指注入口或透气口孔径大于7cm，或桶的一端用箍或其他方法把桶盖紧箍在桶身上，且可拆卸的桶。

6.1.1.5 袋

袋（bag）是指由纸、塑料薄膜、纺织品、编织材料或其他适当材料制作的柔性容器。

6.1.1.6 罐

罐（jerrican）是指横截面呈矩形或多角形的金属或塑料容器。

6.1.1.7 贮器

贮器（receptacle）是指用于装放和容纳物质或物品的封闭器具，包括封口装置。

6.1.1.8 容器

容器（packaging）是指一个或多个贮器，以及贮器为实现贮放功能所需要的其他部件或材料。

6.1.1.9 包装件

包装件（package）是指包装作业的完结产品，包括准备好供运输的容器和其内装物。

6.1.1.10 内容器

内容器（inner packaging）是指运输时需用外容器的容器。

6.1.1.11 内贮器

内贮器（inner receptacle）是指需要有一个外容器才能起容器作用的贮器。

6.1.1.12 外容器

外容器（outer packaging）是指复合或组合容器的外保护装置，连同为容纳和保护

第6章 危险货物运输包装通用技术要求

内贮器或内容器所需要的吸收材料、衬垫和其他部件。

6.1.1.13 组合容器

组合容器（combination packaging）是指为了运输目的而组合在一起的一组容器，由固定在一个外容器中的一个或多个内容器组成。

6.1.1.14 复合容器

复合容器（composite packaging）是指由一个外容器和一个内贮器组成的容器，其构造使内贮器和外容器形成一个完整的容器。这种容器经装配后，便成为单一的完整装置，整个用于装料、贮存、运输和卸空。

6.1.1.15 外包装（集合包装）

外包装（集合包装）（over pack）是指为了方便运输过程中的装卸和存放，将一个或多个包件装在一起以形成一个单元所用的包装物。

6.1.1.16 救助容器

救助容器（salvage packaging）是指一种特别的容器，用于放置为了回收或处理损坏、有缺陷、渗漏或不符合规定的危险货物包装，或者溢出或漏出的危险货物。

6.1.1.17 封闭装置

封闭装置（closure）是指用于封住贮器开口的装置。

6.1.1.18 防筛漏的容器

防筛漏的容器（sift proof packaging）是指所装的干物质包括在运输中产生的细粒固体物质不向外渗漏的容器。

6.1.1.19 牢固封口

牢固封口（securely closed）是指所装的干燥物质在正常搬运中不致漏出的封口。这是对任何封口的最低要求。

6.1.1.20 液密封口

液密封口（water-tight）是指又称有效封口，是指不透液体的封口。

6.1.1.21 气密封口

气密封口（hermetically sealed）是指不透蒸气的封口。

6.1.1.22 联合国编号

联合国编号（UN number）是指由联合国危险货物运输专家委员会编制的4位阿拉伯数字编号，用于识别一种物质或一类特定物质。

6.1.1.23 回收塑料

回收塑料（recycled plastics）是指从使用过的工业容器回收的、经洗净后准备用于加工成新容器的塑料材料。

6.1.1.24 吸附材料

吸附材料（absorbent material）是指特别能吸收和滞留液体的材料，内容器一旦发生破损、泄漏出来的液体能迅速被吸附滞留在该材料中。

6.1.1.25 设计型号

容器的设计型号（design type）由设计、材料和材料厚度、制造方式、类型和规格界定，但可以包括各种表面处理。

6.1.1.26 轻型金属容器

轻型金属容器（light-gauge metal packaging）是指横截面呈圆形、椭圆形、矩形或多边形，桶体呈锥形收缩，壁厚小于0.5mm（如马口铁），平底或弧形底，带有一个或多个孔，由金属制成圆锥形颈容器和提桶形容器。轻型金属容器不包括《规章范本》第1.2章规定的桶或第1.6章规定的罐。

6.1.1.27 中型散装容器

中型散装容器（intermediate bulk containers，IBCs）是指容量大于450L，或者净重大于400kg的硬质或软体可移动容器。设计为机械装卸，能经受装卸和运输中产生的应力，该应力由试验确定，这些容器具有下列容量：

1. 盛装包装类别Ⅱ类和Ⅲ类的固体和液体时不大于 $3.0m^3$（3000 L）；
2. 包装类别Ⅰ类的固体如装在柔性、硬塑料、复合、纤维板和木制中型散装容器

时容器不大于 1.5 m³;

3. 金属中型散装容器在盛装包装类别Ⅰ类包装的固体时不大于 3.0 m³;

4. 盛装第 7 类放射性物质时不大于 3.0 m³。

6.1.1.28 大型容器

大型容器（large packaging）又称大包装，是由一个内装多个物品或内容器的外容器组成的容器，并且设计用机械方法装卸，其净重超过 400kg 或容积超过 450L，但不超过 3m³。

6.1.1.29 性能检验

性能检验（performance inspection）是指模拟不同运输环境对容器进行的型式试验，以判定容器的构造和性能是否与设计型号一致及是否符合有关规定。

6.1.1.30 使用鉴定

使用鉴定（use appraisal）是指容器盛装危险货物以后，对包装件进行鉴定，以判定容器使用是否符合有关规定。

6.1.2 危险货物包装的类别

危险货物包装的类别参见 4.1.2 节。

6.1.3 危险货物包装的编码

为了清楚地表示危险货物包装容器（外包装）的类型、材料和型式，《规章范本》采用了编码形式，即对每一种包装容器用一个特定的代码表示。包装编码一般由并列排布的三部分组成：

第一部分为阿拉伯数字，表示包装容器的种类，如桶、罐等。

第二部分为大写英文字母，表示包装容器制造材料的性质，如钢、木等。

第三部分（必要时）为阿拉伯数字，表示包装容器在其所属种类中的类别。

6.1.3.1 包装编码第一部分

容量不超过 450L，净重不大于 400kg 的包装容器，用一位阿拉伯数字表示包装容器的种类，如表 6-1 所示。

表 6-1　包装容器（容量不超过 450L，净重不大于 400kg）种类代码

代码	包装容器的种类
1	桶
3	罐
4	箱
5	袋
6	复合包装

中型散装容器，用两位阿拉伯数字表示包装容器的种类，如表 6-2 所示。

表 6-2　中型散装容器种类代码

代码	包装容器的种类
11	盛装固体的刚性中型散装容器，靠重力卸货
21	盛装固体的刚性中型散装容器，靠施加 10kPa 以上的压力卸货
31	盛装液体的刚性中型散装容器
13	盛装固体的柔性中型散装容器

大型容器（大包装），用两位阿拉伯数字表示包装容器的种类，如表 6-3 所示。

表 6-3　大型容器（大包装）种类代码

代码	包装容器的种类
50	刚性大型容器（大包装）
51	柔性大型容器（大包装）

6.1.3.2　包装编码第二部分

按照《规章范本》的规定，用一个或多个大写英文字母表示包装容器制造材料的种类，如表 6-4 所示。

第 6 章　危险货物运输包装通用技术要求

表 6-4　包装容器制造材料代码

代码	包装容器的制造材料
A	钢（包括各类钢及经过表面处理的）
B	铝
C	天然木
D	胶合板
F	再生木
G	纤维板
H	塑料（包括其他聚合材料，如橡胶等）
L	纺织品
M	多层纸
N	金属（钢和铝除外）
P	玻璃、陶瓷或粗陶瓷

6.1.3.3　包装编码第三部分

必要时，按照《规章范本》的规定，用一个阿拉伯数字表示包装容器在其所属种类中的类别。

容量不超过 450L，净重不大于 400kg 的常用包装容器的编码，如表 6-5 所示。

表 6-5　包装编码（容量不超过 450L，净重不大于 400kg 的常用包装）

种类	材料	类别	编码
桶	钢	非活动盖	1A1
		活动盖	1A2
	铝	非活动盖	1B1
		活动盖	1B2
	胶合板		1D
	纤维质		1G
	塑料	非活动盖	1H1
		活动盖	1H2
	金属，钢或铝除外	非活动盖	1N1
		活动盖	1N2

续表1

种类	材料	类别	编码
暂缺			
罐	钢	非活动盖	3A1
		活动盖	3A2
	铝	非活动盖	3B1
		活动盖	3B2
	塑料	非活动盖	3H1
		活动盖	3H2
箱	钢		4A
	铝		4B
	天然木	普通	4C1
		箱壁防撒漏	4C2
	胶合板		4D
	再生木		4F
	纤维板		4G
	塑料	泡沫	4H1
		硬质	4H2
	金属（钢和铝除外）		4N
袋	编织塑料	无内衬或涂层	5H1
		防筛漏	5H2
		防水	5H3
	塑料薄膜		5H4
	纺织品	无内衬或涂层	5L1
		防筛漏	5L2
		防水	5L3
	纸	多层	5M1
		多层，防水	5M2

第6章 危险货物运输包装通用技术要求

续表2

种类	材料	类别	编码
复合包装	塑料贮器	在钢桶中	6HA1
		在钢板条箱或钢箱中	6HA2
		在铝桶中	6HB1
		在铝板条箱或铝箱中	6HB2
		在木箱中	6HC
		在胶合板桶中	6HD1
		在胶合板箱中	6HD2
		在纤维质桶中	6HG1
		在纤维质箱中	6HG2
		在塑料桶中	6HH1
		在硬塑料箱中	6HH2
	玻璃、陶瓷或粗陶瓷贮器	在钢桶中	6PA1
		在钢板条箱或钢箱中	6PA2
		在铝桶中	6PB1
		在铝板条箱或钢箱中	6PB2
		在木箱中	6PC
		在胶合板桶中	6PD1
		在有盖柳条篮中	6PD1
		在纤维质桶中	6PG1
		在纤维板箱中	6PG2
		在泡沫塑料包装中	6PH1
		在硬塑料包装中	6PH2

资料来源：此表格引自《规章范本》，为《规章范本》中原文表述。

各种常用中型散装容器的包装编码，如表6-6所示。

表 6-6 包装编码（中型散装容器）

材料		类别	编码
金属	A. 钢	装固体，靠重力装货或装卸	11A
		装固体，靠加压装货或装卸	21A
		装液体	31A
	B. 铝	装固体，靠重力装货或装卸	11B
		装固体，靠加压装货或装卸	21B
		装液体	31B
	N. 钢或铝除外	装固体，靠重力装货或装卸	11N
		装固体，靠加压装货或装卸	21N
		装液体	31N
柔性	H. 塑料	塑料编织，无涂层或衬里	13H1
		塑料编织，有涂层	13H2
		塑料编织，有衬里	13H3
		塑料编织，有涂层和衬里	13H4
		塑料薄膜	13H5
	L. 纺织品	无涂层或衬里	13L1
		有涂层	13L2
		有衬里	13L3
		有涂层和衬里	13L4
	M. 纸	多层	13M1
		多层，防水	13M2
H. 硬塑料		装固体，靠重力装货或卸货，配备结构装置	11H1
		装固体，靠重力装货或卸货，独立式	11H2
		装固体，靠加压装货或卸货，配备结构装置	21H1
		装固体，靠加压装货或卸货，独立式	21H2
		状液体，配备结构装置	31H1
		状液体，独立式	31H2

续表

材料	类别	编码
HZ. 带塑料内贮器的复合中型散装容器	装固体，靠重力装货或卸货，带硬塑料内贮器装置	11HZ1
	装固体，靠重力装货或卸货，带软塑料内贮器	11HZ2
	装固体，靠加压装货或卸货，带硬塑料内贮器	21HZ1
	装固体，靠加压装货或卸货，带软塑料内贮器	21HZ2
	装液体，带硬塑料内贮器	31HZ1
	装液体，带软塑料内贮器	31HZ2
G. 纤维板	装固体，靠重力装货或卸货	11G
木质 C. 天然木	装固体，靠重力装货或卸货，带内衬	11C
木质 D. 胶合板	装固体，靠重力装货或卸货，带内衬	11D
木质 F. 再生木	装固体，靠重力装货或卸货，带内衬	11F

大型容器的包装编码通常由两部分组成：第一部分为大型容器的种类代码；第二部分为大型容器的制造材料的种类代码。示例如下：50A 表示钢制大型容器；50C 表示天然木制大型容器；50H 表示刚性塑料大型容器；51H 表示柔性塑料大型容器。

6.1.3.4 关于包装编码的其他说明

对于复合包装，使用两个大写英文字母来表示包装容器制造材料的种类，第一个字母表示内贮器的材料，第二个字母表示外容器的材料。

对于组合包装，只使用外容器的编码，即组合包装编码以外容器的编码表示。

包装容器编码后面可加上字母"T""V"或"W"，字母"T"表示符合《规章范本》要求的救助容器；字母"V"表示符合《规章范本》要求的特殊容器；字母"W"表示包装类型虽然与标记所表示的相同，即包装设计类型相同，但其设计或制造规格不同，根据《规章范本》的要求被认为是等效的。

对于运输方式为空运的包装容器，用大写的拉丁字母"IP"表示内包装，随后的阿拉伯数字表示内包装类型。

6.1.4 危险货物包装的标记

6.1.4.1 标记的一般要求

危险货物包装标记用于表明带有该标记的包装容器已通过《规章范本》规定的试验，并符合相应的要求。包装容器的标记可单行或多行标示。

每一个容器应带有耐久、易辨认、与容器相比位置合适、大小适当的明显标记。对于质量超过 30kg 的包装，其标记或标记附件应标注在容器顶部或侧面上，UN 编号和字母"UN"的高度应不小于 12mm；容量为 30L 或质量为 30kg 或更少的容器上，高度应不小于 6mm。对于容量为 5L 或质量为 5kg 或更少的容器，其标记的尺寸应大小合适。

6.1.4.2 标记的内容

标记应标明以下内容。

1. 联合国容器符号 ⓤ。本符号仅用于证明容器符合《规章范本》第 6.1 章中相关的要求。如使用压纹金属容器，符号可用大写字母"UN"表示。

2. 根据《规章范本》第 5.1 章表示容器种类的编码，例如 3H1。

3. 一个由两部分组成的编号。

（1）用一个字母表示容器设计型号已成功地通过试验的包装类别：大写字母 X 表示 Ⅰ 类包装，Y 表示 Ⅱ 类包装，Z 表示 Ⅲ 类包装。

（2）相对密度（四舍五入，保留一位小数），表示已按此相对密度对不带内容器的准备装液体的容器设计型号进行过试验；若相对密度不超过 1.2，这一部分可省略。对准备盛装固体或装入内容器的容器而言，以 kg 表示最大的总质量（进位取整）。

4. 使用字母"S"表示容器拟用于运输固体或内容器，或使用精确到最近的 10kPa（即四舍五入至 10kPa）表示的试验压力来表示容器（组合容器除外）所顺利通过的液压试验。

5. 容器制造年份的最后两位数字。型号为 1H1、1H2、3H1 和 3H2 的塑料容器还应适当地标出制造月份；这可与标记的其余部分分开，在容器的空白处标出，推荐的标示方法如图 6-1 所示。

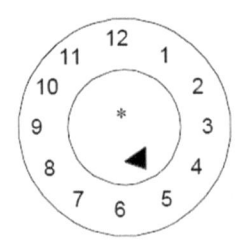

注：可在 * 处显示容器制造年份的最后两位数字，此种情况下，包装标记和表内圈中年份的两位数字应相同，也可以接受其他方法，但应以耐久、清晰和易于辨认的形式提供必需的、最低限度的信息。

图 6-1 推荐的标示方法

第6章 危险货物运输包装通用技术要求

6. 标明生产国（地区）代号，中国的代号为大写英文字母 CN。

7. 容器制造厂的代码，该代码至少应体现该容器制造厂所在区域的检验检疫机构信息，各直属检验检疫机构区域代码表可参考《规章范本》的附录 B。

8. 生产批次。

对容器进行的标记可单行或多行，示例如图 6-2 和图 6-3 所示。

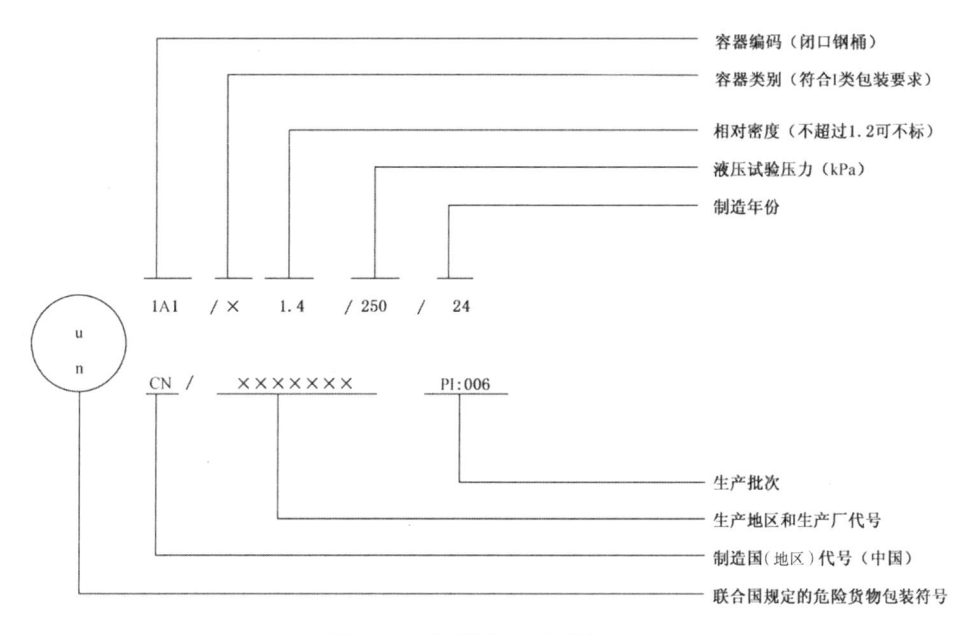

```
                            容器编码（闭口钢桶）
                            容器类别（符合Ⅰ类包装要求）
                            相对密度（不超过1.2可不标）
                            液压试验压力（kPa）
                            制造年份

        1A1  / X   1.4  / 250 / 24
   u
   n
        CN / ××××××    PI:006
                            生产批次
                            生产地区和生产厂代号
                            制造国（地区）代号（中国）
                            联合国规定的危险货物包装符号
```

图 6-2　包装标记示例 1

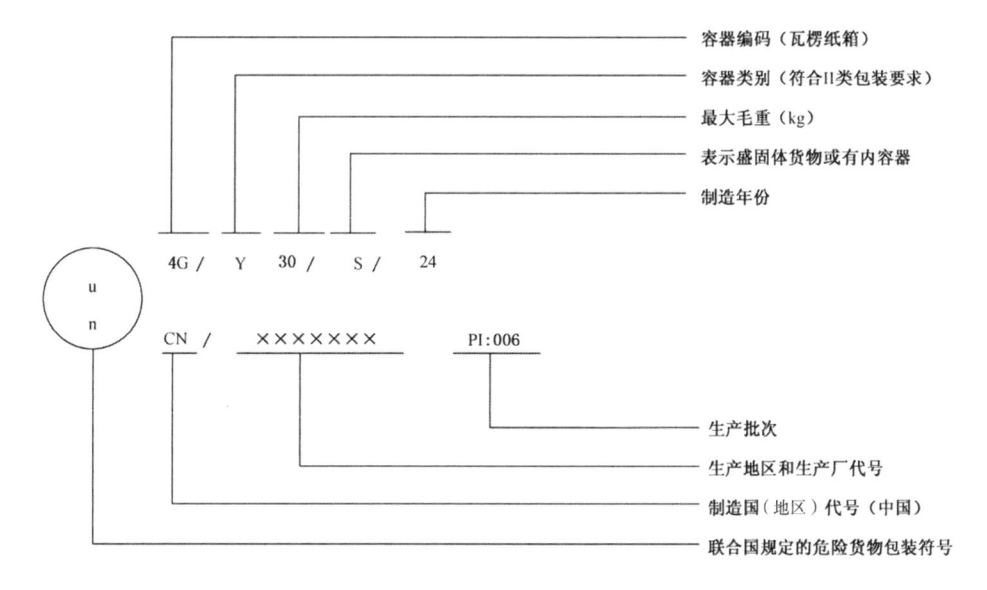

```
                            容器编码（瓦楞纸箱）
                            容器类别（符合Ⅱ类包装要求）
                            最大毛重（kg）
                            表示盛固体货物或有内容器
                            制造年份

        4G / Y   30 / S / 24
   u
   n
        CN / ××××××    PI:006
                            生产批次
                            生产地区和生产厂代号
                            制造国（地区）代号（中国）
                            联合国规定的危险货物包装符号
```

图 6-3　包装标记示例 2（盛装固体货物）

除规定的耐久标记外，每个超过 100 L 的新金属桶，在其底部应有上面 1~5 条所述的持久性标记，并至少标明桶身所用金属标称厚度（单位为 mm，精确到 0.1 mm）。如果金属桶两个端部中有一个标称厚度小于桶身的标称厚度，那么顶端、桶身和底端的标称厚度应以耐久形式（例如压纹）在底部标明，例如"1.0-1.2-1.0"或"0.9-1.0-1.0"。

改制的金属桶，如果没有改变容器型号和没有更换或拆掉主要结构部件，所要求的标记不必是耐久性的（例如压纹）。每一其他改制的金属桶都应在顶端或侧面以耐久形式（例如压纹）标明上面 1~5 所述的标记。

用某些材料（如不锈钢）制造、可反复使用的金属桶，可以耐久形式（如压纹）标明上面 6~8 所述的标记。

6.1.4.3 修复包装的标记

容器修复后，应按下列顺序在容器上加耐久性的标记标明：进行修复的所在国（地区）代号；修复厂代号；修复年份；字母"R"，对按 SN/T 0370.2 通过了气密试验的每一个容器，另加字母"L"。另外，对于"回收塑料"材料制造的容器应标有"REC"。修复容器的标记示例如图 6-4 和 6-5 所示。

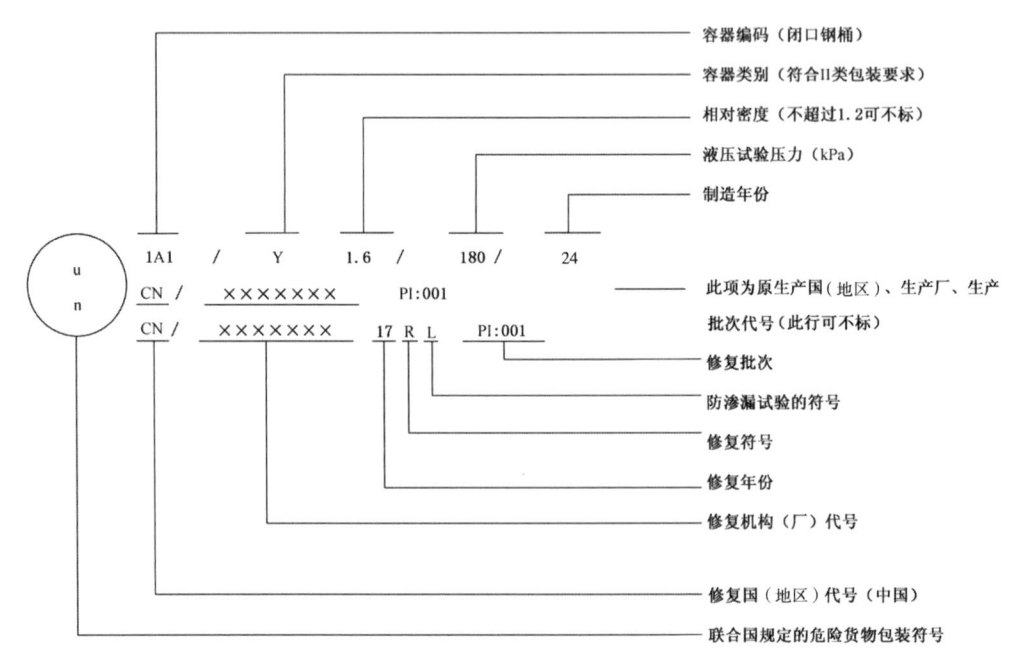

图 6-4 修复过的盛装液体货物的容器（非塑料容器）的包装标记示例

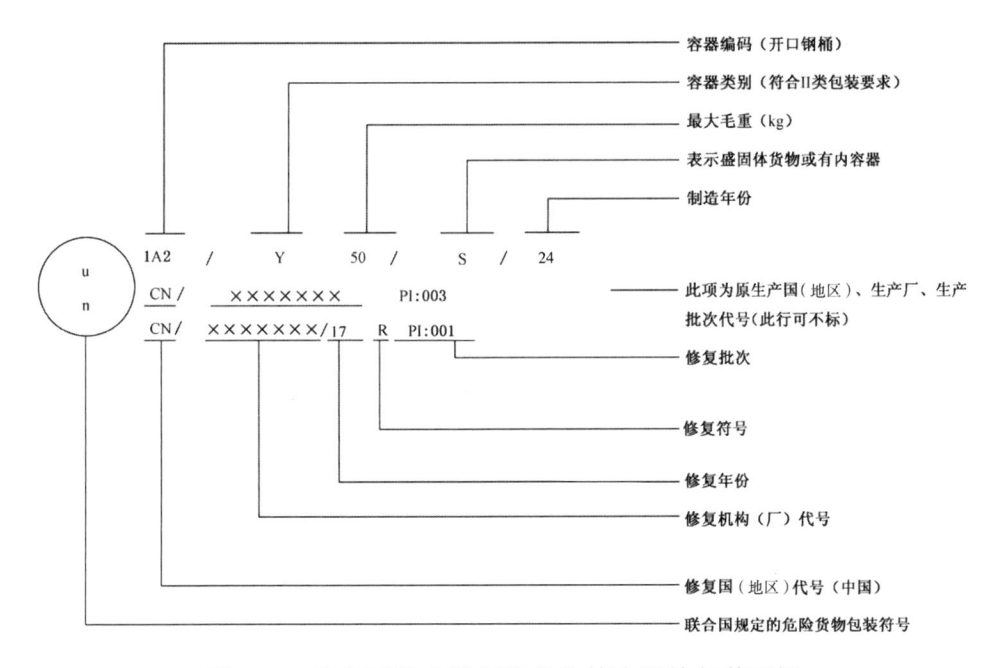

第6章 危险货物运输包装通用技术要求

图 6-5 修复过的盛装固体货物的容器的包装示例

6.1.4.4 外包装的标记

对于使用外包装的情况，除非表明外包装内所有危险货物的标记和标签都清晰可见，否则外包装应同时满足：标明"OVERPACK"，并且"OVERPACK"标记的字母高度应至少为 12 mm；标明外包装内每一件危险货物正式运输名称的标签和标记、UN 编号以及其他标记。

6.1.4.5 救助包装的标记

救助包装应另外标明"救助包装"或"SALVAGE"，且"SALVAGE"标记的高度应至少 12 mm。救助包装的标记示例如图 6-6 所示。

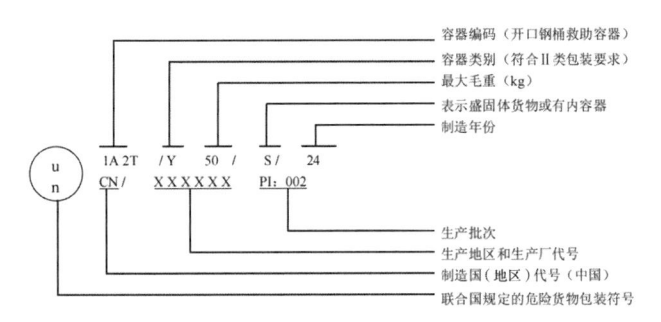

图 6-6 救助包装的标记示例

6.2 危险货物的包装规范

在《规章范本》中，危险货物的包装规范主要对危险货物允许使用的包装（包括内、外包装容器）形式、包装类别、包装容积限制、包装件最大净重进行了明确规定，另外，包装规范还对一些危险货物对包装的封口、衬垫、加固及使用期限进行了特殊规定。包装规范应与危险货物一览表同时结合使用，用以判别某种或某一类危险货物对包装的具体要求。

危险货物包装的规范主要由以下部分组成：使用除中型散装容器和大型包装以外的包装规范（以字母"P"为起始编号）；使用大型容器的包装规范（以字母"LP"为起始编号）；使用中型散装容器的包装规范（以字母"IBC"为起始编号）。

危险货物包装规范中的特殊规定通常贯穿在其包装规范之中，其标示方式如下：字母"PP"系指适用于有关"P"代码使用包装的特殊包装规定；字母"L"系指适用于有关"LP"代码使用包装的特殊包装规定；字母"B"系指适用于带有"IBC"代码使用包装的特殊包装规定。

如果本章的包装规范允许使用某一特定型号的容器（如4G；1A2），带有相同容器识别编码的容器，在后面附加字母"V""U"或"W"者（例如4GV、4GU或4GW；1A2V、1A2U或1A2W），也可按照有关包装规范，在适用于使用该型号容器的相同条件和限制下使用。例如，只要标有"4G"的组合容器允许使用，标有"4GV"的组合容器就可以使用，但必须遵守有关包装规范对内容器型号和数量限制的要求。

危险货物一览表第8栏列出了每个物品或物质必须使用的包装规范。第9栏列出了适用于特定物质或物品的特殊包装规定。

每一包装规范酌情列出了可接受的单容器和组合容器。对于组合容器，列出了可接受的外容器、内容器适用时每个内容器或外容器中允许的最大数量。

《规章范本》的4.1.4节列出了危险货物一览表中对应的包装规范的具体内容，容器（中型散装容器和大型容器除外）的包装规范如表6-7所示。

第6章 危险货物运输包装通用技术要求

表6-7 容器（中型散装容器和大型容器除外）的包装规范

P004	包装指南	P004
本指南适用于UN3473、UN3476、UN3477、UN3478和UN3479。			
（1）对于燃料电池盒，须符合4.1.1.1、4.1.1.2、4.1.13、4.1.1.6和4.13的一般规定： 　　　桶（1A2、1B2、IN2、1H2、1D、1G）； 　　　箱（4A、4B、4N、4C1、4C2、4D、4F、4G、4HI、4H2）； 　　　罐（3A2、3B2、3H2）。 　　包装应达到但快类别Ⅱ的性能要求。 （2）与设备包装在一起的燃料电池盒：符合4.1.1.1、4.1.1.2、4.1.1.6和4.1.3之一般规定的坚固外包装。 　　当燃料电池盒与设备包装在一起时，电池盒应包在内包装中，或放在有衬垫材料或间隔的外包装中，保护燃料电池盒不会因移动或外包装中内装物位置的变化而造成损坏。 　　固定设备，避免在外包装中移动。 　　对于本包装指南而言，"设备"是指与燃料电池盒包装在一起的靠其供电作业的仪器。 （3）装在设备上的燃料电池盒：符合4.1.1.1、4.1.1.2、4.1.1.6和4.1.3之一般规定的坚固外包装。 　　装有燃料电池盒的大型坚固设备（见4.1.3.8），可无包装运输。装在设备上的燃料电池盒，整套装置应采取保护措施，避免发生短路或设备意外启动。 注：（2）和（3）中允许使用的包装净质量可超过400千克（见4.1.3.3）。			

中型散装容器的包装规范如表6-8所示。

表6-8 中型散装容器的包装规范

IBC02	包装指南	IBC02
允许使用下列中型散装容器，但须符合4.1.1、4.1.2和4.1.3的一般规定： 　　金属（31A、31B和31N）； 　　硬塑料（31H1和31H2）； 　　复合（31HZ1）。			
特殊包装规定： B5　对于UN1791、UN2014、UN2984和UN3149，中型散装容器应配备在运输过程中能够排气的装置。排气装置的进气口应位于运输过程中中型散装容器在最大充装条件下的蒸气空间。 B7　对于UN1222和UN1865，不允许使用容量大于450升的中型散装容器，因为这些物质大量运输时有爆炸的可能性。 B8　这一物质的提纯状态不得用中型散装容器运输，因为已知它的蒸气压在50℃时大于110千帕或在55℃时大于130千帕。 B15　含硝酸55%以上的UN2031，允许使用的硬塑料中型散装容器和复合中型散装容器硬塑料内贮器，制造日期不得超过两年。 B16　对于UN3375，未经主管部门批准，不得使用31A和31N型中型散装容器。			

大型容器的包装规范如表 6-9 所示。

表 6-9　大型容器的包装规范

LP200	包装指南	LP200
本指南适用于 UN1950 和 UN2037。		
允许对气雾剂和蓄气筒使用下列大型包装，但应符合 4.1.1 和 4.1.3 的一般规定： 以下材料制成的硬质大型包装，符合包装类别 II 性能水平： 　　钢（50A）； 　　铝（50B）； 　　钢或铝以外的金属（50N）； 　　硬塑料（50H）； 　　天然木（50C）； 　　胶合板（50D）； 　　再生木（50F）； 　　硬纤维板（50G）。		
特殊包装规定： L2　大型包装的设计和制造，应能够防止在正常运输条件下的危险移动和意外释放。对于按特殊规定 327 运输的废弃气雾剂，大型包装应能够容纳运输过程中可能外溢的所有自由液体，例如使用吸收材料。对于按特殊规定 327 运输的废弃气雾剂和废弃蓄气筒，大型包装应充分通风，防止形成危险环境和压力升高。		

6.3　危险货物运输标签

6.3.1　概述

本节给出了危险货物运输标签式样。标签应贴在反衬底色上，或者用虚线或实线标出外缘。标签形状应为呈 45° 角的正方形（菱形），尺寸最小 100mm×100mm，菱形外缘内线的最小宽度为 2mm。边缘内侧的线为平行线，线的外缘与菱形边缘之间的距离为 5mm。标签上半部边缘内的线颜色与符号相同，而标签下半部边缘内的线与底角的类或项编号数字颜色相同。在未明确规定尺寸的情况下，所有要素均应与图示比例大致相当。如包装的大小需要，尺寸可以相应缩小，但符号和标签其他要素应清晰可见。

除第1类1.4、1.5和1.6项的标签外，标签的上半部分应为图形符号，下半部分则根据情况为分类或项的编号1、2、3、4、5.1、5.2、6、7、8或9。标签可包括文字，如联合国编号，或说明危险类别的文字（如"易燃"），但文字不得遮盖或妨碍看到其他必需的标签要素。

除1.4项、1.5项和1.6项外，第1类的标签应在下半部分、分类编号上方，标明物质或物品的项号和配装组字母。1.4项、1.5项和1.6项的标签，应在上半部分标明项号，在下半部分标明分类编号和配装组字母。1.4项S配装组一般不需要标签。但如果认为这类货物需要有标签，则应依照1.4号式样加贴标签。

第7类以外的物质的标签，在符号下面的空白部分填写的文字（类号或项号除外）应限于表明危险性质的具体资料和搬运时应注意的事项。对于9A号标签，标签底部除类别标记外不应再有其他文字。

所有标签上的符号、文字和号码应用黑色表示，但下述情况除外：第8类的标签，文字和类号用白色；标签底色全部为绿色、红色或蓝色时，符号、文字和号码可用白色；第5.2项的标签，该标签可用白色显示；贴在装液化石油气气瓶和气筒上的2.1项标签，可以贮器的颜色作底色，但应有足够的颜色反差。

所有标签应经受得住风吹雨打日晒，而不明显降低其效果。

6.3.2 标签式样

6.3.2.1 第1类：爆炸品

第1类危险货物的标签式样如图6-7至图6-10所示。

图6-7 1.1项、1.2项和1.3项（1号）标签式样

符号（爆炸的炸弹）的颜色：黑色；底色为橙色；数字"1"写在底角，颜色为黑色。

图6-8　1.4项（1.4号）标签式样　　图6-9　1.5项（1.5号）标签式样　　图6-10　1.6项（1.6号）标签式样

数字"1.4、1.5、1.6"的颜色为黑色，高约30mm，宽约5mm（按标签尺寸为100 mm×100 mm计算）；底色为橙色；数字"1"写在底角，颜色为黑色。

﹡﹡表示项号的位置，如果爆炸性是次要危险性，那么留着空白。

﹡表示配装组字母的位置如果爆炸性是次要危险性，那么留着空白。

6.3.2.2　第2类：气体

第2类危险货物的标签式样如图6-11至图6-13所示。

图6-11　2.1项（2.1号）标签式样

符号（火焰）的颜色为黑色或白色（贴在装液化石油气气瓶和气筒上的2.1项标签，可以贮器的颜色作底色，但应有足够的颜色反差），底色为红色；数字"2"写在底角，颜色为黑色或白色。

图6-12　2.2项（2.2号）标签式样

符号（气瓶）的颜色为黑色或白色，底色为绿色；数字"2"写在底角，颜色为黑色或白色。

图 6-13　2.3 项（2.3 号）标签式样

符号（骷髅和两根交叉的大腿骨）的颜色为黑色；底色为白色；数字"2"写在底角，颜色为黑色。

6.3.2.3　第 3 类：易燃液体

第 3 类危险货物的标签式样如图 6-14 所示。

图 6-14　易燃液体（3 号）标签式样

符号（火焰）的颜色为黑色或白色；底色为红色；数字"3"写在底角，颜色为黑色或白色。

6.3.2.4　第 4 类：易燃固体、易于自燃的物质和遇水放出易燃气体的物质

第 4 类危险货物的标签式样分别如图 6-15、图 6-16、图 6-17 所示。

图 6-15　4.1 项（4.1 号）标签式样

符号（火焰）的颜色为黑色；底色为白色，带有 7 条垂直的红色条纹；数字"4"写在底角，颜色为黑色。

图 6-16　4.2 项（4.2 号）标签式样

符号（火焰）颜色为黑色；底色上半部分为白色，下半部分为红色；数字"4"写在底角，颜色为黑色。

图 6-17　4.3 项（4.3 号）标签式样

符号（火焰）的颜色为黑色或白色；底色为蓝色；数字"4"写在底角，黑色或白色。

6.3.2.5　第 5 类：氧化性物质和有机过氧化物

第 5 类危险货物的标签式样分别如图 6-18、图 6-19 所示。

第 6 章 危险货物运输包装通用技术要求

图 6-18 5.1 项（5.1 号）标签式样

符号（圆圈上火焰）的颜色为黑色；底色为黄色；数字"5.1"写在底角，颜色为黑色。

图 6-19 5.2 项（5.2 号）标签式样

符号（火焰）的颜色为黑色或白色；底色上半部红色，下半部黄色；数字"5.2"写在底角，颜色为黑色。

6.3.2.6 第 6 类：毒性物质和感染的物质

6.1 项危险货物标签式样如图 6-20 所示。

图 6-20 6.1 项（6.1 号）标签式样[①]

符号（骷髅和两根交叉的大腿骨）的颜色为黑色；底色为白色；数字"6"写在底角，颜色为黑色。

---

① 对于危险品的监管不包括 6.2 项和第 7 类，故未列出。

149

6.3.2.7 第8类：腐蚀性物质

第8类危险货物的标签式样如图6-21所示。

图6-21 腐蚀性物质（8号）标签式样

符号（从两个玻璃器皿中溢出的液体腐蚀着一只手和一块金属）的颜色为黑色；底色上半部分为白色，下半部分为黑色带白边；数字"8"写在底角，颜色为白色。

6.3.2.8 第9类：杂项危险物质和物品，包括危害环境物质

第9类危险货物的标签式样如图6-22和图6-23所示。

图6-22 杂项危险物质和物品标签式样

符号（上半部分有7条垂直条纹）的颜色黑色；底色为白色；数字"9"下边划线，写在底角，颜色为黑色。

图6-23 锂电池类号标签式样

符号（上半部为7条黑色垂直条纹；下半部为一组电池，其中一个损坏起火）的

颜色为黑色；底色为白色；数字"9"下边划线，写在底角，颜色为黑色。

6.3.3 特殊要求

6.3.3.1 具有次要危险性的第 2 类危险货物（气体）的标签规定

对第 2 类危险货物（气体）规定有 3 种不同的标签：一种表示 2.1 项的易燃气体（红色），一种表示 2.2 项的非易燃无毒气体（绿色），一种表示 2.3 项的毒性气体（白色）。如果《规章范本》危险货物一览表表明某一种第 2 类危险货物（气体）具有一种或多种次要危险性，应根据表 6-10 使用标签。

表 6-10 具有次要危险性的第 2 类危险货物（气体）的标签

项	《规章范本》所示的次要危险性	主要危险性标签	次要危险性标签
2.1	无	2.1	无
2.2	无	2.2	无
	5.1	2.2	5.1
2.3	无	2.3	无
	2.1	2.3	2.1
	5.1	2.3	5.1
	5.1，8	2.3	5.1，8
	8	2.3	8
	2.1，8	2.3	2.1，8

注：表格中的数字代表危险物质行类，如 5.1 表示 5.1 项氧化性物质。

6.3.3.2 自反应物质标签的特殊规定

B 型自反应物质应贴有"爆炸品"次要危险性标签（1 号式样），除非主管部门已准许具体容器免贴此种标签，因为试验数据已证明自反应物质在此种容器中不显示爆炸性能。

6.3.3.3 有机过氧化物标签的特殊规定

装有 B、C、D、E 或 F 型有机过氧化物的包件应贴 5.2 项标签（5.2 号式样），不需要贴"易燃液体"次要危险性标签（3 号式样）。另外，还应贴下列次要危险性标签：

1. B 型有机过氧化物应贴有"爆炸品"次要危险性标签（1 号式样），除非主管部门已准许具体容器免贴此种标签，因为试验数据已证明有机过氧化物在此种容器中不显示爆炸性能；

2. 当符合第 8 类危险货物 I 类或 II 类包装标准时，需要贴"腐蚀性"次要危险性标签（8 号式样）。

6.3.3.4　作为 UN 编号 3537、3538、3539、3540、3541、3542、3543、3544、3545、3546、3547 和 3548 运输的含有危险货物的物品的标签特殊规定

如果物品包含一个或多个锂电池组（总计锂含量 2g 或以下的锂金属电池组或额定能量在 100W·h 或以下的锂离子电池），应在包件或无包装物品上贴上锂电池组标记，参见 SN/T 0370.1《出口危险货物包装检验规程 第 1 部分：总则》。如果物品包含一个或多个锂电池组（总计锂含量超过 2g 的锂金属电池组或额定能量在超过 100W·h 的锂离子电池），应在包件或无包装物品上贴上锂电池组标签。

当需要确保装有液态危险货物的物品保持设定方向时，方向标记应贴在包件或无包装物品上，在可能的情况下，至少应贴在相对的两个垂直面上，箭头显示正确的朝上方向。

6.4　例外数量和有限数量

6.4.1　例外数量

6.4.1.1　一般要求

部分类别的危险货物（但不包括物品），可有一定的例外数量，不受《规章范本》任何其他规定的约束，但是《规章范本》中以下相关规定除外：

1. 第 1.3 章中的培训要求；

2. 第 2 部分，分类、分类程序和包装组标准；

3. 第 4 部分中 4.1.1.1、4.1.1.2、4.1.1.4、4.1.1.4.1 和 4.1.1.6 的包装要求。

可作为例外数量运输的危险货物，在《规章范本》第 3.2 章危险货物一览表的第 7b 栏中，使用以下字母数字编码表示，如表 6-11 所示。

第6章　危险货物运输包装通用技术要求

表 6-11　例外数量编码及最大净充装量

编码	每件内包装的最大净充装量（固体的单位为 g，液体和气体的单位为 mL）	每件外包装的最大净充装量（固体的单位为 g，液体和气体的单位为 mL，在混包的情况下为 g 和 mL 之总和）
E0	不允许例外数量运输	
E1	30	1000
E2	30	500
E3	30	300
E4	1	500
E5	1	300

对于气体而言，内容器标明的容量系指内贮器的水容量；外容器标明的容量，系指在一件外容器内所有内容器水容量之总和。

当例外数量的危险货物划定的编码不同但包装在一起时，每件外包装的总数量，应限于要求最严的编码所规定的数量。

确定编码为 E1、E2、E4 和 E5 的例外数量的危险货物，不受《规章范本》的约束，条件如下。

1. 每个内容器中所含材料的最大净数量，液体限于 1mL，固体限于 1g。

2. 《规章范本》3.5.2 的规定得到满足，且如果内容器已牢靠地装入带衬垫材料的中间容器，在正常运输条件下不会破裂、穿孔或内装物泄漏，可无须再加中间容器。对于液态危险货物，外容器必须含有足够的吸收材料，可吸收内容器的全部内装物。

3. 已遵守《规章范本》3.5.3 的规定。

4. 每个外容器中所盛危险货物的最大净数量，固体不超过 100g，液体不超过 100mL。

6.4.1.2　容器要求

用于运输例外数量危险货物的容器，须符合以下要求。

1. 必须使用内容器，内容器的制造必须使用塑料（在用于液体危险货物时，其厚度不得小于 0.2mm），或玻璃、瓷器、石器、陶器或金属（见《规章范本》4.1.1.2），每个内容器的封口必须使用金属丝、胶带或其他可靠手段紧固；任何带有模压螺纹瓶颈的贮器，必须配有防漏的螺纹型瓶盖。封口必须能够耐内装物的腐蚀。

2. 每个内容器都必须牢靠地装在带衬垫材料的中间容器中，使之在正常运输条件

进出口危险品及包装检验监管

下不会破裂、穿孔或泄漏内装物。在发生破裂或泄漏的情况下，不论包件的方向如何，中间容器都必须能够完全盛载内装物。装载液态危险货物的中间容器，必须含有足够的吸收材料，可吸收内容器的全部内装物。在这种情况下，吸收材料可以是衬垫材料。危险货物不得与衬垫材料、吸收材料和包装材料产生危险反应，或降低材料的完整性或作用。

3. 中间容器应牢靠地包装在坚固、硬质的外包装内（木材、纤维板或其他同样坚固的材料）。

4. 每种型号的包装，都必须符合《规章范本》3.5.3 的规定。

5. 每个包件的尺寸，必须保证有足够的地方做所有必要的标记。

6. 可以使用外包装，并可包括危险货物包件，或不受《规章范本》约束的货物。

6.4.1.3 包装的测试

准备运输的完整包件，包括内容器，装载固体物质不小于其容量的95%，或液体物质不小于其容量的98%，经测试并作适当记录，表明能承受以下试验，而不发生任何内容器的破裂或泄漏，不严重影响其使用。

1. 从1.8m的高度向坚硬、无弹性、平坦而水平的表面跌落。如试样的形状是方形，应从以下每个方向跌落：底部平跌；顶部平跌；最长侧面平跌；最短侧面平跌；棱角着地。

如试样的形状是鼓形，应从以下每个方向跌落：顶部凸边斜着落地，重心在撞击点正上方；底部凸边斜着落地；侧面平着落地。

注意：以上的每次跌落试验，可使用不同但完全一样的包装。

2. 向上表面施加压力24h，力度相当于同样包件垛高3m的总质量（包括试样）。

进行本项试验，容器内准备运输的物质，可用其他物质替代，除非这样做将使试验结果失效。对于固体，在使用其他物质时，必须与拟运输的物质具有相同的物理特性（质量、颗粒大小等）。在液体的跌落试验中，在使用其他物质时，其相对密度（比重）和黏度，应接近拟运输的物质。

6.4.1.4 包装件的标记

根据本章准备的装有例外数量危险货物的包装件，应永久、清楚地做上如图6-24所示的标记。标记应显示主要危险类别，或包装件内所装每一项危险货物所属的项。如果包装件没有在其他位置显示发货人或收货人的姓名，这个信息也应列入标记内。

标记的尺寸应至少为100mm×100mm。

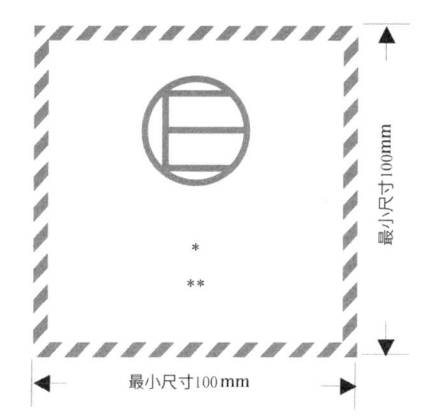

* 此处显示类，或已经划定的项的编号。
** 如果包装件没有在其他位置显示发货人或收货人的姓名，则在此处显示。

图 6-24 例外数量标记

6.4.1.5 包装件的数量

任何货运车辆、铁路货车或多式联运货运集装箱所能装载的包装件，最大数量不得超过 1000 个。

6.4.2 有限数量

6.4.2.1 一般要求

《规章范本》第 3.2 章危险货物一览表第 7a 栏为每种物质规定了适用于内容器或物品的数量限制。此外，不允许按照有限数量运输的条目在本栏中用"0"表示。

有限数量的危险货物，按限量包装，除《规章范本》中以下相关规定外，不再受《规章范本》任何其他规定的约束。

1. 第 1 部分，第 1.1、1.2 和 1.3 章。
2. 第 2 部分。
3. 第 3 部分，第 3.1、3.2 和 3.3 章。
4. 第 4 部分，4.1.1.1、4.1.1.2 和 4.1.1.4 至 4.1.1.8[①]。
5. 第 5 部分。
（1）空运：第 5.1、5.2 和 5.4 章。
（2）海运：5.1.1.2、5.1.2.3、5.2.1.7 和第 5.4 章。

---

① 空运时，还要适用补充规定，参见 ICAO-TI 第 4 章第 3 部分。

(3) 公路、铁路或内陆水道运输：5.1.1.2、5.1.2.3、5.2.1.7 和 5.4.2。

6. 第 6 部分，6.1.4、6.2.1.2 和 6.2.4 的制造要求；

7. 第 7 部分，7.1.1，但 7.1.1.7 的第一句、7.1.3.1.4 和 7.1.3.2 除外。

危险货物只能装在有合适外容器的内容器中（可使用中间容器）。此外，对于属第 1.4 项配装组 S 的物品，必须完全遵守《规章范本》4.1.5 规定。运输喷雾器或"装气体的小型贮器"等物品时，无须使用内容器。包件的总毛重不得超过 30kg。

除第 1.4 项配装组 S 的物品外，符合《规章范本》4.1.1.1、4.1.1.2 和 4.1.1.4 至 4.1.1.8 规定条件的收缩包装或拉伸包装托盘，可以作为装有按照本章运输的危险货物物品或内容器的外容器接受。但易碎或易破的内容器，如玻璃、瓷器、粗陶瓷，或某些塑料等材料制造的内容器，应放在符合《规章范本》4.1.1.1、4.1.1.2 和 4.1.1.4 至 4.1.1.8 规定的中间容器中，其设计必须符合《规章范本》6.1.4 的制造要求。包件的总毛重不得超过 20kg。

装有第 8 类、Ⅱ类包装液态货物的玻璃、瓷器或粗陶瓷内容器，必须放在相容的坚硬中间容器内。

6.4.2.2 有限数量包装标记

除空运外，内装有限数量危险货物的包装必须显示如图 6-25 所示的标记。提交空运的内装有限数量危险货物包装标记如图 6-26 所示。

图 6-25　内装有限数量危险货物的包装件（除空运外）标记　　图 6-26　提交空运的内装有限数量危险货物的包装件标记

标记应保证易见、易辨读，并应在露天放置时不明显降低显示效果。

标记应为正方形，并呈 45 度角（菱形）放置。上下部分和边线应为黑色，中心区域为白色或适当反差底色，最小尺寸为 100mm×100mm，边线的最小宽度为

第6章　危险货物运输包装通用技术要求

2mm。在未明确规定尺寸的情况下，如包装件的大小需要，所有要素均应与图示比例大致相当。

如包装的大小需要，外围尺寸可以缩小，但不得小于50mm×50mm，而且标记仍应清楚易见。边线的宽度可以缩小，但不得小于1mm。

第7章

危险货物包装性能检验

第7章　危险货物包装性能检验

危险货物包装性能检验的目的是检查危险货物包装的性能是否能满足危险货物安全运输的需要。《规章范本》第 6 部分对此作了较为详细的规定。IMDG Code 等国际规则也根据《规章范本》第 6 部分的内容对危险货物包装性能检验作了相应的规定。

7.1　性能检验的标准、依据及基本要求

7.1.1　性能检验的标准和依据

为了方便和规范危险货物包装检验人员的检验工作，国家标准化管理委员会制定并发布了多个危险货物包装性能检验标准，主要的标准有：

GB 19270—2009《水路运输危险货物包装检验安全规范》；
GB 19433—2009《空运危险货物包装检验安全规范》；
GB 19359—2009《铁路运输危险货物包装检验安全规范》；
GB 19269—2009《公路运输危险货物包装检验安全规范》；
GB 19434—2009《危险货物中型散装容器检验安全规范》；
GB 19432—2009《危险货物大包装检验安全规范》；
GB 19457—2009《危险货物涂料包装检验安全规范》；
GB 19453—2009《危险货物电石包装检验安全规范》；
GB 19521.13—2004《危险货物小型气体容器检验安全规范》；
SN/T 0370.2—2021《出口危险货物包装检验规程 第 2 部分：性能检验》。

7.1.2　性能检验的基本要求

每一容器的设计型号，均应根据主管部门规定的程序，按《规章范本》及有关标准的规定进行性能试验。每一容器投入使用之前，其设计型号均应成功地通过试验。

每一容器的设计型号，应按主管部门规定的时间间隔重复进行试验。主管部门在间隔周期内可随时进行抽查试验，以证明成批生产的容器符合设计型号试验要求。

容器的设计型号改变，即容器的设计、材料、制造方式如发生改变，必须再次进行试验。

与试验过的设计型号仅在小的方面不同的容器，如内容器尺寸较小或净重较小，以及外部尺寸稍许减小的桶、袋、箱等容器，可进行有选择的试验。

组合容器的外容器，如用不同类型的内容器成功地通过了试验，则此类各种不同类型的内容器可以合装在此外容器中。此为内包装等效性条件。

不影响试验结果的情况下，可对一个试样进行几项试验。

通常，救助容器应根据拟用于运输固体或内容器的Ⅱ类包装容器所适用的规定进行试验和加标记。

7.2 容积不超过450L、净重不超过400kg的危险货物包装性能检验

7.2.1 适用范围

本节介绍的相关内容适用于盛装容积不超过450L（装载液体）、净重不超过400kg的出口危险货物包装，不适用于压力贮器、放射性物质和感染性物质包装。

7.2.2 检验要求

7.2.2.1 检验的施行和频率

每一容器在投入使用之前，其设计型号应按照7.1.2节的要求进行试验。

对生产的容器样品，应按规定的时间间隔重复进行试验。

容器的设计型号发生变化时应再次进行试验。

与试验过的设计型号仅在小的方面不同的容器，如内容器尺寸较小或净重较小，以及外部尺寸稍许减小的桶、袋、箱等容器，可进行有选择的试验。

物品或者装固体或液体的任何型号的内容器合装在一个外容器内运输，在下列条件下可免除试验。

1. 外容器在装有内装液体的易碎（如玻璃）内容器时成功地通过以Ⅰ类包装的跌落高度进行的试验。

2. 各内容器的合计总毛重不得超过跌落试验使用的各内容器毛重的一半。

3. 各内容器之间以及内容器与容器外部之间的衬垫材料厚度，未低于原先试验的容器的相应厚度；如在原先试验中仅使用一个内容器，各内容器之间的衬垫厚度不应少于原先试验中容器外部和内容器之间的衬垫厚度。如使用较少或较小的内容器（与跌落试验所用的内容器相比），应使用足够的附加衬垫材料填补空隙。

4. 外容器在空运时成功地通过堆码试验。相同包装件的总质量应根据跌落试验所用的内容器的合计质量确定。

5. 装液体的内容器周围完全裹上吸收材料，其数量足以吸收内容器所装的全部液体。

第 7 章　危险货物包装性能检验

6. 如用不防泄漏的外容器容纳装液体的内容器，或用不防泄漏的外容器容纳装固体的内容器，配备了发生泄漏时留住任何液体或固体内装物的装置，如可使用防漏衬里、塑料袋或其他同样有效的容纳装置。对于装液体的容器，吸收材料已放在留住液体内装物的装置内。

7. 容器按照 SN/T 0370.1—2021《出口危险货物包装检验规程 第 1 部分：总则》中第 5 章作标记，表示已通过组合容器的Ⅰ类包装性能试验。所标的以千克（kg）计的毛重，为外容器质量加上跌落试验所用的内容器质量的一半之和。

8. 满足上述要求的包装件的标记中也包括 SN/T 0370.1—2021《出口危险货物包装检验规程 第 1 部分：总则》中 5.1.4 中所述的字母"V"。

9. 空运时，拟装液体的容器满足国际空运危规的规定，能够承受一定的压差而不泄漏。

为证明成批生产的容器与期初抽查样品的一致性，可随时按照 7.1.2 节的规定进行验证试验。

因安全理由需进行内层处理或涂层，其经处理内层或涂层应在进行试验后仍保持其保护性能。

在试验结果的正确性不受影响的情况下，经批准，可对一个试样进行多项试验。

7.2.2.2　抽样

按同一设计型号批量生产的包装容器，在厂检合格的基础上，从生产现场随机抽取试验样品。对质量水平易发生波动的容器，抽样应覆盖安全强度最薄弱的产品。

具备条件的抽取的样品应带有相应的联合国标记和生产批号，抽取的样品数量除满足正常检验项目外，应增加 1 件留存样品，保存期限至少半年。

若设计型号发生变化，应重新进行抽样。

7.2.2.3　容器的检验准备

对准备好供运输的容器，其中包括组合容器所使用的内容器，应按照本节的要求进行试验。对于内贮器、单贮器或袋以外的容器，所装入的液体不应低于其最大容量的 98%，所装入的固体不得低于其最大容量的 95%。袋应装至其最大使用重量。对于组合容器，如内容器拟装运液体和固体，则需对液体和固体内装物分别进行试验。试验时使用的内装物可以不是实际运输时的物质或物品（除非这样做会使试验结果无效）。对于固体，当使用另一种物质代替时，该物质应与待运物质具有相同的物理特性（如质量、颗粒大小等）。允许使用添加物，如铅粒包，以达到要求的包装件总质量，只要它们放的位置不会影响试验结果。

对装液体的容器进行跌落试验时，如使用其他物质代替，该物质应有与待运物质相似的相对密度和黏度。水也可以用于进行液体跌落试验。

纸或纤维板包装应在控制温度和相对湿度的环境下至少放置24h。有以下3种办法，应选择其一：温度23℃±2℃和相对湿度50%（±2%）；温度20℃±2℃和相对湿度65%（±2%）；温度27℃±2℃和相对湿度（55%±2%）。其中第一种条件是最好的环境。

平均值应在这些限值内，短期波动和测量局限可能会使个别相对湿度量度有±5%的变化，但不会对试验结果的复验性有重大影响。

首次使用塑料桶（罐）、塑料复合容器及有涂镀层的容器，在试验前需按照GB/T 22410—2008《包装危险货物运输包装塑料相容性试验》进行相容性试验，即直接装入拟运危险货物后，贮存6个月以上，检验所盛装的危险货物是否与该包装（或深层）发生反应。

7.2.2.4 检验项目

各种常用运输危险货物包装容器检验项目如表7-1所示。另外，对于公路和铁路运输方式来说，对拟装闪点不大于60℃易燃液体的塑料桶、塑料罐和复合容器（塑塑复合容器）还应进行渗透性试验。

表7-1 各种常用运输危险货物包装容器检验项目

种类	编码	类别	应检验项目			
			跌落	气密	液压	堆码
钢桶	1A1	非活动盖	+	+	+	+
	1A2	活动盖	+			+
铝桶	1B1	非活动盖	+	+	+	+
	1B2	活动盖	+			+
金属桶（不含钢桶和铝桶）	1N1	非活动盖	+	+	+	+
	1N2	活动盖	+			+
钢罐	3A1	非活动盖	+	+	+	+
	3A2	活动盖	+			+
铝罐	3B1	非活动盖	+	+	+	+
	3B2	活动盖	+			+

第7章 危险货物包装性能检验

续表1

种类	编码	类别	跌落	气密	液压	堆码
胶合板桶	1D		+			+
纤维板桶	1G		+			+
塑料桶和罐	1H1	桶，非活动盖	+	+	+	+
	1H2	桶，非活动盖	+	+	+	+
	3H1	罐，非活动盖	+	+	+	+
	3H2	罐，活动盖	+	+	+	+
天然木箱	4C1	普通的	+			+
	4C2	箱壁防泄漏	+			+
胶合板箱	4D		+			+
再生木箱	4F		+			+
纤维箱	4G		+			+
塑料箱	4H1	发泡塑料箱	+	+	+	+
	4H2	密实塑料箱	+			+
钢或铝箱	4A	钢箱	+			+
	4B	铝箱	+			+
	4N	金属（钢和铝除外）箱	+			+
纺织袋	5L1	不带内衬或涂层	+			
	5L2	防泄漏	+			
	5L3	防水	+			
塑料编织袋	5H1	不带内衬或涂层	+			
	5H2	防泄漏	+			
	5H3	防水	+			
塑料膜袋	5H4		+			
纸袋	5M1	多层	+			
	5M2	多层、防水的	+			

续表2

种类	编码	类别	应检验项目			
			跌落	气密	液压	堆码
复合包装（塑料材料）	6HA1	塑料贮器与外钢桶	+	+	+	+
	6HA2	塑料贮器与外钢板条箱或钢箱	+	+	+	+
	6HB1	塑料贮器与外铝桶	+	+	+	+
	6HB2	塑料贮器与外铝板箱或铝箱	+	+	+	+
	6HC	塑料贮器与外木板箱	+			+
	6HD1	塑料贮器与外胶合板桶	+	+	+	+
	6HD2	塑料贮器与外胶合板箱	+	+	+	+
	6HG1	塑料贮器与外纤维板桶	+	+	+	+
	6HG2	塑料贮器与外纤维板箱	+	+	+	+
	6HH1	塑料贮器与外塑料桶	+	+	+	+
	6HH2	塑料贮器与外硬塑料箱	+	+	+	+
复合包装（玻璃、陶瓷或粗陶瓷）	6PA1	贮器与外钢桶	+			
	6PA2	贮器与外钢板条箱或钢箱	+			
	6PB1	贮器与外铝桶	+			
	6PB2	贮器与外铝板条箱或铝箱	+			
	6PC	贮器与外木箱	+			
	6PD1	贮器与外胶合板桶	+			
	6PD2	贮器与外有盖柳条篮	+			
	6PG1	贮器与外纤维质桶	+			
	6PG2	贮器与外纤维板箱	+			
	6PH1	贮器与外泡沫塑料容器	+			
	6PH2	贮器与外硬塑料容器	+			
轻型金属容器	0A1	固定顶盖	+			+
	0A2	活动顶盖	+			+

注：1. 表中"+"号表示应检测项目。
2. 凡用于盛装液体的容器，均应进行气密试验和液压试验。

7.2.3 检验内容

7.2.3.1 跌落试验

1. 试验样品数量和跌落方向

试验样品数量和跌落方向如表 7-2 所示。除平面着地的跌落外，重心应位于撞击点的垂直上方。在特定的跌落试验可能有不止一个方向的情况下，应采用最薄弱部位进行试验。

表 7-2 试验样品数量和跌落方向

容器	试验样品数量	跌落方向
钢桶 铝桶 除钢桶或铝桶外的金属桶 钢罐 铝罐 胶合板桶 纤维板桶 塑料桶和罐 圆桶形复合容器 轻型金属容器	6 个 （每次跌落用 3 个）	第一次跌落（用 3 个样品）：容器应以凸边斜着撞击在冲击板上。如果容器没有凸边，则撞击在周边接缝上或一棱边上 第二次跌落（用另外 3 个样品）：容器应以第一次跌落未试验过的最弱部位撞击在冲击板上，如封闭装置，或者某些圆柱形桶，则撞在桶身的纵向焊缝上
天然木箱 胶合板箱 再生木箱 纤维板箱 塑料箱 钢或铝箱 箱形复合容器	5 个 （每次跌落用 1 个）	第一次跌落：底部平跌 第二次跌落：顶部平跌 第三次跌落：长侧面平跌 第四次跌落：短侧面平跌 第五次跌落：角跌落
袋（单层有缝边）	3 个 （每袋跌落 3 次）	第一次跌落：宽面平跌 第二次跌落：窄面平跌 第三次跌落：端部跌落
袋（单层无缝边，或多层）	3 个 （每袋跌落 2 次）	第一次跌落：宽面平跌 第二次跌落：端部跌落

续表

容器	试验样品数量	跌落方向
标有"RID/ADR"的桶形或箱形复合容器（玻璃、陶瓷或粗陶瓷）	3个（每次跌落用1个）	容器应以底部凸边斜着撞击在冲击板上。如果容器没有凸边，则撞击在周边接缝上或底部棱边上

2. 跌落试验样品的特殊准备

对以下容器进行试验时，应将试验样品及其内装物的温度降至-18℃或更低①：

（1）塑料桶；

（2）塑料罐；

（3）泡沫塑料箱以外的塑料箱；

（4）复合容器（塑料）；

（5）带有塑料内容器的组合容器，拟用于装固体或物品的塑料袋除外。

盛装液体的活动盖容器，在装载和封闭后至少24h内不应做跌落试验，以便让垫圈有可能放松。

3. 试验设备

符合 GB/T 4857.5—1992《包装 运输包装件 跌落试验方法》的要求。

4. 跌落高度

对于固体和液体，如果试验是用待运的固体或液体或用具有基本上相同的物理性质的另一物质进行，跌落高度为：包装类别Ⅰ，1.8m；包装类别Ⅱ，1.2m；包装类别Ⅲ，0.8m。

对于液体，如果试验是用水②进行，分为以下3种情况区别处理。

（1）如果待运物质的相对密度不超过1.2，跌落高度为：包装类别Ⅰ，1.8m；包装类别Ⅱ，1.2m；包装类别Ⅲ，0.8m。

（2）如果待运物质的相对密度超过1.2，跌落高度③应根据待运物质的相对密度（d）换算（四舍五入至小数点后一位）如下计算：包装类别Ⅰ，d×1.5；包装类别Ⅱ，d×1；包装类别Ⅲ，d×0.67。

（3）对于标有"RID/ADR"符号的拟运输23℃时黏度超过200mm²/s（即使用 GB/T 6753.4—1998《色漆和清漆用流出杯测定流出时间》的6mm流出杯测定流出时

---

① 按这种方式准备的试验样品，可免除预处理。试验液体应保持液态，必要时可添加防冻剂。

② "水"包括水或冻溶液，在-18℃的试验条件下比重应至少为0.95。

③ 跌落高度的单位均为 m。

间超过30s）物质的轻型金属容器，如果待运物质的相对密度不超过1.2，跌落高度为：包装类别Ⅱ，0.6m；包装类别Ⅲ，0.4m。如果待运物质的相对密度超过1.2，跌落高度应根据待运物质的相对密度（d）（四舍五入至小数点后一位）如下计算：包装类别Ⅱ，d×0.5；包装类别Ⅲ，d×0.33。

5. 通过试验的准则

（1）每一盛装液体的容器在内外压力达到平衡后，应无渗漏，有内涂（镀）层的容器，其内部涂层应完好无损。对于组合容器的内容器其压力可不达到平衡；

（2）盛装固体的容器进行跌落试验并以其上端面撞击跌落地面，如果全部内装物仍留在内容器或内贮器（如塑料袋）之中，即使封闭装置不再防筛漏但仍可保持其装载功能，试验样品仍视为通过试验。

（3）复合或组合容器或其外容器，不应出现可能影响运输安全的破损，也不应有内装物从内贮器或内容器中漏出。

（4）袋子的最外层或外容器，不应出现影响运输安全的破损。

（5）在撞击时封闭装置有少许排出物，但无进一步渗漏，仍认为容器合格。

（6）装第1类物质的容器不允许出现任何会使爆炸性物质或物品从外容器中漏出的任何破裂处。

7.2.3.2 气密（密封性）试验

对于拟装液体的容器的所有设计型号应进行气密试验。组合容器的内容器、标有"RID/ADR"的复合包装的内贮器（玻璃、陶瓷或粗陶瓷）、标有"RID/ADR"的用于运输在23℃时黏度超过200mm^2/s物质的轻型金属容器不需要进行气密试验。

1. 试验样品数量

每种设计型号取3个试验样品。

2. 试验前试验样品的特殊准备

将有通气孔的封闭装置以相似的无通气孔的封闭装置代替，或将通气孔堵死。

3. 试验设备

符合GB/T 17344—1998《包装 包装容器 气密试验方法》的要求。

4. 试验方法和试验压力

将容器包括其封闭装置箝制在水面下5min，同时施加内部空气压力，箝制方法不应影响试验结果。施加的空气压力（表压）如表7-3所示。

表 7-3　气密试验压力

单位：kPa

Ⅰ类包装	Ⅱ类包装	Ⅲ类包装
不小于 30	不小于 20	不小于 20

注：其他至少有同等效力的方法也可以使用。

5. 通过试验的准则

所有试验样品应无泄漏。

7.2.3.3　液压试验

对于拟装液体的所有设计型号的金属、塑料和复合容器应进行液压试验。组合容器的内容器、标有"RID/ADR"的复合包装的内贮器（玻璃、陶瓷或粗陶瓷）、标有"RID/ADR"的用于运输在 23℃时黏度超过 200mm^2/s 物质的轻型金属容器不需要进行液压试验。

1. 试验样品数量

每种设计型号取 3 个试验样品。

2. 试验前容器的特殊准备

将有通气孔的封闭装置用相似的无通气孔的封闭装置代替，或将通气孔堵死。

3. 试验设备

液压危险货物包装试验机或达到相同效果的其他试验设备。

4. 试验方法和试验压力

（1）金属容器和复合容器（内储器为玻璃、陶瓷或粗陶瓷材质）包括其封闭装置，应经受 5min 的试验压力。塑料容器和复合容器（内储器为塑料材质）包括其封闭装置，应经受 30min 的试验压力。试验压力应连续地、均匀地施加，在整个试验期间保持恒定。

所施加的液压（表压），按下述任何一个方法确定：不小于在 55℃时测定的容器中的总表压（所装液体的蒸气压加空气或其他惰性气体的分压，减去 100kPa）乘以安全系数 1.5 的值；不小于待运液体在 50℃时的蒸气压的 1.75 倍减去 100kPa，但最小试验压力为 100kPa；不小于待运液体在 55℃时的蒸气压的 1.5 倍减去 100kPa，但最小试验压力为 100kPa。

（2）拟装液体的Ⅰ类包装，应根据容器的制造材料，在最小试验压力为 250kPa 下试验 5min 或 30min。

（3）在无法获得待运液体的蒸气压时，可按表7-4所示的压力进行试验。

表7-4 液压试验压力

单位：kPa

Ⅰ类包装	Ⅱ类包装	Ⅲ类包装
不小于250	不小于100	不小于100

5. 空运的试验方法和试验压力

（1）金属容器包括其封闭装置，应经受5min的试验压力。塑料容器和复合容器（塑料）包括其封闭装置，应经受30min的试验压力。试验压力应连续地、均匀地施加，在整个试验期间保持恒定。所施加的液压（表压），按下述任何一个方法确定：不小于在55℃时测定的容器中的总表压（所装液体的蒸气压加空气或其他惰性气体的分压，减去100kPa）乘以安全系数1.5的值；最小试验压力为95kPa。对运输Ⅲ类包装的第3类和第6.1类液体物质的容器来说，最小试验压力为75kPa；不小于待运液体在50℃时的蒸气压的1.75倍减去100kPa，但最小试验压力为100kPa；不小于待运液体在55℃时的蒸气压的1.5倍减去100kPa，但最小试验压力为100kPa。

（2）拟装液体的Ⅰ类包装，应根据容器的制造材料，在最小试验压力为250kPa下试验5min或30min。

6. 通过试验的准则

所有试验样品应无泄漏。

7.2.3.4 堆码试验

袋及标有"RID/ADR"符号的不可堆码的复合容器（玻璃、陶瓷或粗陶瓷）以外的容器的所有设计型号应进行堆码试验。

1. 试验样品数量

每种设计型号取3个试验样品。

2. 试验设备

按GB/T 4857.3—2008《包装 运输包装件基本试验 第3部分：静载荷堆码试验方法》的要求。

3. 试验方法和堆码载荷

在试验样品的顶部表面施加一载荷，此载荷相当于运输时可能堆码在它上面的同样数量包装件的总质量。如果试验样品内装的液体的相对密度与待运液体的不同，则该载荷应按后者计算。包括试验样品在内的最小堆码高度应不小于3m,试验时间为24h,但拟装液体的塑料桶、罐和复合容器(6HH1和6HH2),应在不低于40℃的温度下经受28d的堆码试验。

堆码载荷(P)按式(5)计算:

$$P = \left(\frac{H-h}{h}\right) \times m \quad\cdots\cdots\cdots\cdots\cdots\cdots\cdots\cdots\cdots\cdots\cdots\cdots\cdots\cdots (5)$$

式中:

P——加载的载荷,计算结果进位取整,单位为千克(kg);

H——堆码高度(不小于3m)单位为米(m);

h——单个包装件高度,单位为米(m);

m——单个包装件毛重,单位为千克(kg);

$\frac{H-h}{h}$——堆码系数,保留至小数点后2位。

4. 通过试验的准则

所有试验样品应无泄漏。对复合或组合容器,所装的物质不应从内贮器或内容器中漏出。试验样品不应出现有可能影响运输安全的损坏,或者可能降低其强度或造成包装件堆码不稳定的变形。在进行判定之前,塑料容器应冷却至环境温度。

7.2.3.5 渗透性试验

对于公路和铁路运输形式的,拟装闪点小于等于60℃液体的塑料桶、塑料罐、塑料材质的复合容器(除钢塑复合桶外),拟装苯、甲苯、二甲苯或含有这些物质的混合物和制剂的聚乙烯容器应进行渗透性试验。

1. 样品数量

每种设计型号取3个试验样品。

2. 试验方法和计算公式

将试验样品在盛装拟运物或拟运苯、甲苯、二甲苯的聚乙烯容器盛装烃类混合物(石油溶剂油)标准溶液后在温度23℃±2℃、相对湿度50%±2%的条件下保存28 d。称取其在28 d保存期前后的质量,并计算其渗透率。

渗透率(E)按式(6)计算:

$$E = \frac{M_2 - M_1}{V \times t} \quad\cdots\cdots\cdots\cdots\cdots\cdots\cdots\cdots\cdots\cdots\cdots\cdots (6)$$

式中：

E——渗透率，单位为克每升每小时（g/L·h）；

M_2——28 d 保存期后的质量，单位为克（g）；

M_1——28 d 保存期前的质量，单位为克（g）；

V——样品的盛装容积，单位为升（L）；

t——试验时间，单位为小时（h）。

3. 标准溶液

应使用沸程 160~220℃、相对密度 0.78~0.80、闪点大于 50℃ 和芳烃含量 16%~21% 的烃类混合物（石油溶剂油）作为标准溶液。

4. 通过试验的准则

渗透率不超过 0.008 g/L·h。

7.2.3.6 液密封口试验

拟装货物需要液密封口的包装容器应进行此项试验。

1. 试验数量

每种设计型号取 3 个试验样品。

2. 试验步骤

容器内灌入不少于容器总量 98% 的水，按出运型式封口，然后将容器倒置或横置，使封口处于最低位置，持续 24h。

3. 判定准则

所有试验样品应无渗漏。

7.3 中型散装容器性能检验

7.3.1 适用范围

本节介绍的相关内容适用于盛装危险货物的中型散装容器的性能检验。

中型散装容器是指 SN/T 0370.1—2021《出口危险货物包装检验规程 第 1 部分：总则》中规定范围（400kg/450L）以外的硬质或柔性可移动容器。具体标准如下。

1. 具有下列容量：装Ⅱ级包装和Ⅲ级包装的固体和液体时不大于 $3.0m^3$；Ⅰ级包装的固体如装在软性/硬塑料/复合/纤维板和木制中型散装容器中时不大于 $1.5m^3$；Ⅰ级包装的固体如装在金属中型散装容器中时不大于 $3.0m^3$。

2. 设计为机械装卸。

3. 能经受装卸和运输中产生的应力,该应力由试验确定。

7.3.2 试验准备

中型散装容器性能检验的试验准备可参考 7.2.2.2 节的相关内容。

7.3.3 试验项目

各种类型的中型散装容器试验项目和试验顺序如表 7-5 所示。

表 7-5 各种类型的中型散装容器试验项目和试验顺序

中型散装容器类型		震动[6]	底部提升	顶部提升[1]	堆码[2]	防漏	液压	跌落	扯裂	倾覆	复原[3]
金属	11A, 11B, 11N	–	第1[1]	第2	第3	–	–	第4[6]	–	–	–
	21A, 21B, 21N	–	第1[1]	第2	第3	第4	第5	第6[5]	–	–	–
	31A, 31B, 31N	第1	第2[1]	第3	第4	第5	第6	第7[5]	–	–	–
柔性[4]		–	–	x[3]	x	–	–	x	x	x	x
硬塑料	11H1, 11H2	–	第1[1]	第2	第3	–	–	第4	–	–	–
	21H1, 21H2	–	第1[1]	第2	第3	第4	第5	第6	–	–	–
	31H1, 31H2	第1	第2[1]	第3	第4	第5	第6	第7	–	–	–
复合	11HZ1, 11HZ2	–	第1[1]	第2	第3	–	–	第4[3]	–	–	–
	21HZ1, 21HZ2	–	第1[1]	第2	第3	第4	第5	第6[3]	–	–	–
	31HZ1, 31HZ2	第1	第2[1]	第3	第4	第5	第6	第7[3]	–	–	–
纤维板		–	第1	–	第2	–	–	第3	–	–	–
木质		–	第1	–	第2	–	–	第3	–	–	–

注:1. 当中型散装容器的设计是用于这种装卸方法时。

2. 当中型散装容器的设计是用于堆叠时。

3. 当中型散装容器的设计是用于顶部提升或侧面提升时。

4. 所需的试验用 x 表示;已通过一项试验的中型散装容器可用于按任何顺序做其他试验。

5. 同样设计的另一中型散装容器可用于进行跌落试验。

6. 振动试验可使用同一设计的另一个中型散装容器。

7.3.3.1 底部提升试验

1. 适用范围

适用于所有纤维板和木质中型散装容器,以及装有底部提升装置的所有类型的中型散装容器,作为设计类型试验。

2. 中型散装容器试验前的准备

中型散装容器应装满并加上均匀分布的荷载。装满的中型散装容器和荷载的质量应为最大许可总质量的 1.25 倍。

3. 试验方法

中型散装容器应由吊车提起和放下两次,叉斗位置居中,彼此间隔为进入边长度的四分之三(进入点固定的除外)。叉斗应插入进入方向的四分之三。应从每一可能的进入方向重复试验。

4. 通过试验的标准

中型散装容器(如有箱底托盘,包括托盘在内)无永久变形,造成不能安全运输,无内装物损失。

7.3.3.2 顶部提升试验

1. 适用范围

适用于设计为顶部提升的所有类型的中型散装容器,或设计为顶部提升或侧面提升的柔性中型散装容器,作为设计类型试验。

2. 试验前的准备

金属、硬塑料和复合中型散装容器应装满并加上均匀分布的荷载。装满的中型散装容器和荷载的质量应为最大许可总质量的 2 倍。

柔性中型散装容器应装入一种代表性物质并装到其最大许可总质量的 6 倍,荷载分布均匀。

3. 试验方法

金属和柔性中型散装容器应按设计的提升方式把中型散装容器提升到离开地面,并在空中停留 5min。

硬塑料和复合中型散装容器应由每一对斜对的提升装置以垂直地施加提升力的方式提起,保持 5min,然后由每一对斜对的提升装置以向中心与垂直线成 45°角施加提升力的方式提起,保持 5min。

柔性中型散装容器可以使用至少具有同等效果的其他顶部提升试验方法和准备。

4. 通过试验的标准

（1）金属、硬塑料和复合中型散装容器：在正常运输条件下，中型散装容器始终安全可靠，包括箱底托盘（如果有的话）在内无永久变形，内装物无损失。

（2）柔性中型散装容器：中型散装容器或其提升装置没有受到使中型散装容器不能安全运输或装卸的损坏，内装物无损失。

7.3.3.3 堆码试验

1. 适用范围

适用于设计上允许互相堆放在一起的所有类型的中型散装容器，作为设计类型试验。

2. 试验前的准备

中型散装容器应装到其最大许可总质量。如果试验使用的产品比例达不到这一要求，中型散装容器应另外增加荷载，荷载应均匀分布，使试验所用中型散装容器达到其最大许可总质量。

3. 试验方法

（1）将中型散装容器的底部放在水平的硬地面上，然后施加分布均匀的叠加试验载荷，持续时间至少为：

①金属中型散装容器，5min；

②11H2、21H2 和 31H2 型的硬塑料中型散装容器和承受堆叠负荷的外壳为塑料的复合中型散装容器（即 11HH1、11HH2、21HH1、21HH2、31HH1 和 31HH2 型），在 40℃下 28d；

③所有其他类型的中型散装容器，24h；

（2）载荷应按下面任一方法施加：

①将一个或多个同一类型的中型散装容器装到其最大许可总质量，然后叠放在所试验的中型散装容器上；

②将适当的荷重放到一块平板上或一块中型散装容器箱底的仿制板上，把平板叠放在所试验的中型散装容器上。

4. 叠加试验载荷的计算

放置在中型散装容器上的载荷应等于在运输过程中有可能堆叠在其上的类似中型散装容器数目加在一起的最大许可总质量的 1.8 倍。

5. 通过试验的标准

（1）除柔性中型散装容器外的所有类型的中型散装容器：没有使中型散装容器包

括箱底托盘（如果有的话）不能安全运输的永久变形，内装物无损失。

（2）柔性中型散装容器：箱体没有使中型散装容器不能安全运输的损坏，内装物无损失。

7.3.3.4 防漏试验

1. 适用范围

适用于装载液体或装载固体但装卸货需要施加压力的中型散装容器类型，作为设计类型试验和定期试验。

2. 试验前的准备

试验应在装配任何隔热设备以前进行。带有通风孔的封闭装置应换成不带通风孔的类似封闭装置，或者将通风孔封住。

3. 试验方法和施加的压力

试验应用空气在表压不低于20kPa（0.2 bar）下进行，持续时间至少10min。中型散装容器的气密性应用适当方法确定，例如用气压压差测试法，或者把中型散装容器浸入水中的方法，或者金属中型散装容器用肥皂溶液涂在接缝上的方法，如采用后两种方法，应乘以液压校正系数。

4. 通过试验的标准

中型散装容器不漏气。

7.3.3.5 液压试验

1. 适用范围

适用于装载液体或装载固体但装卸货需要施加压力的中型散装容器类型，作为设计类型试验。

2. 试验前的准备

试验应在装配任何隔热设备之前进行。降压装置应拆掉并将其孔口塞住，或使其不起作用。

3. 试验方法

试验应进行至少10min，施加的液压不低于下文"4. 施加的压力"的规定。试验时，中型散装容器不得用机械方法箍制。

4. 施加的压力

（1）金属中型散装容器

①装载包装类别Ⅰ固体的21A、21B和21N型中型散装容器，施加表压250kPa

（2.5bar）；

②装载包装类别Ⅱ或Ⅲ物质的 21A、21B、21N、31A、31B 和 31N 型中型散装容器，施加表压 200kPa（2bar）；

③31A、31B 和 31N 型中型散装容器，施加表压 65kPa（0.65bar）。这项试验应在 200kPa 试验之前进行。

（2）硬塑料和复合中型散装容器

①21H1、21H2、21HZ1 和 21HZ2 型中型散装容器，施加表压 75kPa（0.75bar）。

②31H1、31H2、31HZ1 和 31HZ2 型中型散装容器，取下列两个数值中较大者，第一个数值以下述方法之一确定。

第一，不小于在 55℃时测定的容器中的总表压（所装液体的蒸气压加空气或其他惰性气体的分压，减去 100kPa）乘以安全系数 1.5 的值；最小试验压力为 95kPa。对于运输Ⅲ类包装的第 3 类和第 6.1 项液体物质的容器来说，最小试验压力为 75kPa。

第二，不小于待运液体在 50℃时的蒸气压的 1.75 倍减去 100kPa，但最小试验压力为 100kPa。

第三，不小于待运液体在 55℃时的蒸气压的 1.5 倍减去 100kPa，但最小试验压力为 100kPa。

第二个数值以下述方法确定：待运物质静压的 2 倍，但不得低于水静压的 2 倍。

5. 通过试验的标准

（1）21A、21B、21N、31A、31B 和 31N 型中型散装容器，实施规定的试验压力时，也无泄漏。

（2）31A、31B 和 31N 型中型散装容器，施加规定的试验压力时，既不造成中型散装容器永久变形，不能安全运输，也无泄漏。

（3）硬塑料和复合中型散装容器：没有造成中型散装容器的永久变形，无法安全运输，也无泄漏。

7.3.3.6 跌落试验

1. 适用范围

适用于所有类型的中型散装容器，作为设计类型试验。

2. 中型散装容器试验前的准备

（1）金属中型散装容器

中型散装容器装盛固体时，应装至不少于其最大容积的 95%；盛装液体时，盛装至不少于其最大容积的 98%。降压装置应拆除，孔口塞住，或使其不起作用。

第7章 危险货物包装性能检验

（2）柔性中型散装容器

中型散装容器应盛装至其最大许可总质量，内装物均匀分布。

（3）硬塑料和复合中型散装容器

中型散装容器装固体时，应盛装至不少于其最大容积的95%；盛装液体时，不少于其最大容积的98%。降压装置可拆除，孔口塞住，或使其不起作用。对中型散装容器进行的试验，应在试样及其内装物的温度降至-18℃或更低时进行。试验液体应保持液态，必要时添加防冻剂（如果中型散装容器的材料在低温下有足够的延伸性和拉伸强度，这项处理可不予考虑）。

（4）纤维板和木质中型散装容器

应将中型散装容器盛装到不少于其最大容积的95%。

3. 试验方法

箱底着地，跌落在无弹性、水平、平坦、厚重而坚硬的表面上，撞击点落在中型散装容器底部被认为是最脆弱易损坏的部位。容量为 0.45m³ 或更小的中型散装容器还应进行下述跌落试验。

（1）金属中型散装容器：落在第一次跌落中试验过的箱底部位以外的最脆弱易损部位。

（2）柔性中型散装容器：落在最脆弱易损的侧面。

（3）硬塑料、复合、纤维板和木质中型散装容器：平侧面着地、平顶部着地和棱角着地。

每一次跌落可以使用同一个中型散装容器或具有相同设计的不同中型散装容器。

4. 跌落高度

对于固体和液体，如果试验是用待运的固体或液体，或用基本上具有相同物理特点的另一物质进行，跌落高度为：包装类别Ⅰ，1.8m；包装类别Ⅱ，1.2m；包装类别Ⅲ，0.8m。

对于液体，如果试验是用水进行的，分为两种情况。

（1）如果待运物质的相对密度不超过 1.2，跌落高度为：包装类别Ⅰ，1.8m；包装类别Ⅱ，1.2m；包装类别Ⅲ，0.8m。

（2）如果待运物质的相对密度超过 1.2，跌落高度应根据待运物质的相对密度（d）（四舍五入至小数点后一位）如下计算：包装类别Ⅰ，d×1.5；包装类别Ⅱ，d×1；包装类别Ⅲ，d×0.67。

5. 通过试验的标准

（1）金属中型散装容器。

内装物无损失。

(2) 柔性中型散装容器。

内装物无损失。少量渗漏，例如在撞击时从接缝或针孔处漏出，仍可视为合格，条件是在将中型散装容器提升离开地面后不继续渗漏。

(3) 硬塑料、复合、纤维板和木质中型散装容器。

内装物无损失。撞击时有少量物质从密封装置漏出，仍可视为合格，条件是不再继续渗漏。

(4) 所有中型散装容器。

没有造成中型散装容器不能安全运输送交修整或处理的损坏，无内装物损失。此外，应能够用适当手段将中型散装容器提起至脱离地面5min。

7.3.3.7 扯裂试验

1. 适用范围

适用于所有类型的柔性中型散装容器，作为设计类型试验。

2. 试验前的准备

中型散装容器应装至不少于其容量的95%，并且达到其最大许可总质量，内装物分布均匀。

3. 试验方法

将中型散装容器置于地面，在底部表面与内装物顶层之间的中点划一道100mm的刀痕，此刀痕完全穿透宽面箱壁，并与中型散装容器主轴成45°角。然后对中型散装容器施加2倍于最大许可总质量的均匀分布的叠加载荷；此叠加载荷应持续至少5min。设计为顶部提升或侧面提升的中型散装容器，在解除叠加载荷后，还应提离地面，悬空保持至少5min。

4. 通过试验的标准

刀痕的拉长不超过其原长度的25%。

7.3.3.8 倾覆试验

1. 适用范围

适用于所有类型的柔性中型散装容器，作为设计类型试验。

2. 试验前的准备

中型散装容器应装至不少于其容量的95%，并且达到其最大许可总质量，内装物分布均匀。

第7章 危险货物包装性能检验

3. 试验方法

使中型散装容器顶部任何部位倾覆在坚硬、无弹性、光滑、平坦和水平的表面上。

4. 倾覆高度

包装类别Ⅰ,1.8m；包装类别Ⅱ,1.2m；包装类别Ⅲ,0.8m。

5. 通过试验的标准

内装物无损失。少量渗漏,例如在撞击时从接缝或针孔处漏出,仍可视为合格,条件是只要不再继续渗漏。

7.3.3.9 复原试验

1. 适用范围

适用于设计为顶部提升或侧面提升的所有类型的柔性中型散装容器,作为设计类型试验。

2. 试验前的准备

中型散装容器应装至不少于其容量的95%,并且达到其最大许可总质量,内装物分布均匀。

3. 试验方法

将侧放着的中型散装容器用其1个或2个提升装置（如有4个提升装置时）以至少0.1 m/s的速度提升至竖立位置,并离开地面。

4. 通过试验的标准

中型散装容器或其提升装置没有受到使中型散装容器不能安全运输或装卸的损坏。

7.3.3.10 振动试验

1. 适用范围

所有装载液体的中型散装容器,作为设计类型试验。

2. 试验前的准备

试验的复合中型散装容器应是随意选出的,做好运输前的调试和封闭。向复合中型散装容器中装水,至不少于其最大容量的98%。

3. 试验方法和时间

将复合中型散装容器置于试验机器平台的中央,垂直正弦曲线、双振幅（峰对峰间值）25mm±5%。如有必要,在平台上安装约束装置,防止试样水平移动,从平台上滑落,但不限制上下移动。

试验应进行1h,使用的频率应造成中型散装容器在每个周期的一段时间里瞬间脱

181

离振动平台,达到可将一个金属薄片间歇地完全插入复合中型散装容器的底部与试验平台之间的空隙。在第一次设定频率后,可能需要进行调整,以防止容器产生共振。但试验频率必须始终保证本段所要求的,能够将金属薄片插入复合中型散装容器之下。金属薄片能够不断插入,是通过本试验的基本要求。本试验使用轻金属薄片,应至少1.6mm厚、50mm宽,并有足够的长度,以便插入复合中型散装容器与试验平台之间至少有100mm,完成试验。

4. 通过试验的标准

看不到泄漏或开裂。此外,看不到结构部件的破损或失效,如裂焊或松动。

7.4 大型容器性能检验

7.4.1 适用范围

本节介绍的相关内容适用于盛装危险货物的大型容器(大包装)的性能检验。

大型容器是指由一个内装多个物品或内容器的外容器组成的容器,并且设计用机械方法装卸,其净重超过400kg或容积超过450L,但不超过3m^3。

7.4.2 试验项目

对某一设计型号的大型容器而言,其试验项目包括3项:底部提升试验或顶部提升试验(具体根据其装卸方式确定)、堆码试验、跌落试验。

7.4.3 试验方法

试验方法与中型散装容器相同,可参照中型散装容器的试验方法进行。

7.5 特殊类型包装的性能检验

7.5.1 出口电石包装的性能检验

我国出口电石大多使用开口钢桶包装,要求气密封口,内充以氮气,以确保安全。电石桶性能检验项目有:气密试验、跌落试验和堆码试验。

试验项目及方法如下。

1. 气密试验

试验方法参照 7.2.3 节，试验压力为 20kPa。

2. 跌落试验

试验方法参照 7.2.3 节，跌落高度为 1.2m。

3. 堆码试验

试验方法参照 7.2.3 节，堆码高度为 3m，堆码时间为 24h。

7.5.2 出口危险货物小型气体容器的性能检验

装有压缩气体/液化气体或加压溶解气体的一次性使用的金属/玻璃或塑料制成的能承受不大于 1.2 MPa 压力的容量不大于 1000mL 的容器，如可燃气体充灌容器、气雾罐等。

7.5.2.1 试验项目

试验项目包括：密封性试验、温度试验、压力试验、跌落试验（玻璃材质除外）。

7.5.2.2 适用标准

适用标准为 GB 19521.13—2004《危险货物小型气体容器检验安全规范》。

7.5.2.3 试验方法

1. 密封性试验

将试验样品放入电热恒温水浴槽中，以不超过 5℃/min 的速度将温度升高至 55℃±1℃，合格的样品应保持 30min 无泄漏。

2. 温度试验

将试验样品放入防爆烘箱，试验温度和时间可选择下列条件之一：温度 38℃±1℃／时间 182d；温度 50℃±1℃／时间 100h；温度 55℃±1℃／时间 18h。

将样品取出烘箱置于温度 23℃±2℃的条件下，合格的样品应保持 10h 无泄漏。

3. 压力试验

试验样品内的内容物全部排空后，将样品放入压力试验仪中置于水平面以下，以不超过 150kPa/s 的速度加压至 1.4MPa，合格的样品应保持 10s 无泄漏、无爆裂。

4. 跌落试验

试验样品置于跌落试验机进行跌落，跌落高度为1.8m，每个样品跌落3次：第一次垂直向上位置、第二次垂直向下位置、第三次水平位置，合格的样品应无破损、无泄漏。

7.6 出口危险货物包装性能检验流程

危险货物包装性能检验针对包装容器生产企业进行，包括周期检验（即按周期进行的型式试验）及性能检验结果单的办理两项内容。出口危险货物包装性能检验流程一般包括报检审单、性能检验、签证3个环节。

7.6.1 报检审单

7.6.1.1 报检的时间和地点

申请出口危险货物包装性能检验的企业或者其代理人应向属地海关申请，并规范填写《中华人民共和国出口危险货物包装申请单》（简称《出口危险货物包装申请单》）（附录1）。申请出口危险品包装周期检验时，应根据具体包装类型测试所需时间长短确定报检时间，如盛装液体刚性塑料容器高温堆码试验需28天，因此其周期检验须至少提前28天报检。

7.6.1.2 报检单填制通用要求

1. 报检人在申请检验时，应根据需要如实填写《出口危险货物包装申请单》，并加盖单位公章。代理报检的应加盖代理报检单位在海关备案的印章。

2. 报检单填写应完整、真实、准确，不得涂改。对栏目内容确实无法填写或不需要填写的，应注明"＊＊＊"，不得留空。填写报检单应采用打印或使用钢笔填写，字迹清晰、书写工整、内容准确。

3. 任何人不得擅自涂改已受理报检的单据。

7.6.1.3 《出口危险货物包装申请单》的填制

《出口危险货物包装申请单》的相应项目填制说明如下。

1. 日期：填写海关受理报检的日期。

2. 申请单位（单位、地址、联系人、电话）：填写报检单位全称、详细地址、报

第7章　危险货物包装性能检验

检人员姓名及联系电话，并在申请单上加盖报检单位的公章。

3. 包装使用单位：填写使用包装的企业名称。

4. 包装容器生产厂：填写所申报包装容器的生产／制造企业名称。

5. 包装容器名称及规格：填写包装容器的名称和尺寸，每份申请单只能申报一种包装容器名称及规格。

6. 包装容器标记及批号：填写包装容器上印制的危险货物包装标记及批号。

7. 检验检疫类别（划"√"）：在所申请项目对应的"□"内打"√"。

8. 申请受理机关：填写企业所在地海关。

9. 货物包装类别：该危险货物包装的实际类别（Ⅰ类、Ⅱ类或Ⅲ类）。

10. 包装容器数量：填写申报包装件的数量，如"1000件"，此栏仅在申请包装性能检验时填写。

11. 包装存放地点：指包装容器的存放地点，此栏仅在申请包装性能检验时填写。

12. 包装容器编号：填写海关对包装容器生产企业颁发的生产厂代号以及该批包装容器生产批次，此项仅在申请项目为"一般包装性能"时填写。

13. 原材料名称及产地：填写生产／制造包装容器所用的主要原材料名称和产地。此项仅在申请包装性能检验时填写。

14. 生产日期：填写包装容器的生产／制造起止日期，此栏仅在申请包装性能检验时填写。

15. 危包性能检验结果单号：填写海关对所申报包装容器出具的《中华人民共和国出入境货物包装性能检验结果单》（简称《出入境货物包装性能检验结果单》）（附录2）编号。此项可不填。

16. 运输方式：根据货物实际采用的运输方式填写。

17. 拟装货物类别：货物按《规章范本》划定的危险类别填写。

18. 拟装货物名称及形态：填写包装容器拟装货物的具体名称及其在包装容器中的形态，如"固态""液态"等。

19. 拟装货物单件毛重：填写单个包装件货物与包装的总重量。

20. 单件净重：填写单个包装件货物的净重。

21. 拟装货物密度：填写包装内所装货物的比重，所装货物为固体时可不填。

22. 联合国编号：填拟装危险货物的联合国编号。此项可不填。

23. 装运口岸：填写危险货物出境所用交通工具的启运口岸或地区城市名称。此项仅在申请危险品包装使用鉴定时填写。

24. 提供单据（划"√"）：按实际提供的单据，在对应的"□"打"√"。对申请单上未列出的，须自行填写提供的单据名称，如"包装性能检验结果单"。

25. 装运日期：此项在申请危包性能检验时可不填写。

26. 集装箱上箱次装货名称：按实际需要填写。

27. 输往国家（地区）：填写已知的货物输往国家（地区）。

28. 合同、信用证等对包装的特殊要求：按合同、信用证中订立的有关对包装的特殊要求填写。

29. 分证单位及数量：按实际需要填写（使用鉴定不涉及）。

30. 申请人郑重申明：报检员在认真阅读此栏后亲笔签名，以承担相应的法律责任。

31. 领取证单（时间／签名）：此栏由报检人员在领取检验检疫签发的证单时签署。

7.6.1.4 报验须提供的材料

1. 申请出口危险货物包装容器性能检验或周期检验

危险货物包装生产企业应向产地海关报检，填写《出口危险货物包装申请单》，同时提交以下材料。

（1）包装容器生产厂的相关资质文件复印件。

（2）首次用于盛装危险货物出口的包装容器，企业需提供包装容器的设计、工艺、原材料合格单。

（3）包装容器生产厂的厂检结果单及包装容器使用单位对包装容器的有关要求。

2. 申办《出入境货物包装性能检验结果单》

危险货物包装生产企业在性能检验周期内，可向产地海关报检，填写《出口危险货物包装申请单》，同时提交以下材料办理《出入境货物包装性能检验结果单》。

（1）包装容器生产厂相关资质文件的复印件。

（2）包装容器生产厂的厂检结果单及包装容器使用单位对包装容器的有关要求。

（3）该设计型号包装容器的性能（周期）检验报告（如适用）。

（4）申请空运危险货物包装性能检验时，对于盛装液体的包装容器还须提供每个包装容器气密试验合格单。

7.6.1.5 审单要点

1. 注意报检单填报内容是否准确、完整，所附单证是否齐全，检验检疫依据是否明确。

第7章 危险货物包装性能检验

2. 审核报检商品是否与有关规定相符。如危险货物包装生产企业申请《出入境货物包装性能检验结果单》，应审核其申报的品种与包装容器的性能检验（周期检验）报告中列明的产品类别、设计型号是否相符等。

3. 审核报检所提供单证内容的真实性、有效性和一致性，具体包括：报检所提供的单证是否在有效期内；单证之间内容是否相符合；提供的检验报告/测试报告/鉴定报告等是否与所申报货物一致并且真实有效，是否符合我国国家技术规范的强制性要求、进口国（地区）的有关法律法规要求等。

4. 审查合同、信用证等贸易单证是否包含具体的技术质量条款，是否需要出具有关证书。

5. 对于单证审核中的任何疑问，检验人员应及时与报检人联系确认。

7.6.1.6　报检更改及撤销

1. 申请人申请更改报检信息及单证的，应当填写更改申请单，注明更改的内容和原因并提交有关证明单据，申请更改单证的还应交还原证单，经海关核准后方可办理更改手续。

2. 申请人申请重发单证的，应当书面说明理由，并在指定的报纸上声明原单证作废，经海关核准后方可办理重发手续。

3. 申请人申请撤销报检的，应当填写更改申请单书面说明原因，经海关核准后方可办理撤销手续。

4. 出境货物报检后 30 天内未联系检验检疫事宜的，作自动撤销处理。

5. 有下列情况之一的，应当重新报检：

（1）品名、商品编码、数（重）量、包装、发货人、收货人等重要项目更改后与实际检验检疫情况、合同及信用证内容、输出或输入国家（地区）法律法规规定不符的。

（2）超过检验检疫证单有效期或检验检疫有效期限的。

（3）改换包装或重新拼装的。

（4）已撤销报检的。

7.6.2　性能检验

出境危险货物包装容器性能检验采取周期检验和检验周期内不定期抽查相结合的方式。经性能检验合格，在核定的检验周期之内，企业可凭周期检测报告、厂检合格单、企业质量声明等文件资料办理同一设计型号的危险货物运输包装的《出入境货物包装性能检验结果单》。

7.6.2.1 检验周期

性能检验周期分为1个月、3个月、6个月3个档次。每种新设计型号检验周期为3个月,连续3个检验周期合格,检验周期可升一档,若发生一次不合格,检验周期降一档。

7.6.2.2 周期抽样送检

依据相关检验标准的要求,现场从确定抽样的设计型号的检验批中随机抽取性能检验样品。检验人员现场抽样应做好抽样记录,包括抽样依据、抽样数量、样品信息等。检验人员抽取性能检验样品后应在样品上加贴相关封识,以备送实验室检测时核实接收。

实验室检测人员在接收送检样品时,应认真检查样品及其封识的完好程度,对照送检样品随附的抽样单等材料核对送检样品一致性,确认无误后做好检测业务受理和样品登记接收工作。实验室检测人员应依据相关标准及运输方式的试验条件要求,对样品进行预处理和制备并在规定时限内,依据相关检测标准及运输方式,规范实施相关试验项目的实验室检测,根据检测结果及时出具实验室性能测试报告,检测报告内容至少应包括包装生产单位、包装名称与规格、UN标记、抽样情况、检验依据、检验结果、评定意见。

7.6.2.3 周期内抽查

在性能检验周期内可进行抽查检验,抽查的次数按检验周期1个月、3个月、6个月3个档次分别为1次、2次、3次,每次抽查的样品不应多于2件。

对抽查的样品可进行特定项目的试验,具体试验项目由检验人员视样品可能发生安全隐患的风险情况确定。

当抽查样品试验不合格时,则从抽查之日起,包装生产厂该批次设计型号的包装容器不得用于盛装出口危险货物,相应处置方式参照周期检验的不合格处置。

7.6.3 签发单证

出口危险货物性能检验常用的单证包括《出入境货物包装性能检验结果单》、《中华人民共和国出入境检验检疫出境货物不合格通知单》(附录3)(简称《出境货物不合格通知单》)。

第 7 章　危险货物包装性能检验

7.6.3.1　单证拟稿一般要求

1. 应符合有关法律法规、文件标准对证书内容的要求以及国际贸易通行的做法，用词准确，文字通顺，符合逻辑。
2. 检验检疫证单编号必须与报检单编号一致。
3. 证书的数量、重量栏目中数字前应加限制符"＊＊"或"—"。
4. 证书的证明内容编制结束后，应在下一行中间位置打上结束符"＊＊＊＊＊＊＊＊"。加注证明内容以外的有关项目的，应加注在证书结束符号上面。
5. 检验检疫证单的有效期应严格按照相关规定要求计算、标注。
6. 证单一般应以检讫日期作为签发日期。

经实验室进行性能检测结果不合格的，检验人员依据实验室检测报告内容，签发《出境货物不合格通知单》。

7.6.3.2　单证有效期

《出入境货物包装性能检验结果单》有效期是自包装生产之日起计算不超过 12 个月。超过有效期的包装容器需再次进行性能检验，其有效期自检验完毕日期起计算不超过 6 个月。

出口危险货物包装如未能在《出入境货物包装性能检验结果单》有效期内使用完毕，企业可重新申请包装容器性能检验，经检验合格后出具新的《出入境货物包装性能检验结果单》，其有效期自重新检验完毕日期起计算不超过 6 个月。

第8章

危险化学品的危险公示——标签和安全数据单

第8章 危险化学品的危险公示——标签和安全数据单

在危险化学品的管理中,危险公示是确保安全使用的关键环节之一。标签和安全数据单作为危险公示的两大核心要素,承载着向用户传递关键安全信息的重要任务。它们不仅提供了关于化学品危险性的明确警示,还指导了如何正确、安全地处理这些物质。通过本章的探讨,我们将深入了解危险化学品标签和安全数据单的重要性、编制要求以及它们在实际操作中的应用,从而为相关从业人员和普通用户提供必要的安全指导和保障。

8.1 危险公示的原则和基本要求

危险公示的原则和基本要求构建了一个清晰的指导框架,旨在确保危险化学品的相关信息能够准确且及时地传达给每位相关人员。本节将深入剖析这些原则和要求,以便相关人员更好地理解和应用,进而为危险化学品的安全管理打下坚实的基础。

8.1.1 标签

8.1.1.1 适用范围

GHS 包括了适当的标签工具,以便传达有关每个危险种类和类别的信息,使用 GHS 为每个危险种类和类别分配的符号、信号词或危险说明以外的要素是有悖于 GHS 的做法。但是在有些情况下,对于某些目标对象,在决定是否列入某些危险种类和类别时,可能需要有一定的灵活性。例如,《规章范本》的范围只包括急毒性危险种类中最严重的危险类别,在这项制度中,属于较轻危险类别范围的物质或混合物(如口服毒性范围>300mg/kg)可不使用标签。不过,如果对该项制度的范围进行修正,列入属于这些较轻危险类别的物质和混合物,那就应用适当的 GHS 标签工具来贴标签。使用不同的临界值来决定对哪些产品使用一个危险类别的标签,是有悖于 GHS 的做法。

8.1.1.2 目标对象

1. **工作场所的雇主和工人**

雇主和工人需要通过标签了解在工作场所使用或搬运的化学品特有的危险,以及关于为了避免这些危险可能造成的不利效应所需的具体保护措施的信息。就化学品存储而言,化学品容器(包装)将潜在危险降到最低限度,而在出现事故的情况下,雇主、工人和急救人员需要知道他们适合采取哪些减缓措施。在此种情况下,他们需要的是可以在一定距离外看清的信息。

2. 消费者

多数情况下，标签可能是消费者可立即获得信息的唯一来源。因此，标签上的信息需要足够详尽并与产品的使用相关。

3. 急救人员

在运输过程中、存储设施或工作场所如果发生事故，急救人员需要通过标签获得准确、详尽和足够明确的信息。

4. 运输过程中的相关人员

《规章范本》适合各种各样的目标对象，虽然它针对的主要是运输人员和急救人员。其他对象包括雇主，提供或接受供运输的危险货物的人员，或从运输车辆或散货箱上装卸危险货物的人员，他们都需要适用于所有运输情况的一般安全做法方面的信息，以便立即作出反应。

8.1.1.3 商业机密信息

采用GHS应当考虑需要作出哪些适当的规定以保护商业机密信息。此类规定不应损害工人和消费者的健康和安全，以及环境。

如果某项制度规定保护机密商业信息，应当按照各国（地区）法律和惯例建立适当的机制并考虑：将某些化学品或化学品种类包括在安排内是否符合制度的需要；应当适用什么样的"机密商业信息"定义，其中要考虑竞争对手对信息的获得、知识产权和披露将给雇主或供应商的经营造成的潜在损害等因素；在需要保护工人或消费者的健康和安全或需要保护环境的情况下，披露机密商业信息的适当程序，以及防止进一步披露的措施。

按照各国（地区）的法律和惯例，不同制度之间有关保护机密商业信息的具体规定可能不同。不过，它们都应当符合以下一般原则。

1. 对于其他方面要求写在标签或安全数据单上的信息，机密商业信息要求应限于物质的名称和它们在混合物中的浓度。所有其他的信息也应按要求披露在标签和（或）安全数据单上。

2. 如果保留了机密商业信息，标签和安全数据单应如实说明。

3. 应在接到请求后向管理部门披露机密商业信息。管理部门应根据适用的法律和惯例保护信息的机密性。

4. 如果医疗专业人员断定，由于接触某种危险物质或混合物而存在医疗紧急情况，应建立机制，确保供应商、雇主或管理部门及时披露治疗所需的任何具体机密信息。医疗专业人员应当保守信息秘密。

第 8 章 危险化学品的危险公示——标签和安全数据单

5. 对于非紧急情况，供应商或雇主应确保向为接触某种危险化学品或化学品混合物的工人或消费者提供医疗或其他安全和健康服务的安全或保健专业人员，以及向工人或工人代表披露秘密信息。要求披露信息的人应当说明要求披露的具体理由，并应同意只将信息用于消费者或工人保护的目的，并在其他情况下保守秘密。

6. 如果不披露机密商业信息的做法受到质疑，管理部门应当解决此种质疑或规定替代质疑过程。供应商或雇主应负责证明不披露的信息是受到机密商业信息保护的信息。

8.1.2 安全数据单

8.1.2.1 安全数据单在 GHS 中的作用

安全数据单应提供关于物质或混合物的完整信息，用于建立工作场所化学品控制管理框架。雇主和工人双方都将安全数据单作为有关危害的各种信息的来源，包括环境危险，并从中获得有关安全防范措施的建议。这些信息是管理工作场所危害性化学品的参考源。安全数据单通常不能提供同产品可能最终使用的任何特定工作场所相关的具体信息，但如果产品具有专门的最终用途，安全数据单的信息可能具有更大的工作场所针对性，这些信息使雇主能够针对具体工作场所制定积极的工人保护措施方案（包括培训），以及考虑采取一切必要的环境保护措施。

此外，安全数据单也为 GHS 中其他的目标对象提供重要的信息源。某些信息要素可供下述人员使用：从事危险货物运输的人员；急救人员；从事专业使用农药的人员和消费者。

以下物质和混合物均应制作安全数据单：符合 GHS 规定的物理危险、健康或环境危害统一标准的物质和混合物；所含成分达到致癌性、生殖毒性或目标器官毒性标准且浓度超过规定的安全数据单临界极限值的所有混合物；非 GHS 中规定的类别但符合危害分类标准的物质或混合物，管理部门也可要求提供安全数据单。

8.1.2.2 关于编制安全数据单的一般指导

应根据表 8-1 所示的通用临界值/浓度极限值提供安全数据单。

表 8-1　每个健康和环境危险种类的临界值/浓度极限值

危害种类	临界值/浓度极限值
急毒性	≥1.0%
皮肤腐蚀/刺激	≥1.0%
严重眼损伤/眼刺激	≥1.0%
引起呼吸/皮肤致敏	≥0.1%
生殖细胞致突变性（类别1）①	≥0.1%
生殖细胞致突变性（类别2）	≥1.0%
致癌性	≥0.1%
生殖毒性	≥0.1%
特定目标器官毒性（单次接触）	≥1.0%
特定目标器官毒性（重复接触）	≥1.0%
吸入危险（类别1）	≥1.0%
吸入危险（类别2）	≥1.0%
危害水生环境	≥1.0%

8.2　标签的技术要求

8.2.1　概述

在 GHS 中，第 2 到第 4 章均用表格详细列述了已分配给每个危险类别的标签要素（符号、信号词、危险说明）。危险类别反映统一分类的标准。标签要素分配汇总表可参考 GHS 的附件 1。

8.2.1.1　危险符号

GHS 中使用的危险符号如图 8-1 所示，除将用于某些健康危险的新符号以及感叹号外，这些符号都是《规章范本》使用的一套标准符号的组成部分。

---

① 本章中，如无特别说明，类别1、类别2等均是指 GHS 中的危险类别。参见表 5-1。

第 8 章 危险化学品的危险公示——标签和安全数据单

图 8-1 GHS 中使用的危险符号

8.2.1.2 象形图

象形图由一种图形构成，可包括一个符号加上其他图形要素，如边线、背景图样或颜色，意在传达具体信息。

1. 形状和颜色

GHS 使用的所有危险象形图都应是设定在某一点的方块形状。对于运输，应当使用《规章范本》规定的象形图（在运输条例中通常称为标签）。《规章范本》规定了运输象形图的规格，包括颜色、符号、尺寸、背景对比度、补充安全信息（如危险种类）和一般格式等。运输象形图的规定尺寸至少为 100mm×100mm，但非常小的容器和高压气瓶可以例外，可以使用较小的象形图。运输象形图包括标签上半部的符号。《规章范本》要求将运输象形图印刷在有色差的背景上或附在容器上。

图 8-2 是按照《规章范本》要求制作的象形图，用来标识易燃液体。

图 8-2 按照《规章范本》的要求制作的易燃液体象形图

符号为火焰；颜色为黑色或白色，背景颜色为红色，下角为数字 3；最小尺寸 100mm×100mm。

GHS 规定的象形图，应当使用黑色符号加白色背景，红框要足够宽，以便醒目。不过，如果此种象形图用在不出口的包件的标签上，管理部门也可让供应商或雇主自行决定是否使用黑边。此外，在包装件不为《规章范本》所覆盖的其他使用背景下，管理部门也可允许使用 GHS 象形图。图 8-3 是按照 GHS 制作的象形图，用来标识皮肤刺激物。

图 8-3　按照 GHS 制作的皮肤刺激物象形图

2. 编码

GHS 为运输以外的其他部门编制的象形图，以及识别每个象形图的唯一代码，可参考 GHS 附件 3 第四节。象形图的代码仅供参照、索引使用。代码不是象形图的一部分，不应出现在标签或安全数据单中。

3. 在运输中使用全球统一制度象形图

在运输中，《规章范本》未要求使用的 GHS 象形图，只能作为 GHS 完整标签（见 8.2.1.3 节中"4.GHS 标签要素的安排"）的一部分显示，而不得独立显示。

8.2.1.3　分配标签要素

1.《规章范本》所覆盖的包装件要求的信息

在出现《规章范本》象形图的标签上，不应出现适用于同一危险的 GHS 象形图。危险货物运输不要求使用的 GHS 象形图，不应出现在货物集装箱、公路车辆或铁路货车/罐车上。

2. GHS 标签上要求的信息

（1）信号词。

信号词，是指标签上用来标明危险的相对严重程度和提醒读者注意潜在危险的单词。GHS 使用的信号词是"危险"和"警告"。"危险"主要用于较为严重的危险类别（即主要用于危险类别 1 和 2），而"警告"主要用于较轻的类别。在 GHS 中，每个危险种类的章节中均有图表，图表中详细列出已分配给 GHS 每个危险类别的信号词。

（2）危险说明。

危险说明，是指分配给一个危险种类和类别的短语，用来描述危险品的危险性质，酌情包括危险程度。在 GHS 中，每个危险种类所在各章中的标签要素表，详细列出了

第8章 危险化学品的危险公示——标签和安全数据单

已分配给GHS每个危险类别的危险说明。

危险说明和专用于识别每项说明的代码，可参考GHS附件3第1节。危险说明代码仅用作参考。此种代码并非危险说明文字的一部分，不应用于取代危险说明文字。

每一危险说明均设定一个专门的字母数字混合代码，由1个字母和3个数字组成，具体如下。

字母"H"（代表"危险说明"）。

第1位数字代表按照GHS不同部分编号设定的危险说明所指危险类型，具体如下："2"代表物理危险；"3"代表健康危害；"4"代表环境危害。

第2和第3位数字对应于物质或混合物固有属性引起的危险的序列编号，如爆炸性（代码200至210）、易燃性（代码220至230），等等。

（3）防范说明和象形图。

防范说明指一个短语（和/或）象形图，用于说明为最大限度地减少或防止因接触危险产品或因对它存储或搬运不当而产生的不利效应建议采取的措施。GHS的标签应当包括适当的防范信息，但防范信息的选择权属于标签制作者或管理部门。

每一防范说明均设定一个专门的字母-数字混合代码，由1个字母和3个数字组成，具体如下。

字母"P"（代表"防范说明"）。

第1位数字代表按照防范说明的类型，具体如下："1"代表一般防范说明；"2"代表预防措施说明；"3"代表应急措施说明；"4"代表贮存防范说明；"5"代表处置防范说明。第2位数字代表防范说明的序列编号。

（4）产品标识符。

在GHS标签上应使用产品标识符，而且标识符应与安全数据单上使用的产品标识符一致。如果物质或混合物属于《规章范本》规定的范围，包装件上还应使用联合国正式运输名称。

物质的标签应当包括物质的化学名称。对于混合物或合金，在存在急性毒性、皮肤腐蚀或严重眼损伤、生殖细胞诱变性、致癌性、生殖毒性、皮肤或呼吸道致敏或特异性靶器官毒性等危险时，标签上应当包括可能引起这些危险的所有成分或合金元素的化学名称。主管部门也可要求在标签上列出可能导致该混合物或合金具备危险的所有成分或合金元素。

如果一种物质或混合物专供工作场所使用，主管部门可选择让供应商决定是将化学名称列入安全数据单，还是列在标签上。

主管部门有关机密商业信息的规则优先于有关产品标识的规则。这就是说，在某种成分通常被列在标签上的情况下，如果它符合主管部门关于机密商业信息的标准，那就不必将它的名称列在标签上。

（5）供应商标识

标签上应当提供物质或混合物的生产商或供应商的名称、地址和电话号码。

3. 多种危险和危险信息的先后顺序

（1）符号安排的先后顺序。

属于《规章范本》规定范围的物质和混合物，物理危险符号的先后顺序应遵循《规章范本》的规则。在工作场所中，主管部门可要求使用物理危险的所有符号。对于健康危害，适用以下规则：

①如果有骷髅和交叉骨，则不应出现感叹号；

②如果有腐蚀符号，则不应出现用以表示皮肤刺激或眼刺激的感叹号；

③如果出现呼吸道致敏的健康危害符号，则不应出现用以表示皮肤过敏，或表示皮肤刺激或眼刺激的感叹号。

（2）信号词分配的先后顺序。

如果适用信号词"危险"，则不应出现信号词"警告"。

（3）危险说明分配的先后顺序。

所有分配的危险说明都应出现在标签上，除非另有规定。主管部门可规定它们的出现顺序。然而，为了避免危险说明所传达信息明显重复或多余，适用以下顺序规则：

①如果分配的说明是H410"对水生生物毒性极大并具有长期持续影响"，可省去说明H400"对水生生物毒性极大"；

②如果分配的说明是H411"对水生生物有毒并具有长期持续影响"，可省去说明H401"对水生生物有毒"；

③如果分配的说明是H412"对水生生物有害并具有长期持续影响"，可省去说明H402"对水生生物有害"；

④如果分配的说明是H314"造成严重皮肤灼伤和眼损伤"，可省去说明H318"造成严重眼损伤"。

4. GHS标签要素的安排

（1）GHS信息在标签上的位置。

GHS的危险象形图、信号词和危险说明在标签上应放在一起。主管部门可规定它们以及防范信息的展示布局，也可让供应商酌情处理。

（2）补充信息

主管部门可规定补充信息在标签上的位置，也可让供应商酌定。无论采用何种方

第8章 危险化学品的危险公示——标签和安全数据单

法,补充信息的放置不应妨碍 GHS 信息的识别。

(3) 象形图外的颜色使用

颜色除了用于象形图中,还可用于标签的其他区域,以执行特殊的标签要求,如将联合国粮农组织发布的标签指南中的农药色带用于信号词和危险说明或用作它们的背景,或执行管理部门的其他规定。

(4) 小型容器的标签。

小型容器标签的基本原则包括以下 5 个。

①所有适用的 GHS 标签内容均应尽可能显示在直接盛装危险化学品或混合物的容器上。

②如果不可能将所有适用的标签内容均放在直接容器上,可根据 GHS 中"标签"的定义,采用其他方法提供完整的危险信息。影响这一做法的主要因素包括:直接容器的形状或大小;应当列入的标签要素数量,特别是当物质或混合物符合多个危险类别的分类标准时;以一种以上正式语言显示标签项目的需要。

③如果危险化学品或货物的数量很少,供应商有数据表明,管理部门也确定,不存在危害人类健康和/或环境的可能性,则标签内容可以从直接容器上省去。

④如果物质或混合物的数量低于某一数值,管理部门对某些危险类别或分类可允许在直接容器上省略某些标签内容。

⑤直接容器上的一些标签内容,可能需要在产品寿命的整个周期保留,例如为便于工人或消费者继续使用。

5. 特殊标签安排

主管部门可允许在标签和安全数据单上,或只通过安全数据单公示有关致癌物、生殖毒性和特定目标器官毒性(重复接触)某些危险信息。同样,对于金属和合金,在它们以块状、不能分散的形式供货时,主管部门可允许只通过安全数据单公示危险信息。

当物质或混合物按对金属具有腐蚀性但对皮肤和/或眼无腐蚀性进行分类时,主管部门可做出选择,将供消费者使用、包装完好的最终产品,允许在这类物质或混合物的标签上省略有关"金属腐蚀性"的危险象形图。

(1) 工作场所的标签。

对于属于 GHS 范围内的产品,必须在工作场所贴上 GHS 的标签。在工作场所中,这些标签应始终保留在所提供的容器上。同时,GHS 的标签或其要素也应用于工作场所使用的其他容器上。主管部门可允许雇主采用书面或其他展示格式,向工人提供与 GHS 标签相同的信息,前提是这些格式更适合工作场所,并且能同样有效地公示信息。例如,标签信息可以展示在工作区域内,而不仅仅是在单个容器上。

当危险化学品从供应商的原装容器转移到工作场所使用的其他容器或系统中，或者在工作场所生产但并未用预定销售或供应的容器包装时，通常需要采用替代方式向工人提供 GHS 标签上的信息。在工作场所生产的化学品可以以多种方式存储，如试验或分析用的小样品、带阀门的管道系统、加工或反应容器、矿车、传送带系统，或独立的散装固体存储设施。在成批制造过程中，一个混合容器可能装载多种不同的混合物。

在许多情况下，由于容器尺寸限制或无法接近加工容器，制作并贴上完整的 GHS 标签可能并不现实，例如，在实验室试验、存储容器、管道或工艺反应系统，或工人短时间内使用的临时容器中，化学品可能需要从原始供货容器中移出。对于即将使用的化学品，可以标注产品标识符，并引导使用者直接参考供应商的标签信息和安全数据单。

所有这些制度都应确保危险公示的清晰明确。工人必须接受培训，以了解工作场所中使用的具体公示方法。替代方法的示例包括：结合使用产品标识符、GHS 符号和其他用于说明防备措施的象形图；对于复杂系统，可以结合工艺流程图与适当的安全数据单，以明确管道和容器中装载的化学品；对于管道系统和加工设备，应展示 GHS 的符号、颜色和信号词；对于固定管道，应使用永久性告示；对于批料混合容器，应将批料单或配方贴在容器上；同时，还可以使用印有危险符号和产品标识符的管道环箍。

（2）基于伤害可能性的消费产品标签。

所有制度都应遵循基于危险的 GHS 分类标准，但主管部门可以批准使用基于伤害可能性的消费品标签制度（即基于风险的标签）。在这种情况下，主管部门需制定明确的程序来确定产品使用的潜在接触和风险。虽然这种基于风险的标签方法能够提供有针对性的信息，反映已确认的风险，但它可能不包括某些慢性健康影响的信息（如长期反复接触后的特异性靶器官毒性、生殖毒性和致癌性），而这些信息通常会出现在仅基于危险的标签上。

（3）触觉警告

如果使用触觉警告，技术规范应符合 ISO 11683：1997《包装触觉危险警告——要求》。

8.2.2 GHS 危险公示标签要素安排样例

下列样例仅用于示范目的。

8.2.2.1 样例 1：易燃液体类别 2 的组合容器

如图 8-4 所示，外包装，箱上贴易燃液体运输标签（外包装仅要求有联合国运输标记和标签）；内包装，塑料瓶贴 GHS 的危险警告标签（内包装标签可使用《规章范

第 8 章　危险化学品的危险公示——标签和安全数据单

本》规定的易燃液体象形图替代 GHS 象形图）。

图 8-4　样例 1

8.2.2.2　样例 2：特定目标器官毒性类别 1 和易燃液体类别 2 的组合包装

如图 8-5 所示，外包装，箱上贴易燃液体运输标签（外包装仅要求有联合国运输标记和标签）；内包装，塑料瓶贴 GHS 的危险警告标签（内包装标签可使用《规章范本》规定的易燃液体象形图替代 GHS 象形图）。

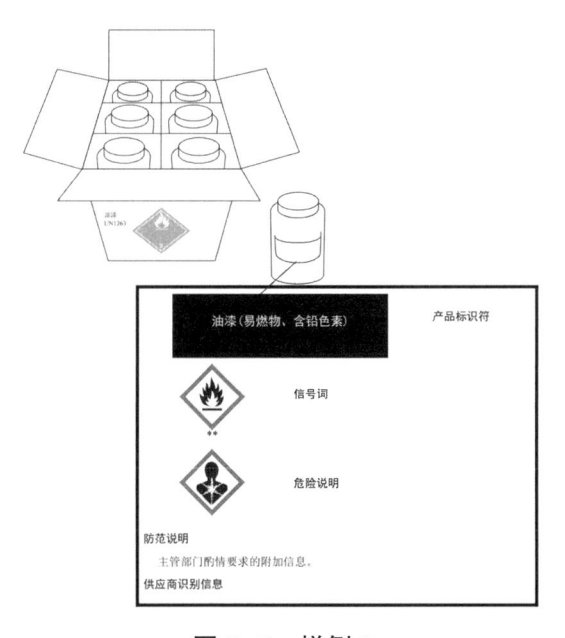

图 8-5　样例 2

8.2.2.3 样例3：皮肤腐蚀/刺激（类别2）和严重眼损伤/眼刺激类别2A的组合容器

如图8-6所示，外包装，运输时不要求箱上贴标签（如果没有运输标签，一些主管部门可能要求在外包装上贴GHS标签）；内包装，塑料瓶贴GHS的警告标签。

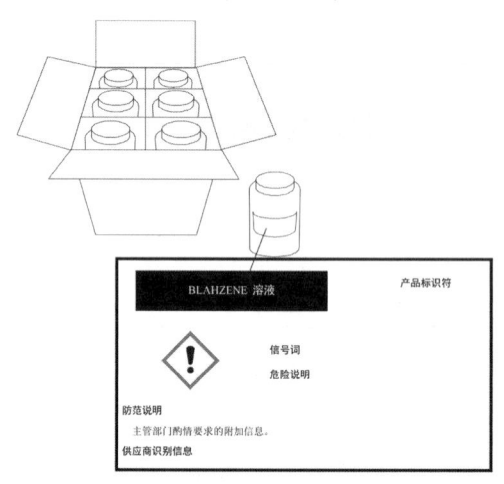

图8-6 样例3

8.2.2.4 样例4：易燃液体类别2的单一容器（200L桶）

如果包装上已有《规章范本》所要求的易燃液体象形图，则标签上无须添加GHS所要求的易燃液体象形图。外观样例如图8-7所示。

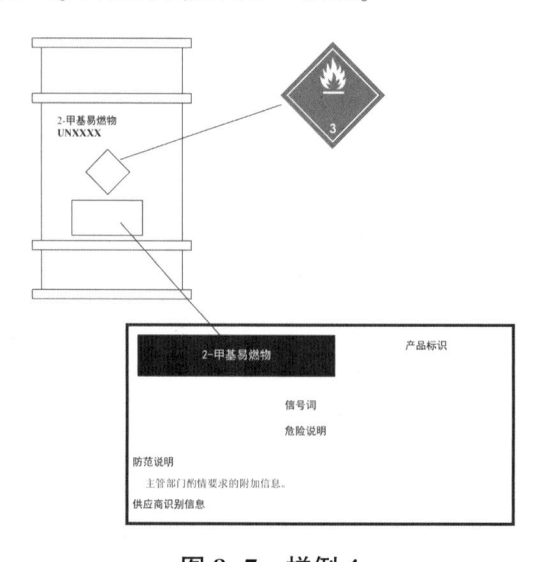

图8-7 样例4

8.2.2.5 样例 5：特定目标器官毒性类别 1 和易燃液体类别 2 的单一容器

如果包装上已有《规章范本》所要求的易燃液体象形图，则标签上无须添加 GHS 所要求的易燃液体象形图，只需添加 GHS 所要求的特定目标器官毒性象形图。外观样例如图 8-8 所示。

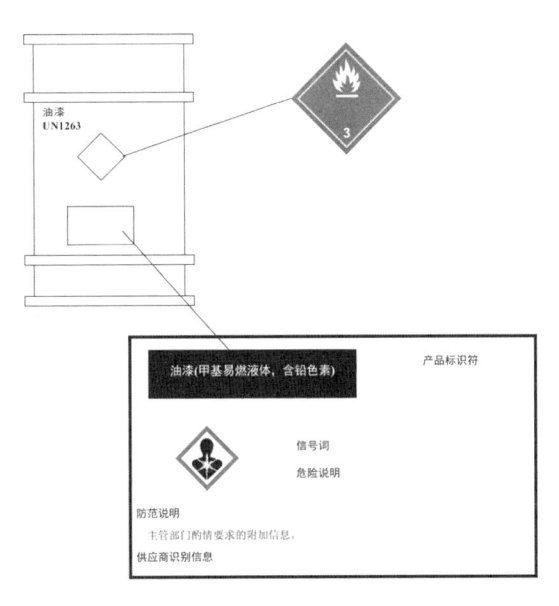

图 8-8　样例 5

注意，GHS 标签和《规章范本》所要求的易燃液体象形图及标记，也可以组合形式加贴。

8.2.2.6 样例 6：皮肤腐蚀/刺激类别 2 和严重眼损伤/眼睛刺激类别 2 的单一容器

无运输危险，标签上只需添加 GHS 所要求的皮肤腐蚀/刺激和严重眼损伤/眼刺激象形图。外观样例如图 8-9 所示。

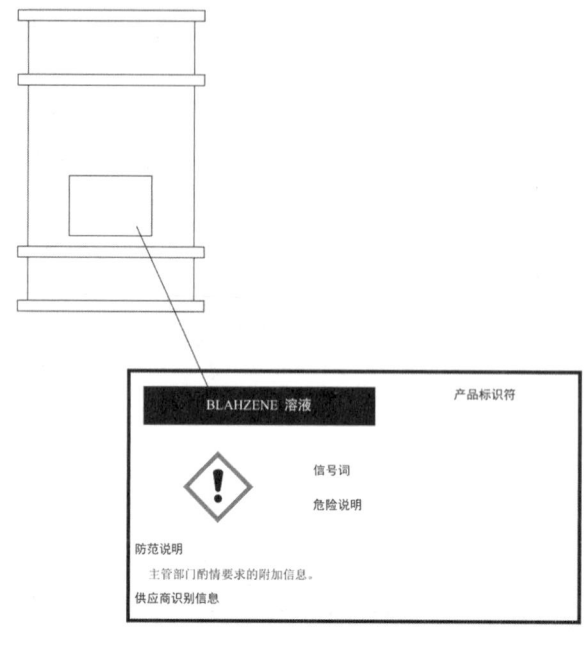

图 8-9　样例 6

8.2.2.7　样例 7：运输信息和 GHS 规定的其他信息同时出现在单一包装上时的补充指导

1. 在运输信息和 GHS 规定的其他信息出现在单一包装容器上时（如 200L 桶），必须注意确保标签要素的摆放方式可满足不同部门的需要。
2. 运输象形图必须在紧急情况下能够及时传达信息。象形图必须从较远的距离，以及在烟雾条件下或容器部分模糊不清的条件下也能看到。
3. 与运输有关的象形图，在外观上不同于仅用于非运输目的的象形图，这有助于区分二者。
4. 运输象形图可放在 GHS 标签的另一个面板，将之与其他信息分开，也可放在容器上靠近其他 GHS 信息的位置。
5. 象形图可通过调整其大小加以区分。一般而言，非运输象形图的大小，应与其他标签要素文字说明的大小相当。这一般应小于运输象形图，但这种尺寸的调整，不应影响非运输象形图的清晰和易懂。

这种标签可能的外观样例如图 8-10 所示。

第8章 危险化学品的危险公示——标签和安全数据单

使用3个相邻面板表达多种危险的单一包装。

产品分类为：(a) 类别2 易燃液体；(b) 类别4 吸入急性毒性；和(c) 类别2 特异性靶器官毒物——反复接触。

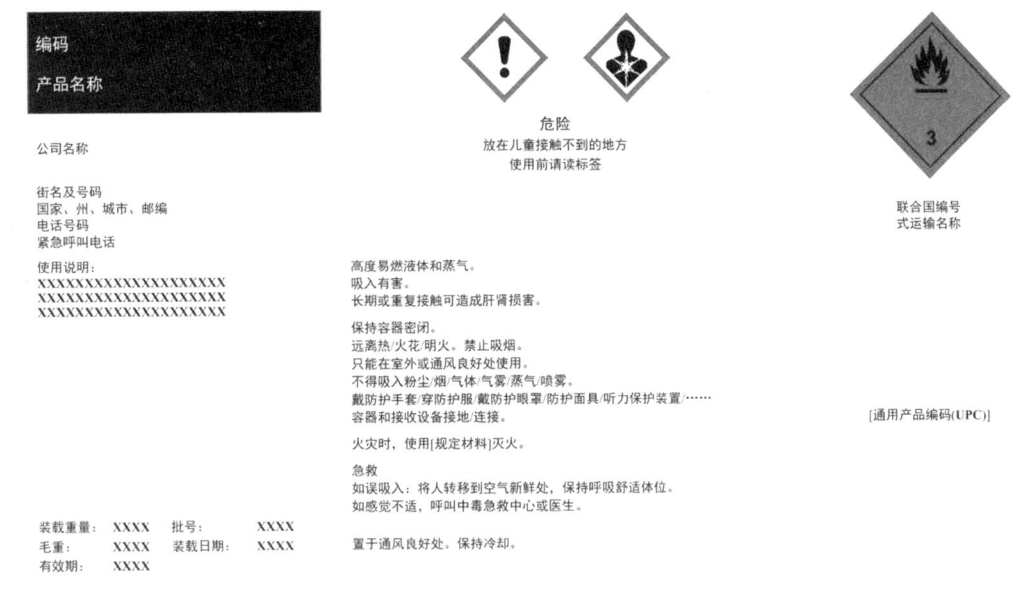

图 8-10 样例7

8.2.2.8 样例8：小型包装的标签设计

如图8-11所示，因本身的形状/尺寸和使用方法等方面的限制而无法加标签的小型装载容器，可装入一个外容器中，而外容器可以是标示GHS标签所要求全部信息有实验室试剂产品的安瓿，装在纸盒（箱）内。每个安瓿内含0.5g试剂。

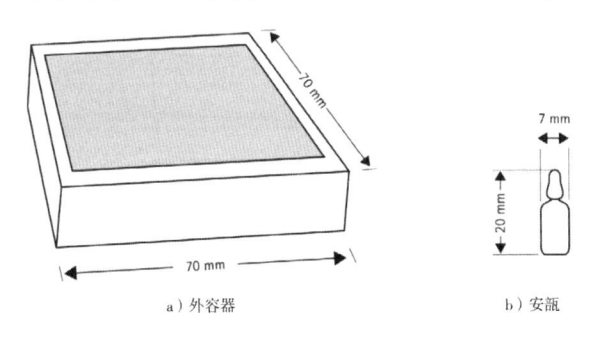

a）外容器　　　　　b）安瓿

图 8-11 外容器和安瓿

试剂工作溶液的制备方法是：掰去安瓿上部，将（装有产品的）下半部分放入规定数量的去离子水中。因此，无法对安瓿本身贴标签，因为标签可能污染工作溶液，进而影响后续反应。受直接装载容器（即安瓿）的尺寸和形状限制，无法将所有适用的GHS标签要素标于其上。

207

外纸盒（箱）的表面空间足够大，可以清楚、易读地标示要求的 GHS 标签要素。

无标签的安瓿用聚乙烯瓶套密封，瓶套上有可用于标签的尾签（仅在按用途使用安瓿，即制备工作溶液时，才将安瓿从聚乙烯瓶套中取出）。尾签上可用于标签的空间不足以包括所有要求的标签要素。尾签应至少包括以下内容：一面标示产品标识符、信号词以及供应商名称和电话；另一面标示危险象形图。这样能确保用户能够清楚地识别产品（能够找到相关的安全数据单）、产品的危险（说明产品具有危险性，需要妥善搬运/存放），以及供应商的名称/联系方式等（如果紧急情况下需要）。信号词和象形图不在同一面，以确保尾签两面都有安全信息。外观样例如图 8-12 所示。

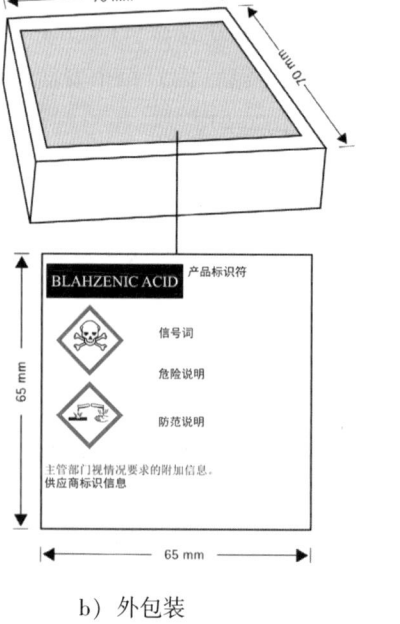

a) 内包装

b) 外包装

图 8-12　样例 8

第8章 危险化学品的危险公示——标签和安全数据单

8.2.2.9 样例9：小型包装的标签设置：褶展式标签

用褶展式标签，是因为制造商/供应商或主管部门确定，容器表面没有足够面积，无法将 GHS 要求的象形图、信号词和危险说明全部标示在一起。例如，容器很小，所涉化学品有大量需标注的危险说明，或信息需用多种语言标明，无法以易于辨读的大小将信息印在标签上，都可能出现这种情况。

褶展式标签须牢靠地附着在直接接触容器的表面（即褶展式标签附着之后在可预见的条件下及在使用期内始终保持附着）。褶展式标签须制作成前端不会与标签其余部分脱离，标签本身可反复展开再折回，不致松脱呈悬挂状。

信息按以下方式编排，适用时以标签所用的所有语言提供信息。

1. 封面页

多层/褶展式标签的封面页上的信息应至少包括以下内容。

（1）GHS 信息：产品标识符①；危险象形图；信号词；供应商识别信息（公司名称、地址和电话号码）。

（2）附加信息：用符号向使用者标明可以打开标签，显示内页的补充信息；褶展式标签上使用一种以上语言时，显示国别（地区）代码或语言代码。

2. 文字页/扉页

文字页/扉页上的信息至少包括以下内容。

（1）GHS 信息：产品标识符，适用时包括分类时参照的危险成分；信号词；危险说明；防范说明；其他信息（如使用说明、其他规定所要求的信息等）。

（2）附加信息：褶展式标签上使用一种以上语言时，显示国别（地区）代码或语言代码。

3. 底页（附着在直接接触容器表面）

底页上的信息至少包括以下内容：产品标识符；危险象形图；信号词；供应商识别信息（公司名称、地址和电话号码）。

封面页和底页的产品标识符（适用时）和信号词，须以标签所用的所有语言标明。

如果封面页或背页有足够页面，也可用于标示文字。

扉页（文字页）上的文字在页面不够时可分成多页。一般最好用多页显示文字，不宜缩小字体以致难于辨读。无论如何，都应确保标签内容的清晰度和易读性，除视

---

① 首页和底页上的产品标识符不包括危险成分。如果要求标签上注明危险成分，应以适当文字在文字页上标明。

力矫正镜外无须借助其他装置即可辨认，并且这种内容的显示应明显不同于危险品和容器上的任何其他信息。

一些管理制度对于使用多层或多页格式的标签可能会有具体的应用要求（例如，杀虫剂）。如遇这种情况，应按照主管部门的要求设置标签。

褶展式标签的尺寸和褶页数目应与容器的尺寸保持合理的对应关系。这个要求可能会限定褶展式标签上可显示的语种。

图 8-13 是一种褶展式多语种标签，展示了本样例中讨论的标签设置原则的实际应用。

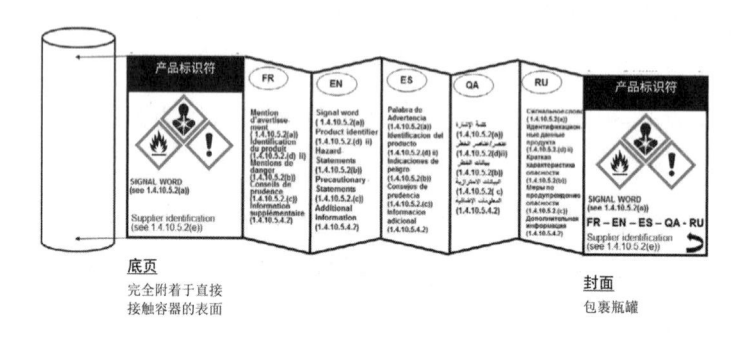

图 8-13　褶展式多语种标签

此外，本样例中讨论的标签设置原则也可应用于任何其他标签式样，诸如书籍式样、订单本式样和窗扉式样，如图 8-14 所示。

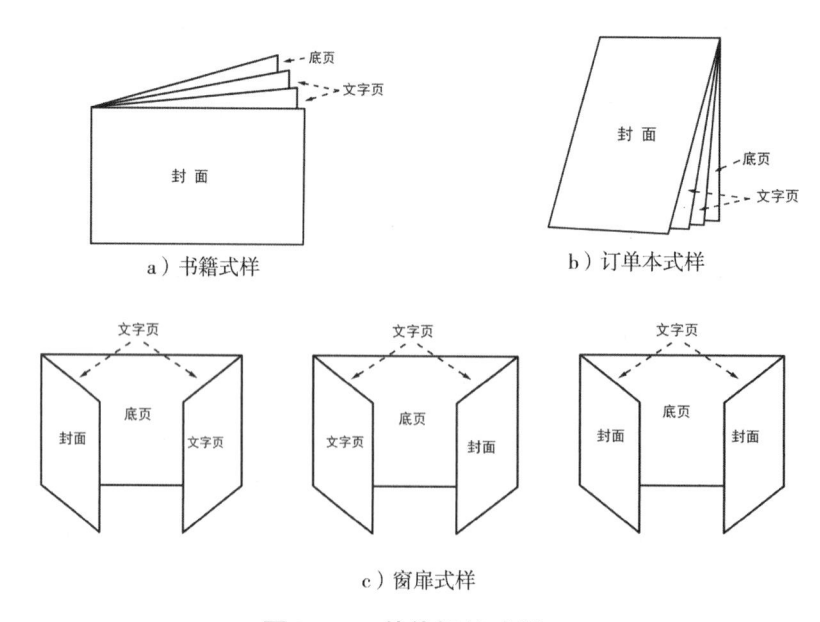

图 8-14　其他标签式样

第8章 危险化学品的危险公示——标签和安全数据单

8.2.2.10 样例10：套件或组件的标签设置

套件或组件是指一种专用组合包装。一般而言，一个套件或组件含有两个或更多可取出的内容器。每个内容器装有不同产品，这些产品可以是危险物质或混合物，也可以不是。

本样例所示的情况为，在制造商/供应商或主管部门已认定组件的每个内容器上空间不足，无法按规定将GHS（各）象形图、信号词和（各项）危险说明一并添加时，如何为套件或组件设置标签。举例而言，这种情况可能是内容器很小，或所涉化学品需用的危险说明很多，或需要用多种语文列明信息，因而不可能用易读的字体大小在标签上印出所有信息。此处列出可能发生这类情况的两种不同设想情形，并说明提供必要GHS信息的办法。

1. 设想情形 A

整个套件或组件有一个外包装，其中装有如下内容器：4个试管，每个装有同一种物质或混合物（试剂1），另有两个较大的容器，每个装有另一种物质或混合物（试剂2）。

如图8-15所示，在情形A中，要在装有危险物质或混合物的每个内容器上提供最低限度信息，而在外包装上提供每种危险物质或混合物的完整的GHS标签信息。为保证清楚，每种危险物质或混合物的完整GHS标签信息要一起显示在外包装上。

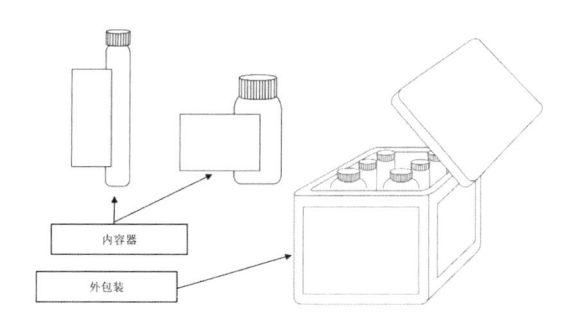

图 8-15 设想情形 A 的标签设置

（1）内容器标签。

如图8-16所示，内容器表面可用于设置标签的面积不够大，不可能把所要求的标签要素全部纳入，因此每种危险物质或混合物的标签包含下列最低限度信息：产品标识符，以及每种物质或混合物识别符，此种标识符与外包装标签和安全数据单，所用该种物质或混合物的标识符相同，例如"试剂1"和"试剂2"；（各）象形图；信号词；说明"请查看完整标签"；供应商识别信息（如名称和电话号码）。

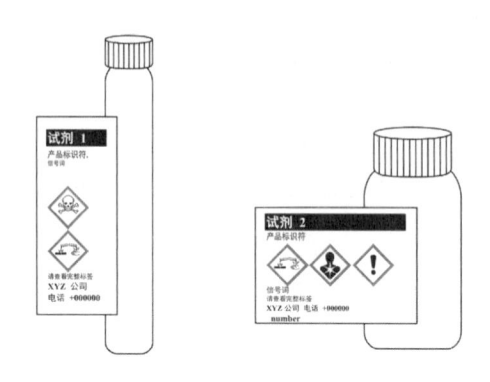

图 8-16　内容器标签

（2）外包装标签。

除套件或组件标识符（本例为水分析用试剂组件，如图 8-17 所示）之外，凡是所要求的每种危险物质或混合物的 GHS 标签要素，都要全部显示在外包装上。

每种物质或混合物的全球统一制度标签要素归在一起显示在外包装上，以明确区分每种物质或混合物的标签要素。

然而，供应商识别信息只需在外包装上出现一次。可能时，任何补充信息也可显示在外包装上。

如果要显示的防范说明数量较多，则这些说明可与其他标签要素分开，但一般类防范说明和存放类防范说明仅需出现一次，以避免加入不当说明，同时应顾及用户的性质（例如消费者、雇主和工人）、供货数量，以及预想和可预见的使用情况。

在这些情况中，每种危险物质或混合物的防范说明应一起显示在外包装同一侧的、在正常使用条件下可见的表面上。

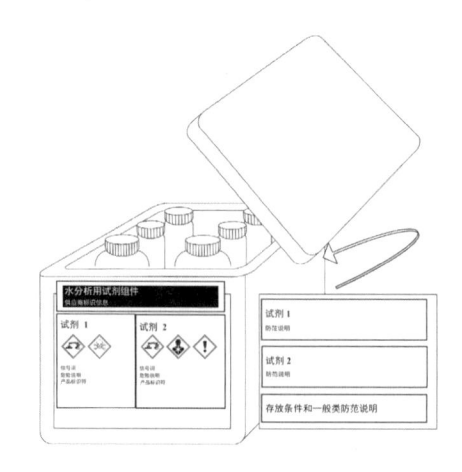

图 8-17　外包装标签

第 8 章　危险化学品的危险公示——标签和安全数据单

2. 设想情形 B

在情形 B 中，不可能把套件中每种危险物质或混合物的所有适当标签要素都直接填在外包装的标签上（由于该容器尺寸和形状等技术原因）。

这个设想情形是一个用于推销产品的样本套件，在一个外包装（例如盒子）内有若干单个容器（样本瓶），装有很多种不同的物质或混合物。根据每个瓶的内装物，各种不同的物质或混合物极有可能部分要划为危险物质，也有可能全部要划为危险物质。在样本套件的整个寿命周期单个内容器（例如样本瓶）都存放在外包装内。客户可能从盒内选几个样本瓶取出，以检查清澈度、色泽或气味，然后再放入外包装中的空格。

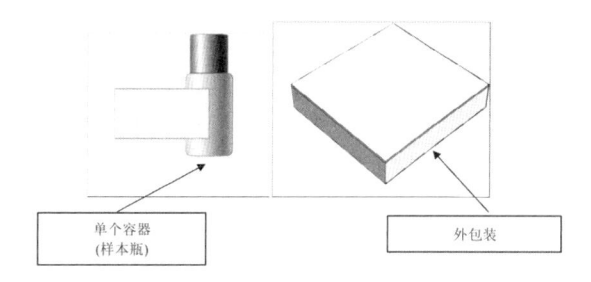

图 8-18　设想情形 B 的标签设置

（1）单个容器标签。

如图 8-19 所示，不同的单个容器上可用于设置标签的面积不够大，无法包含所要求的 GHS 的全部标签要素，在这种情况下，应至少包含下列基本信息：供应商识别信息（即名称和电话号码）；产品标识符；（各）象形图；信号词；说明"请查看内附完整标签"。

图 8-19　单个容器标签

（2）完整标签信息。

装有一种危险物质或混合物的每个单独容器，其完整的 GHS 标签信息均附在外包装的内侧。标签上的各产品标识符与各容器标签上的产品标识符相同。表8-2是完整标签信息内容示例。

表8-2 完整标签信息内容示例

产品标识符	(各)象形图	信号词	(各)危险说明	(各)防范说明	补充信息
123	(火焰、感叹号、环境象形图)	警告	易燃液体和蒸气。造成皮肤刺激。对水生生物有毒并具有长期持续影响。	远离热源、热表面、火花、明火和其他点火源。禁止吸烟。保持容器密闭。使用防爆设备。使用不产生火花的工具。采取防止静电放电的措施。避免释放到环境中。戴防护手套。如皮肤(或头发)沾染：立即脱掉所有沾染的衣服，用水清洗受沾染部位。火灾时：使用干沙、干化学泡沫或耐醇性泡沫灭火。存放于通风良好处。保持凉爽。	

虽然每个内容器所装物品按照GHS可能并不划为危险物质，并因此无须标明，但仍可标以某种说明，诸如"未达到分类标准"或"不划为危险物质"，以免用户误认为完整标签信息中漏失了某个内容器所装物品。

含有完整GHS标签信息的文件，其编排和印制格式应便于用户辨读每一个容器的信息。应确保标签内容的易读性，除视力矫正镜外无须借助其他装置即可辨认。如果文件因样本数目、所需语种和防范说明很多而篇幅过大，导致难以迅速找到某个特定内容器的标签信息，这个设想情形的方法或许会不可行。

如图8-20所示，每个内容器的完整标签信息附在外包装的内侧。

完整标签信息单用某种牢靠的附着方法（例如，粘贴在图示盒内条带上的折叠式标签）永久设置在组合包装的内侧。

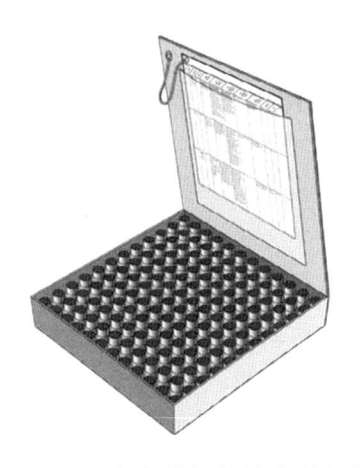

第8章　危险化学品的危险公示——标签和安全数据单

图 8-20　内容器标签信息的位置

（3）外包装标签。

如图 8-21 所示，外包装标签可用面积有限，将显示下列信息：组件标识（组件名称）；供应商识别信息；组件整体存放和一般类防范说明；每一种危险物质或混合物的象形图，但无须重复；信号词（所涉标准最严格的成分）；说明"请查看内附完整标签"。

图 8-21　外包装标签

8.3　安全数据单的技术要求

8.3.1　概述

8.3.1.1　范围和应用

凡符合 GHS 的物理危险、健康危害或环境危害统一标准的所有物质和混合物，以及所含成分符合致癌性、生殖毒性或目标器官毒性标准且浓度超过混合物标准规定的安全数据单临界极限的所有混合物，均应编制安全数据单。管理部门可对虽未达到危险分类标准，但所含危险成分达到某种浓度的混合物，要求编制安全数据单。管理部门还可对非 GHS 类别但符合危险分类标准的物质或混合物，要求编制安全数据单。

8.3.1.2　一般指导

安全数据单应使读者了解物质或混合物的危险，提供有关安全储存、搬运和处置物质或混合物的信息。安全数据单应载有接触的潜在健康影响和如何安全使用物质或混合物的信息，还应载有源自物理化学性质或环境影响的危险信息，有关使用、储存、搬运以及与该物质或混合物有关的紧急反应措施的信息。

安全数据单使用的语言应简单、明了和准确，避免使用行话、简写和缩略语，不得使用含糊不清和误导的语言。建议不要使用"可能有危险""不影响健康""在大多数情况下使用安全"或"无害"等词语。有关某些性质的信息可能并不重要，或技术上不可能提供；如果是这种情况，必须在每个栏目下清楚地说明原因。如果注明不存在某种危险，安全数据单应清楚地区分情况是不掌握有关资料，还是已知的试验结果为否定。

应注明安全数据单的签发日期，并放在显著位置。签发日期为安全数据单的公布日期，通常在完成安全数据单的批准和发表程序后不久。修订的安全数据单，应注明发表日期，以及版本编号、修订编号、取代日期，或取代版本等其他说明。

8.3.1.3　安全数据单的格式

安全数据单中的信息应使用 16 个标题（详见 8.3.2 节），安全数据单不是长度固定的文件。安全数据单的长短，应与材料的危险和掌握的资料相应。

安全数据单的每一页均应编号，结尾应有某种标记（例如"3 页之 1"）。也可每页编号并注明是否还有下一页（如"接下页"，或"安全数据单完"）。

8.3.1.4　安全数据单的内容

安全数据单的最低限度信息，在适用和可得的情况下应列在安全数据单的相关标题下；在不可得或缺少资料的情况下，应明确说明。安全数据单不能留有任何空白。

安全数据单应包括所提供数据的简单摘要/结论，以便容易地确认危险物质/混合物的所有危险。

安全数据单中不建议使用缩略语，因为缩略语可能造成混乱或难以理解。

第8章 危险化学品的危险公示——标签和安全数据单

安全数据单中的信息，应使用下列 16 个标题并按如下顺序提供：标识、危险标识、组成/成分信息、急救措施、消防措施、意外释放措施、搬运和存储、接触控制/人身保护、物理和化学特性、稳定性和反应性、毒理学信息、生态学信息、处置考虑、运输信息、管理信息、其他信息。

8.3.2 编制安全数据单的信息要求

本节介绍 GHS 对安全数据单的信息要求。主管部门还可要求增加其他信息。

8.3.2.1 第1节：标识

在本节中标明物质或混合物名称，并提供供应商的名称、使用建议和供应商的详细联系资料，包括紧急联系办法。

1. GHS 产品标识符

物质或混合物的标识（GHS 产品标识符），应与标签上的完全相同。如果使用一种通用安全数据单涵盖一种物质或混合物的若干变种，则安全数据单上应列出所有名称和变种，或在安全数据单上清楚地说明所包含的物质范围。

2. 其他标识办法

除 GHS 产品标识符外，物质或混合物的标识也可使用其他名称、编号、公司产品代码，或其他特殊的标识。如果适用，还可提供物质或混合物标签或俗知的其他名称或异名。

3. 化学品使用建议和使用限制

提供物质或混合物的使用建议或指定用途，包括其实际作用的简要说明，如阻燃剂、抗氧化剂等。应尽可能说明有关使用的限制，包括非法定的供应商建议。

4. 供应商的详细情况

安全数据单应包括供应商的名称、详细地址和电话号码等。

5. 紧急电话号码

所有安全数据单均应包括紧急信息服务的资料。如有任何限制，如营业时间（如星期一至星期五上午 8 时至下午 6 时），或对具体信息类型的限制（如医疗紧急情况或运输紧急情况），均应清楚地说明。

8.3.2.2 第2节：危险标识

在本节中标明物质或混合物的危险，以及与哪些危险相联系的适当警告信息（信号词、危险说明和防范说明）。

1. 物质或混合物的分类

如物质或混合物是根据 GHS 第 2、第 3 和/或第 4 部分进行分类的,一般而言,显示的分类应包括表明危险的相应危险种类和类别/子类(例如,易燃液体类别 1、皮肤腐蚀类别 1A)。然而,在一个危险类别之内所作的分类,如果只有一个危险说明,则分类还应反映其间的区分。例如,接触途径可对急毒性的分类做如下区分:口服急毒性类别 1、皮肤急毒性类别 1 和吸入急毒性类别 1。如果一种物质或混合物的分类在一个危险种类中可归入一个以上的类别,则应显示所有分类。

2. GHS 标签要素,包括防范措施说明

根据分类提供适当的标签要素:信号词、危险说明和防范措施说明。象形图(或危险符号)可为黑白两色的符号图形或符号名称,如"火焰""骷髅和交叉骨"。

3. 不导致分类的其他危险

提供有关不导致分类,但有可能增加材料总体危险的其他危险的信息,例如,在硬化或加工过程中形成空气污染物、尘爆危险、窒息、结冰或危害土壤生物等环境影响,应提供相关信息。声明"若分散则可能形成爆炸性空气尘埃混合物"适用于尘爆危险。

8.3.2.3　第 3 节:组成/成分信息

在本节中标明产品的成分,这包括标出本身已做分类并影响到物质分类的杂质和稳定添加剂。还可利用本节提供有关复合物质的信息①。

1. 物质

(1)物质的化学名称。

物质的名称是其普通化学名称。化学名称可能与 GHS 的产品标识符完全相同②。

(2)物质的普通名称、同物异名。

应根据情况,提供普通名称(俗名)或同物异名。

(3)物质的化学文摘社编号(CAS)和其他特有标识符

CAS 号是独特的化学品标识,在已有的情况下应当提供。也可加上具体国家(地区)使用的其他特有标识,如欧洲共同体(EC)编号。

---

①　有关成分的信息,管理部门对机密商业情报的规定优先于对产品标识的规定。适用时应注明,省略了有关组成的机密信息。

②　举例而言,"普通化学名称"可视情况而定,是美国化学文摘社(Chemical Abstracts Service, CAS)规定的名称,或国际理论化学和应用化学联合会(International Union of Pure and Applied Chemistry, IUPAC)规定的名称。

(4) 本身已经分类并影响到物质分类的杂质和稳定添加剂。

标出本身已经分类和影响到物质分类的所有杂质和/或稳定添加剂。

2. 混合物

对于混合物，应提供在 GHS 意义下对健康或环境有危害的、存在量超过其临界水平的所有危险成分的化学名称、识别号码和浓度或浓度范围。制造商或供应商可选择列出所有成分，包括无危险成分。

混合物成分的浓度应如下表示：

（1）准确的质量或体积百分比，以递减次序排列；

（2）质量或体积百分比范围，以递减次序排列，该范围可为有关国家管理部门接受。在使用比例范围[①]时，如无法得到混合物整体的影响，则健康和环境危害影响应说明每种成分的最高浓度的影响。

8.3.2.4　第4节：急救措施

在本节下标明可由未经训练的应急人员在不使用尖端设备，且无各种药品可作选择的条件下提供的初步护理。如果需要就医，应清楚地说明，包括其紧迫程度。最好应按接触途径，提供有关即时效应的信息，并说明应立即做何种治疗，可能产生哪些延迟效应，需要何种具体的医疗监护措施。

1. 说明必要的急救措施

按相关的接触途径，列出急救说明。使用小标题注明每一种接触途径（如吸入、皮肤、眼睛和摄入等）采用的程序。注明可能出现的即时和延迟症状。

应就以下事项提供意见：

（1）是否需要立即就医，接触后是否可能出现延迟效应；

（2）是否建议接触者从现场转移到空气新鲜的地方；

（3）是否建议接触者脱去衣服和鞋并做处理；

（4）是否建议急救人员佩戴个人防护设备（PPE）。

2. 最重要的急性和延迟症状/效应

提供接触引起的最重要的急性和延迟症状/效应。

3. 必要时注明立即就医及所需的特殊治疗

酌情提供有关延迟效应的临床试验和医疗监测资料、有关解毒药（在已知的情况下）和禁忌的具体详细资料。

---

① "比例范围"系指混合物成分的浓度或百分比范围。

8.3.2.5　第5节：消防措施

在本节中标明包括由物质或混合物引起的，或在其周围发生的火灾的灭火要求。

1. 适当的灭火介质

提供有关适当的灭火介质的信息。此外还应说明，是否有任何灭火介质不适合用于涉及物质或混合物的特定情况。例如，避免可能引起潜在爆炸性空气尘埃混合物形成的高压介质。

2. 化学品产生的具体危险

提供有关化学品可能产生的具体危险的信息，如物质或混合物燃烧时形成的危险燃烧产物，例如，"燃烧可能产生一氧化碳毒烟"或"燃烧时产生硫和氮的氧化物"。

3. 消防人员的特殊防护行动

提供灭火时应采取的任何防护行动的信息，例如"喷水保持容器冷却"。

8.3.2.6　第6节：意外释放措施

在本节中标明建议对溢漏、泄漏或释放作出的适当反应，以防止或最大限度地减小对人员、财产和环境的有害影响。在溢漏的数量对危险有重要影响的情况下，应区分对大量溢漏和少量溢漏作出的反应。控制程序和回收程序可注明需采取不同的做法。

1. 人身防范、保护设备和应急程序

（1）为非应急人员提供与物质或混合物意外泄漏或释放有关的信息，如：

①穿戴适当的防护设备（包括个人防护设备，见8.3.2.8），防止皮肤、眼睛和个人衣服的任何沾染；

②除去点火源和充分通风；

③应急程序，如是否需要撤离危险区或征求专家意见。

（2）为应急人员提供与适合用作个人防护服的纤维材料有关的建议（例如，丁烯适合采用，聚氯乙烯不适合采用）。

2. 环境防范措施

提供与物质或混合物意外溢漏或释放有关的任何环境防范措施的建议，如远离下水管道、地表和地下水。

3. 抑制和清洁的方法和材料

（1）提供如何抑制和清洁溢漏的适当意见。适当的抑制办法可包括：筑堤、覆盖排泄管道；覆盖措施，即提供覆盖或保护（例如，以便防止损坏或溢漏）。

（2）适当的清洁程序可包括中和技术、净化技术、吸收材料、清洁技术、真空技

第 8 章 危险化学品的危险公示——标签和安全数据单

术、抑制/清洁设备（包括酌情使用不产生火花的工具和设备）。

（3）与溢漏和释放有关的任何其他问题，例如，包括不宜采用的抑制或清洁技术的建议。

8.3.2.7 第 7 节：搬运和储存

在本节中标明提供可最大限度地减小物质或混合物对人、财产和环境的潜在危险的安全搬运做法指南，应特别强调与物质或混合物的指定用途或独特性质相适应的防范措施。

1. 安全搬运的防范措施

（1）提出建议：使物质或混合物能够安全搬运；防止与不相容的物质或混合物一起搬运；提请注意在某些操作和条件下，有可能改变物质或混合物性质而造成新风险，并有合理对策；尽量减少物质或混合物释放到环境中。

（2）最好提供有关一般卫生要求的建议，例如，"工作场所禁止饮食和吸烟""使用后洗手""进入餐饮区前脱掉沾染的服装和防护设备"。

2. 安全储存的条件，包括任何不相容性

提供的意见必须与安全数据单第 9 节（物理和化学特性）中的物理和化学特性相一致。如有必要，提供具体的储存要求建议，包括以下内容。

（1）如何避免爆炸性环境、腐蚀性条件、易燃性危险、不相容的物质或混合物、蒸发性条件、可能的点火源（包括电气设备）。

（2）如何控制以下条件的影响：天气、环境压力、温度、日照、湿度、振动。

（3）如何利用以下手段保持物质或混合物的完整性：稳定剂；抗氧化剂。

（4）其他建议，包括通风要求、储存空间/容器的具体设计、在储存条件下的数量限制（如果相关）、包装的相容性。

8.3.2.8 第 8 节：接触控制/人身保护

在本节中标明"职业接触极限值"指工作场所空气中的极限值，或生物极限值，"接触控制"指在使用过程中，为最大限度地减少工人和环境接触须采取的全部具体保护和防范措施。为最大限度地减少与物质或混合物的接触及与其危险性相关的风险而必须采取的工程控制措施，也应列入本节。

1. 控制参数

在已知的情况下，列出物质或混合物每种成分的职业接触极限值（工作场所空气中的极限值或生物极限值），包括计数法。如按规定使用物质或混合物时将形成空气污染物，也应列出已知的这些污染物的职业接触极限值。如将得到安全数据单的国家（地区）已有职业接触极限值的规定，也应列出。安全数据单上应注明职业接触极限值的出处。在列出职业接触极限值时，应使用安全数据单第3节（组成/成分信息）规定的化学名称。

在建议采用带式控制法为具体使用提供保护时，应提供足够的细节，以便有效管理风险。具体带式分类控制建议的内容和限制，应清楚说明。

2. 适当的工程控制

适当的接触控制措施的说明应针对物质或混合物的指定使用方式。应提供充分信息，以便能够做出适当的风险评估。注明什么时候需要特殊工程控制，并具体说明哪一类。例如"保持空气浓度低于职业接触标准，必要时采用工程控制""……时，采用局部排放通风""仅在封闭系统中使用""只能在喷漆橱或封闭室中使用""使用机械操作，减少人与材料的接触""使用爆炸粉尘操作控制"。

此处提供的信息，应补充安全数据单第7节（搬运和储存）下提供的信息。

3. 个人保护措施，如个人防护设备（PPE）

根据良好的职业卫生做法，个人防护设备应与其他控制措施，如工程控制、通风和隔离等一并使用。具体的防火/化学个人防护设备建议见安全数据单第5部分（消防措施）。

标明为最大限度地减小因接触物质或混合物而患病或受伤的可能性所需的个人保护设备，包括以下内容。

（1）防护眼罩/面具：根据物质或混合物的危险性和接触可能性，具体说明所需的防护眼镜和/或面具的类型。

（2）皮肤保护：根据物质或混合物的危险情况及接触可能性，具体说明必须穿戴的保护设备（例如，何种类型的手套、靴子、紧身衣）。

（3）呼吸系统保护：根据危险性和接触可能性，具体说明适当类型的呼吸系统保护，包括净化空气的防毒面具和适当的净化元件（过滤器或过滤筒），或呼吸装置。

（4）高温危险：在具体说明为防高温危险材料必须穿戴的防护设备时，应特别考虑到个人防护设备的构造。对防止皮肤、眼睛或肺部接触使用的手套或其他防护衣服，可能有特殊要求。

应清楚地说明这类个人防护设备。例如，"聚氯乙烯手套"或"丁腈橡胶手套"，以及手套材料的厚度和破损时间。对呼吸器也可能有特殊要求。

8.3.2.9 第9节：物理和化学特性

在本节中标明物质或混合物的实验数据（如果可能）。

在混合物的情况下，条目应清楚地注明数据适用于哪种成分，除非对整个混合物有效。收入本小节的数据，应适用于物质或混合物。

清楚地说明物质或混合物的物理和化学特性，并酌情具体说明相应的度量单位和/或参考条件。如解释数值需要，也应提供测定方法（如闪点、开杯/闭杯）。具体物理和化学特性包括物理状态、颜色、气味、pH 值、熔点/凝固点、初始沸点和沸腾范围、闪点、颗粒特征、易燃性（固体、气体）、上下易燃极限或爆炸极限、蒸气压力、蒸气密度、相对密度、可溶性、分配系数：正辛醇/水、自燃温度、分解温度、黏度。

如果具体特性不适用或无资料，仍应将之列入安全数据单，并注明不适用或无资料。以上列出的物理或化学特性之外的其他特性，也可列入安全数据单的这一节。

8.3.2.10　第10节：稳定性和反应性

1. 反应性

在本节中标明物质或混合物的反应性危险。如果可得，应提供物质或整个混合物的具体试验数据，提供的信息也可参考化学品类或族的一般数据（如果这类数据能够充分反映物质或混合物的预期危险）。

如果无法得到混合物的数据，应提供其成分的数据。在确定不相容性时，应考虑物质或混合物在运输、储存和使用过程中可能接触到的物质、容器和污染物。

2. 化学稳定性

标明在正常周围环境下和在预计的储存和搬运温度和压力条件下，物质或混合物是否稳定。说明为保持产品使用或可能需要使用的任何稳定剂。说明产品外观的任何变化有何安全意义。

3. 危险反应的可能性

如果相关，应说明物质或混合物是否会发生反应或聚合，释放过多的压力或热量，或产生其他危险条件，还应说明在什么条件下可能发生危险反应。

4. 应避免的条件

列出可能导致危险情况的条件，如热、压力、冲击、静电放电、振动或其他物理应力。

5. 不相容材料

列出可能与物质或混合物起反应产生危险情况（如爆炸、释放有毒或易燃材料、放出高热等）的化学品种类或具体物质。

6. 危险分解产物

列出已知和有理由预料会因使用、储存和加热而产生的危险分解产物。注意，危险燃烧产物应列入安全数据单第 5 节（消防措施）。

8.3.2.11　第 11 节：毒理学信息

本节内容主要供医务专业人员、职业卫生和安全专业人员和毒理学家参考。应简单扼要且完整易懂地说明各种毒理学（健康）效应和用于确定这些效应的现有数据。在 GHS 的分类中，应提供资料的有关危险包括急性毒性、皮肤腐蚀/刺激、严重眼损伤/刺激、呼吸或皮肤敏化作用、生殖细胞致突变性、致癌性、生殖毒性、特定目标器官毒性——单次接触、特定目标器官毒性——重复接触、吸入危险。

在物质或混合物的试验数据数量较大的情况下，可以对结果作摘要说明，如按接触途径。

列入本节的数据，应适用于所使用的物质或混合物。毒理学数据应对混合物作出说明。如无法得到该资料，应提供各种危险成分在 GHS 下的分类和毒理学特性。

本节不能使用一般性用语，如"毒性"而无佐证资料，或"如使用得当无危险"，因为这类用语可能会引起误解，且没有说明健康影响。在健康影响一节使用"不适用""不相关"等用语，或留下空白，可能造成混乱或误解，不宜采用。在无法得到健康影响资料的情况下，应做明确说明。应准确地描述健康影响并作出相关的区分，例如，过敏性接触皮炎与刺激性接触皮炎之间应作出区分。

如果无法得到任何关于上述危险的数据，仍应将本节列在安全数据单上，并注明尚不掌握有关数据，并提供相关的否定数据的信息。如数据显示物质或混合物不能满足分类标准，应在安全数据单上声明"已对物质或混合物进行评估，根据所掌握的数据，物质或混合物不满足分类标准"。另外，如发现物质或混合物是由于其他原因不能分类时（例如，由于技术上不可能获得数据，或不确定数据），也应在安全数据单上清晰注明。

1. 有关可能的接触途径的信息

提供可能的接触途径的信息，以及物质和混合物通过每种可能的接触途径所产生的影响，如通过摄取（吞咽）、吸入或皮肤/眼接触。如果不确定是否有健康影响，应予说明。

2. 与物理、化学和毒理学特性有关的症状

说明接触物质或混合物及其成分或已知的副产品，可能引起的有害健康影响和症状。提供在与指定用途有关的接触后出现的与物质或混合物的物理、化学和毒理学特性有关的症状资料。说明从最低剂量接触最先出现的症状到严重接触的后果，例如，"可能出现头疼和眩晕，发展到昏厥或失去知觉；大剂量可造成昏迷不醒和死亡"。

延迟和即时效应,以及短期和长期接触引起的慢性效应提供有关在短时间或长期接触后是否可能产生延迟或即时效应的信息。还应提供有关在人类接触物质或混合物后,产生急性和慢性健康影响的信息。在没有人类影响资料的情况下,应提供动物资料,并明确说明物种。

3. **毒性的度量值(如急性毒性估计值)**

提供可造成有害健康影响的接触剂量、浓度或条件的信息。剂量应酌情与症状和影响联系起来,包括可能造成伤害的接触时间。

4. **相互作用的效应**

如果相关且方便得到,应当收入有关相互作用的信息。

5. **无法获得具体化学品数据的情况**

在无法获得具体物质或混合物数据的情况下,可酌情使用该类化学品的数据。在使用类属数据或得不到数据的情况下,应在安全数据单上清晰注明。

6. **混合物**

如果对混合物整体的健康影响尚未做过试验,应提供每种成分的资料,并应采用GHS规定的程序对混合物进行分类。

7. **混合物与成分信息**

各种成分之间可能在身体内相互起作用,影响吸收、新陈代谢和排泄速度。因此,毒性作用有可能改变,混合物的总毒性可能不同于其成分的毒性。

应考虑每种成分的浓度是否足以影响混合物的总体健康影响,并且列出每种成分的毒性效应信息,但以下情况除外。

第一,如果信息重复,则没有必要将其列出一次以上。例如,如果两种成分均引起呕吐和腹泻,没有必要列出两次。仅进行总体说明,混合物引起呕吐和腹泻。

第二,如果存在的浓度不太可能引起有关效应。例如,当轻度刺激物用无刺激性溶液稀释时,在达到某一程度时,混合物总体不太可能引起刺激;

很难预测各种成分之间的相互作用,因此,在得不到有关相互作用的资料时,不应做假设,而应分别列出每种成分的健康影响。

8. **其他信息**

有害健康影响的其他有关信息,即使GHS分类标准未作出要求,也应包括在内。

8.3.2.12 第12节:生态学信息

在本节中应提供评估物质或混合物被释放到环境中时的环境影响的信息。这一信息可帮助处理溢漏、评估废物处理措施、泄漏的控制、意外泄漏措施和运输。

应提供简明但完整、综合性的不同生态毒理学（环境）特性的描述，以及用于确定哪些特性而获得的数据。基本特性（包括数据）有毒性、持久性和降解性、生物富集潜力、土壤中的流动性、其他有害效应。应在特性描述中清楚地说明物种、媒介、单位、试验期间和试验条件等（如得不到上述特性的任何资料，应在安全数据单上予以说明）。

一些生态毒理学特性是物质所特有的，如生物积累、持久性和降解性。因此，在掌握相关资料并且需要的情况下，应酌情提供混合物每种成分物质的现有资料［例如，那些要求列在安全数据单第 3 部分（成分/组成信息）］。

另外，还应提供与危险分类标准相关的资料的简短摘要，在无法得到分类数据的情况下，对涉及的每一基本特性应清晰标注在安全数据单上。如资料能显示物质或混合物不满足分类标准，应在安全数据单上标注"基于获得的资料，该物质或混合物经评估不满足分类标准"。如果一种物质或混合物因为其他原因，比如由于技术上无法获得资料或资料不确定而不能分类，也应在安全数据单上清晰标注。

1. 毒性

可利用对水生和/或陆生生物进行试验得到的数据，提供有关毒性的资料。这应包括有关鱼类、甲壳纲动物、藻类和其他水生植物的急性和慢性水生毒性的现有资料。此外，其他生物的毒性资料（包括土壤微生物和大生物体），如鸟类、蜂类和植物等，如可得到，也应包括在内。如果物质或混合物对微生物的活性有抑制作用，应标明对污水处理厂的可能影响。

2. 持久性和降解性

持久性和降解性是物质或混合物的相应成分在环境中通过生物降解或其他程序，如氧化或水解，降解的可能性。在已知的情况下应提供与评估持久性和降解性有关的现有试验结果。如提供降解半衰期，必须说明这些半衰期是指矿化，还是原降解。还应提及物质或混合物的某些成分在污水处理厂中降解的可能性。

3. 生物积累潜力

生物积累是物质或混合物某些成分在生物区内积累和可能通过食物链积累的潜力。应提供与评估生物积累潜力有关的试验结果，须包括提及现有的正辛醇/水分配系数（Kow）和生物富集系数（BCF）。

4. 在土壤中的流动性

在土壤中的流动性是指物质或混合物成分如果排放到环境中，在自然力的作用下流动到地下水或排放地点一定距离以外的潜力。应提供已知的在土壤中流动的潜力。流动性信息可通过相关的流动性资料确定,如吸附研究或沥滤研究,Koc 值①可通过 Kow 推算,沥滤和流动性可利用模型推算②。

其他有害效应列入有关对环境的一切其他有害影响的可得资料,如环境灾难(接触)、臭氧耗竭潜力、光化学臭氧生成潜力、内分泌失调潜力、全球升温潜力等。

8.3.2.13 第13节:处置考虑

1. 提供有关物质或混合物和/或其容器的适当处置、再循环或回收的信息,以帮助符合主管部门要求的安全和无害环境的废物管理办法要求。有关从事处置、再循环或回收活动人员的安全,请参阅安全数据单第8节(接触控制/人身保护)中的介绍。

2. 具体说明处置容器和方法。

3. 说明可影响处置选择方案的物理/化学特性。

4. 不提倡通过下水道处置。

5. 酌情说明焚烧或掩埋的任何特殊防范措施。

8.3.2.14 第14节:运输信息

在本节中标明有关公路、铁路、海上或空中运输危险物质或混合物的基本分类信息。如不掌握资料或资料不相关,应予说明。

1. UN 编号

提供《规章范本》中的 UN 编号(即物质或物品的4位数字识别号码)。

2. 联合国正式运输名称

提供《规章范本》中的联合国正式运输名称。如果物质或混合物没有以 GHS 产品标识符或国家或区域产品标识符出现,应在本小节中提供联合国正式运输名称。

3. 运输危险分类

提供《规章范本》中,根据物质或混合物的最主要危险性划定的物质或混合物的运输类别(和次要危险性)。

4. 包装类别(如果适用)

酌情提供《规章范本》的包装类别编号。包装类别编号是根据特定物质危险程度

---

① Koc 值:有机化学物质吸收常数。
② 在物质或混合物的实际数据可得的情况下,该数据优先于模型和预测。

划定的。

5. 环境危害

注明根据 IMDG Code，物质或混合物是否为已知的海洋污染物，如果是，应注明是"海洋污染物"还是"海洋严重污染物"，还应注明物质或混合物是否具有环境危害（根据《规章范本》、ADR、ADN）。

6. 用户的特殊防范措施

提供用户在运输方面应注意或需遵守的任何特殊防范措施的信息。

7. 按照 IMO 文书运输散货

本小节仅适用于拟按照 IMO 文书承运的散装货物，具体文书如，SOLAS 的第六章或第七章、MARPOL 的附件二或附件五、《国际散装运输危险化学品船舶构造和设备规则》（IBC Code）、《国际海运固体散装货物规则》（IMSBC Code）、《国际散装运输液化气体船舶构造和设备规则》（IGC Code），或更早的版本。

8.3.2.15　第 15 节：管理信息

本节标明安全数据单其他各节没有提供的有关物质或混合物的任何其他管理信息，（如物质或混合物是否受《蒙特利尔议定书》《斯德哥尔摩公约》《鹿特丹公约》的约束）。

专门针对有关产品的安全、卫生和环境规定提供有关国家（地区）在相关的安全、卫生和环境条例下对物质或混合物（包括其成分）的管理情况的信息。其中应包括物质在输入国家（地区）是否受到任何禁止或限制。

8.3.2.16　第 16 节：其他信息

在本节中标明与编制安全数据单有关的信息。这方面的资料应收入不属于安全数据单第 1 至 15 节的其他信息，包括编制和修订安全数据单的信息，具体如下。

1. 编制安全数据单最新修订本的日期。如对安全数据单作出修改，除非已另外说明，否则应清楚地说明在哪些地方对上一个版本的安全数据单作了修改。供应商应保留一份修改说明，并随时应要求提供该说明。

2. 安全数据单中使用的缩略语和首字母缩写的索引/说明。

3. 编写安全数据单使用的数据的主要参考文献和资料来源。

第8章 危险化学品的危险公示——标签和安全数据单

8.3.2.17 补充信息

除最低限度信息要求外,安全数据单还可包括"补充信息"。如对某种材料还掌握有关其性质和/或使用的其他相关和可获得的信息,这方面的资料也应收入安全数据单。

单位数字和数量,应以产品将发往的地区适用的单位表示。一般而言,应采用国际单位制。

第9章

出口危险品及包装检验

第 9 章 出口危险品及包装检验

出口危险品及包装需要进行使用鉴定,目的是检查危险品包装的使用是否能满足安全运输危险货物的需要,以及是否符合危险信息公示的要求,《规章范本》和 IMDG Code 等国际规章的相关部分都对危险货物包装容器的使用规范作了规定。海关按照《危险化学品安全管理条例》的要求,履行对于进出口危险化学品的检验职责。

9.1 概述

出口危险货物包装容器性能检验采取周期检验和检验周期内不定期质量抽查相结合的方式。经性能检验合格,在核定的检验周期之内,企业可凭周期检测报告、厂检合格单、企业质量声明等文件资料办理同一设计型号的危险货物运输包装的《出入境货物包装性能检验结果单》。

9.1.1 相关概念

9.1.1.1 出口危险货物包装性能检验周期

出口危险货物包装性能检验周期是指上次容器性能检验与下次容器性能检验之间的间隔时间。

9.1.1.2 质量抽查

海关在出口危险货物包装性能检验周期内采用不定期质量抽查方式核查出口危险货物包装生产企业产品质量稳定性。

9.1.1.3 设计型号

危险货物包装容器的设计型号由设计、尺寸(规格)、材料和厚度、制造和装货方式界定,但可以包括各种表面处理及设计高度比设计型号略小的容器。

9.1.1.4 样品留存

同一设计型号出口危险货物包装容器,在初次抽样检验时,除抽取用于性能试验样品外,另抽取一件包装做样品,留存备查,留存期为一年。留存期满后,包装生产厂若要继续生产该种包装容器,则要重新抽取一件留存样品。以后每满一年需重新抽取一件包装样品留存。

9.1.1.5　人员资质要求

从事出口危险货物包装检验监的海关执法人员必须经海关总署考核合格并取得资质后，方准上岗。

9.1.1.6　监管原则

各隶属海关负责监督管理本地区的出口危险货物包装的检验工作，并负责办理出口危险货物包装的性能检验。

9.1.1.7　通用技术要求

1. 每一容器的设计型号，均应根据主管当局规定的程序，按《规章范本》及有关标准的规定进行性能试验。

2. 每一容器投入使用之前，其设计型号均应成功地通过试验。

3. 容器的设计型号由设计、尺寸（规格）、材料和厚度、制造和装货方式界定，但可以包括各种表面处理及设计高度比设计型号略小的容器。

4. 每一容器的设计型号，应按主管部门规定的时间间隔重复进行试验。主管部门在间隔周期内可随时进行抽查试验，以证明成批生产的容器符合设计型号试验要求。

5. 容器的设计型号改变，即容器的设计、材料、制造方式如发生改变，必须再次进行试验。

6. 组合容器的外容器，如用不同类型的内容器成功地通过了试验，则此类各种不同类型的内容器可以合装在此外容器中。此为内包装等效性条件。

9.1.2　出口危险货物包装生产企业责任

出口危险货物包装生产企业，应当向属地海关申请包装容器的性能检验。包装容器经海关检验合格并取得性能检验结果单的，方可用于包装危险货物。

包装生产单位应依据危险货物有关国际规章及我国技术规范的强制要求，在经检验合格的包装容器上铸压或者印刷相应危险货物包装标记、工厂代号及生产批号。

出口危险货物包装生产企业应按照相应运输形式《规章范本》的要求组织危险货物包装的生产，建立检验制度，配备检验人员和检验设备，加强质量管理和产品检验工作。

当一批包装容器有两个以上使用单位时，生产单位可凭《出入境货物包装性能检验结果单》到所在地海关办理分证。

出口危险货物包装生产企业对危险货物包装负有主体责任，应根据法律、法规和有关规定正确地设计、制造危险货物包装，建立健全生产验收制度。

9.1.3 性能检验（或周期检验）的施行

出口危险货物包装性能检验采取周期检验和不定期质量抽查相结合的方式。检验周期之内，企业可凭周期检测报告、厂检合格单、企业符合性声明等文件资料办理统一设计型号的危险货物运输包装的《出入境货物包装性能检验结果单》。

9.1.3.1 检验周期的确定

危险货物包装性能检验周期管理规定按照包装容器的预期运输方式的不同而各有不同，各种运输方式的具体周期要求如下。

1. 海运出口危险货物包装性能检验周期分为 1 个月、3 个月和 6 个月 3 个档次。确定检验周期档次的原则：同一设计型号包装容器的初始检验周期一律确定为 3 个月。此后，凡连续 3 次性能检验均合格者，其检验周期可以升 1 档，即检验周期确定为 6 个月；凡出现 1 次检验不合格者，其检验周期要降 1 档。

2. 公路运输危险货物包装性能检验周期，同一规格、材质、制造工艺的汽车运输出境危险货物包装的性能检验周期为 3 个月。汽车运输常压液体危险货物罐体及附件检验周期为 1 年。

3. 航空运输危险货物包装性能检验周期的确定原则与海运出口危险货物包装性能检验周期相同。

4. 铁路运输危险货物包装性能检验周期的确定原则与海运出口危险货物包装性能检验周期相同。

9.1.3.2 性能检验的抽样

1. 抽样方案的制订

应认真核对《出入境货物包装检验申请单》的内容，确定抽样的设计型号、检验批及抽样数量。

2. 抽样方法和要求

依据相关检验标准的要求，现场从确定抽样的设计型号的检验批中随机抽取性能检验样品。在初次抽取性能检验样品时，除抽取相应标准要求的样品数量外，应另多抽取一件样品留存备查，留存期为 1 年。检验人员现场抽样应做好抽样记录，包括抽样依据、抽样数量、抽样地点等。检验人员抽取性能检验样品后应在样品上加贴相关封识，并填写《中华人民共和国进出境货物取样记录单》或《出境危险货物包装容器性能检验抽样凭证》，并将副联交企业，以备送实验室检测时核实接收。

9.1.3.3 实验室检测

1. 检测样品的交接与处理

实验室检测人员在接收送检样品时，应认真检查样品及其封识的完好程度，对照送检样品随附的《海关抽／采样凭证》或《出境危险货物包装容器性能检验抽样凭证》等随附材料核对与送检样品的一致性，确认无误后做好检测业务受理和样品登记接收工作。实验室检测人员应依据相关标准及运输方式的试验条件要求，对样品进行预处理和制备。

2. 检测的实施

检测实施实验室应在规定时限内，依据相关检测标准及运输方式，确定相关试验要求并形成试验方案，规范实施相关试验项目的实验室检测，并做好相关试验检测原始记录。

3. 留存样品保存

危险货物包装性能检验留存样品应至少保存 1 年。

4. 检测报告出具

实验室检测人员应根据检测结果及时出具实验室性能测试报告，检测报告内容至少应包括包装生产单位、包装名称与规格、UN 标记、抽样情况、检验依据、检验结果、评定意见。

9.1.3.4 不合格处置

经实验室进行性能检测结果不合格的，检验人员依据实验室检测报告内容，签发《出境货物不合格通知单》，通知生产企业该批次设计型号的包装容器不得用于盛装出口危险货物，待生产工艺调整改进后重新生产并抽样进行性能检验。该设计型号包装容器性能检验周期在原有基础上先降低一档，最终检测周期调整情况视后续抽样性能检验结果确定。

9.1.4 质量抽查的施行

9.1.4.1 目的

验证企业在检验周期内，实际生产的包装容器是否与周期性检验合格的设计型号保持一致，并通过对部分或全部项目的抽查检测，评估危险货物包装容器生产企业产品工艺质量的稳定性，控制相应产品质量安全的波动风险。

9.1.4.2　抽查频次与抽样数量

抽查次数随检验周期的长短而定：检验周期为 1 个月的，抽查 1 次；检验周期为 3 个月的，抽查 2 次；检验周期为 6 个月的，抽查 3 次。每次抽查样品不超过 2 件。

9.1.4.3　抽查检验内容

对抽取的抽查样品可进行特定项目的试验检查，具体试验项目由各地海关视情况选定。

9.1.4.4　抽查不合格处置

当抽查样品试验不合格时，则从抽查之日起，包装生产厂不得使用该周期内的批号继续生产该种出口危险货物包装，相应处置方式参照 9.1.3.4。

9.2　依据和标准

9.2.1　出口危险货物包装使用鉴定的依据

9.2.1.1　《商检法》

《商检法》第十七条"为出口危险货物生产包装容器的企业，必须申请商检机构进行包装容器的性能鉴定。生产出口危险货物的企业，必须申请商检机构进行包装容器的使用鉴定。使用未经鉴定合格的包装容器的危险货物，不准出口"是实施出口危险货物包装检验鉴定的主要法律依据。

9.2.1.2　部门规章

有关部门制定颁布了一系列依据性文件，实现了《商检法》关于出口危险货物包装检验管理规定的具体化、规范化和制度化。主要包括以下规定。

1. 《关于发布〈海运出口危险货物包装检验管理办法（试行）〉的联合通知》（国检四联字〔1985〕217 号）

2. 《关于对海运出口危险货物包装实施检验周期和包装标记的通知》（国检鉴

〔1990〕251号）

3.《关于〈海运出口危险货物包装检验管理办法〉（试行）补充规定的通知》（交运字〔1991〕251号）

4.《关于发布〈空运进出口危险货物包装检验管理办法（试行）〉的联合通知》（国检务联〔1995〕2号）

5.《关于空运进出口危险货物包装检验单证有关要求的通知》（国检务〔1995〕44号）

6.《关于对海运出口危险货物小型气体容器包装实施检验和管理的通知》（国检务联〔1995〕第229号）

7.《关于发布〈铁路运输出口危险货物包装容器检验管理办法（试行）〉的通知》（国检检联〔2000〕18号）

8.《汽车运输出境危险货物包装容器检验管理办法》（国家质量监督检验检疫总局、交通部、国家发展和改革委员会、商务部第48号令）

9.《关于调整出口危险货物包装生产企业代码的公告》（海关总署公告2019年第15号）

10.《关于进出口危险化学品及其包装检验监管有关问题的公告》（海关总署公告2020年第129号）

9.2.1.3 相关国际规章

《规章范本》、IMDG Code、ICAO-TI、RID、ADR。

9.2.2 出口危险货物包装的常用标准

出口危险货物包装容器性能检验所采用的检验标准应符合我国国家技术规范的强制性要求，以及海关指定的标准。为了规范和指导危险货物包装检验工作，有关部门按照《规章范本》第6部分的具体要求制定了多个危险货物运输包装性能检验国家标准与行业标准，常用标准如表9-1所示。

表9-1 出口危险货物包装的常用标准

序号	标准号	标准名称
1	GB 19269—2009	《公路运输危险货物包装检验安全规范》
2	GB 19270—2009	《水路运输危险货物包装检验安全规范》

续表

序号	标准号	标准名称
3	GB 19358—2003	《黄磷包装安全规范 使用鉴定》
4	GB 19359—2009	《铁路运输危险货物包装检验安全规范》
5	GB 19432—2009	《危险货物大包装检验安全规范》
6	GB 19433—2009	《空运危险货物包装检验安全规范》
7	GB 19434—2009	《危险货物中型散装容器检验安全规范》
8	GB 19453—2009	《危险货物电石包装检验安全规范》
9	GB 19454—2009	《危险货物便携式罐体检验安全规范》
10	GB 19457—2009	《危险货物涂料包装检验安全规范》
11	GB 19521.13—2004	《危险货物小型气体容器检验安全规范》
12	SN/T 0370.3—2021	《出口危险货物包装检验规程 第3部分：使用鉴定》
13	SN/T 0893—2000	《海运出口危险货物塑编集装袋性能检验规程》

9.2.3 出口危险化学品及其包装的检验依据

《危险化学品安全管理条例》第六条规定，"质量监督检验检疫部门负责核发危险化学品及其包装物、容器（不包括储存危险化学品的固定式大型储罐，下同）生产企业的工业产品生产许可证，并依法对其产品质量实施监督，负责对进出口危险化学品及其包装实施检验"。

出口危险化学品及其包装所采用检验标准为我国国家技术规范的强制性要求，以及海关指定的标准。为了规范和指导出口危险化学品检验人员的工作，有关部门组织人员按照GHS的具体要求制定了多项国家标准与行业标准。常用标准有：

1. GB 30000《化学品分类和标签规范》系列标准；
2. GB 13690—2009《化学品分类和危险性公示 通则》；
3. GB 15258—2009《化学品安全标签编写规定》；
4. GB/T 16483—2008《化学品安全技术说明书 内容和项目顺序》；
5. SN/T 3203—2012《进出口危险化学品检验规程 爆炸品 基本要求》。

9.3 检验流程及单证审查

9.3.1 检验流程

危险货物包装性能检验针对包装容器生产企业进行，包括周期检验（即按周期进行的型式试验）及性能检验结果单的办理两项内容。出口危险货物包装性能检验流程一般包括申报审单、检验鉴定、签证3个环节，本节重点介绍申报审单环节相关要求。

出口危险货物包装使用鉴定涉及危险货物的范围：《规章范本》第3.2章"危险货物一览表"所列危险货物，包括但不限于《危险化学品目录（2015版）》以及必须实施检验的进出口商品目录所列的，符合危险货物分类标准的危险化学品。

涉及危险货物包装范围具体包括：

1. 最大容量小于等于450L且最大净重小于等于400kg的常规包装容器，以及中型散装容器、大型容器等；

2. 便携式罐体和多元气体容器；

3. 压力容器、气体喷雾罐和小型气体容器（最大工作压力小于0.1MPa，内径小于0.15cm且容积小于0.025m^3）等。

9.3.2 申报要求

9.3.2.1 申报的时间和地点

1. 申请出口危险货物包装性能检验的企业应向产地海关申请，并规范填写《出口危险货物包装申请单》。申请出口危险货物包装周期检验时，应根据具体包装类型测试所需时间长短确定申报时间。如盛装液体刚性塑料容器高温堆码试验需28天，因此其周期检验应至少提前28天申报。

2. 申请出口危险货物品货物包装使用鉴定的危险货物的生产企业或者其代理人，应向所在地海关申报。其中出境货物最迟应于报关或装运前7天申报，对于个别检验检疫周期较长的货物，应留有相应的检验检疫时间；首次出口的危险货物、危险化学品需根据危险特性分类鉴别实验所需时间长短确定申报时间。

9.3.2.2 申办《出境危险货物包装使用鉴定结果单》所需材料

1. 《出入境货物包装性能检验结果单》（正本）；

2. 首次出口的危险化学品、危险货物应提供危险特性分类鉴别报告；

3. 首次使用的出口危险货物包装容器（塑料容器、塑料复合容器及有涂（镀）层的容器），应同时提供相容性试验报告或相容性自我声明；

4. 危险信息公示标签及安全数据单样本，如是外文样本，应提供对应的中文翻译件（适用于危险化学品）。

9.3.3 单证审核

注意填报内容是否准确、完整，所附单证是否齐全、依据是否明确。

审核申报商品是否与有关规定相符。如危险货物包装生产企业申请《出入境货物包装性能检验结果单》，应审核其申报的品种与包装容器的性能检验（周期检验）报告中列明的产品类别、设计型号是否相符等。

审核申报所提供单证内容的真实性、有效性和一致性，具体包括：申报所提供的单证是否在有效期内；单证之间内容是否相符合；提供的检验报告/测试报告/鉴定报告等是否与所申报货物一致并且真实有效，是否符合我国技术规范的强制性要求、进口国（地区）的有关法律法规要求等。

审查合同、信用证等贸易单证是否包含具体的技术质量条款，是否需要出具有关证书。

对于单证审核中的任何疑问，应及时与申报人联系确认。

9.4 出口危险货物包装使用鉴定、出口危险化学品及包装检验

出口危险货物包装使用鉴定和出口危险化学品及其包装检验，应按照检验批实施逐批检验。出口危险化学品及其包装实行"产地检验、口岸查验"。产地海关应按照相关技术规范的要求实施包装检验和内容物检验；离境口岸实施口岸查验，包括包装、货证相符等。出口危险货物包装使用鉴定实施产地检验，产地海关应按照出口危险货物包装检验的技术规范实施使用鉴定，检验其内容物与出口企业所申报的货物是否一致，以及其使用的包装是否正确。

9.4.1 检验批

以同一类型、材料和规格的包装容器盛装的同一品种、组分、含量的危险货物作为一个检验批。检验人员应根据所申报的危险货物及其包装类型选择适用的检验标准或规程实施现场检验。

9.4.2 安全防护

出口危险货物包装的使用鉴定应在确保安全的前提下,根据危险货物的具体危险特性,选取符合安全要求的地点和方式实施现场检验,具体安全要求见附录5。

9.4.3 现场鉴定

在进行现场检验鉴定时,检验人员需核查所申报危险货物的品种、数量、规格、包装容器标记、危险货物标志及包装方法是否符合相关要求,同时依据危险货物包装的相关检验鉴定标准要求抽取样品进行检验鉴定,并做好出口危险货物包装容器使用鉴定原始记录。

9.4.3.1 一般要求

1. 使用鉴定申请单所填信息及实际使用包装上标记的危险类别或项别、次要危险性(如有)应与在《规章范本》第3.2章危险货物一览表中检索到的相一致。

2. 包装形式及遵循的包装特殊规定(如有)应符合相应的包装规范要求。包装规范的具体要求可根据报检货物在《规章范本》第3.2章危险货物一览表中相应条目中列出的包装规范编码及特殊规定编码(如有)在《规章范本》中第4.1章包装规定和罐体规定和相应运输形式的"国际危规"①中检索到。

3. 容器的包装类别应等于或高于盛装的危险货物要求的包装类别。

4. 容器的性能应符合相应性能检验标准的要求,并附有相应的隶属海关出具的《出入境货物包装性能检验结果单》(正本)。

5. 每一个容器应带有耐久、易辨认、与容器相比位置合适、大小适当的明显标记,标记应符合《规章范本》、相应运输形式的"国际危规"的要求。

6. 危害环境物质包装、有限数量和例外数量包装、锂电池包装、方向箭头特殊标签应符合《规章范本》、相应运输形式的"国际危规"的要求。

7. 危险货物包装上应加贴与内装危险货物性质相一致的危险性标签,标签内容应包括危险类别或项别、次要危险性(如有),并符合《规章范本》的要求。

8. 使用单位选用的容器应与所装危险货物的性质相适应,容器和与之相接触的危险货物不得发生任何影响容器强度及发生危险的化学反应。容器的性能应符合相应性能检验标准的要求,并附有相应的性能检验结果单正本。

---

① 相应运输形式的"国际危规"是指 IMDG Code、ADR、RID、ICAO-TI,下同。

9. 包装使用单位应提供危险货物的危险特性分类鉴别报告，危险化学品还应提供安全数据单、危险信息公示标签样本，如是外文样本，还应提供对应的中文翻译件。

10. 盛装在运输过程因温度变化而变成液体的固体物质时，则该包装应符合盛装液体物质的要求。

11. 包装件外表应清洁，不允许有残留物、污染或渗漏。

12. 危险货物包装件单件净重不得超过《规章范本》和相应运输形式的"国际危规"规定的重量。

13. 危险货物不得洒漏在容器外表面或外容器和内贮器之间。

14. 采用液体或惰性气体保护危险货物时，该液体或惰性气体应能有效保证危险货物的安全。

15. 吸附材料不得与所装危险货物发生有危险的化学反应，并确保内容器破裂时能完全吸附滞留全部危险货物，不致造成内容物从外包装容器中渗漏出来。

16. 防震及衬垫材料不得与所装危险货物发生化学反应，而降低其防震性能。应有足够的衬垫填充材料，防止内容器移动。

9.4.3.2 空运危险货物包装的特殊要求

1. 盛装液体的包装容器，包括内包装，应能经受住 95 kPa 以上的内压力而不渗漏。

2. 为减少内装危险货物释放的气体造成的内压力而在包装容器上安装排气孔，需经航空主管部门批准。

3. 用组合包装盛装危险货物，内容器的封闭口不能倒置。在外包装上应标有明显的表示作业方向的标识。

4. 4.1 项自反应物质和 5.2 项有机过氧化物的包装应达到 Ⅱ 类以上包装要求，不得使用金属容器包装。5.2 项有机过氧化物不得使用带通气孔的包装。

5. 具有爆炸特性的过氧化物，应在其包装上贴有次要危险性标签。

6. 具有爆炸次危险性的过氧化物，其包装应符合 ICAO-TI 的有关要求。

7. 如果属于盛装液体危险货物的包装，需要提供每个包装的气密试验合格报告。

8. 盛装固体危险货物时，容器内剩余空间按规定填充或者衬垫。

9. 磁性物体或可能有磁性的物质，应提交磁场强度测试报告，如其磁场强度大于 0.418A/m，应进行屏蔽。

9.4.3.3 不同包装型式的具体要求

1. 桶、罐类容器

（1）闭口桶、罐的大、小封闭器螺盖配合应达到密封要求，外盖完好无损。密封圈与所装货物相适应，密封良好。

（2）开口桶、罐应配以适当的密封圈，无论采用何种形式封口，均应达到紧箍、密封要求，盖完好无损。扳手箍还需用销子锁住扳手。凡使用封识的包装件，封识应完好。

2. 箱类包装

（1）木箱、纤维板箱用钉紧固时应钉实，钉尖要盘倒，钉尖、钉帽不得突出。内容物是爆炸物品时，应采取防护措施，防止爆炸物品与钉接触。箱体完好无损，打包带紧箍箱体。

（2）瓦楞纸箱应完好无损，封口应平整牢固。打包带紧箍箱体。

3. 袋类包装

（1）外包装为袋类时，需经航空主管部门批准方可用于盛装空运危险货物。

（2）外包装用缝线封口时，无内衬袋的外包装袋口应折叠30mm以上，缝线的开始和结束应有5针以上回针或缝线预留50mm，其缝针密度应保证内容物不洒漏且不降低袋口强度。有内衬袋的外容器袋缝针密度应保证牢固，无内容物撒漏。

（3）内包装袋封口时，不论采用绳扎、黏合或其他型式的封口，应保证内容物无洒漏。

（4）内包装采用绳扎封口时，排出袋内气体，袋口用绳紧绕两道，扎紧打结，再将袋口朝下折转用绳紧绕两道扎紧打结。如果是双层袋，则应按此法分层扎紧。

（5）内包装采用黏合封口时，排除袋内气体，黏合缝不允许有空隙、空洞。如果是双层袋，则应分层黏合。

（6）所用绳、线不应与所装危险货物起化学反应，以免降低强度。

4. 组合包装

（1）内容器盛装液体时，封口需符合液密封口的规定；如为气密封口的，需符合气密封口的规定。

（2）盛装液体的易碎内容器（如玻璃等），其外包装应达到Ⅰ类包装的要求。

（3）所用吸附材料不应与所装危险货物发生有危险的化学反应，并确保内容器破裂时能完全吸附滞留的全部危险货物，不致造成内容物从外包装容器中渗漏出来的要求。

（4）箱类外容器如是不防泄漏或不防水的，应使用防泄漏的内衬或内容器。

9.4.4 鉴定项目

1. 检查待验危险货物包装上标记的危险类别或项别、次要危险性（如有）是否符合要求。

2. 检查使用的危险货物包装形式及遵循的特殊规定（如有）是否符合要求。

3. 检查使用的危险货物包装类别是否等于或高于盛装的危险货物要求的包装类别。

4. 检查所选用包装是否与运输危险货物的性质相适应；是否与随附的包装容器的《出入境货物包装性能检验结果单》一致。

5. 检查企业是否提供相应包装容器的 6 个月以上化学相容性试验报告或化学相容性自我声明，其报告或声明内容是否与拟验货物属性及实际使用条件一致。

6. 检查包装件的形式和外观是否符合要求。

7. 检查运输危险货物净重是否符合《规章范本》和相应运输形式的"国际危规"规定的重量要求。

8. 检查危险货物在容器外表面或外容器和内容器之间有无洒漏。

9. 提取保护危险货物的液体进行分析和用微量气体测定仪检测保护性惰性气体的含量，按各类危险货物相应的标准检验保护性液体或惰性气体是否有效保证危险货物的安全。

10. 检查危险货物和与之接触的包装、吸附材料、防震和衬垫材料、绳、线等包装附加材料是否发生化学反应，影响其使用性能。

11. 检查桶、罐类包装是否符合各项要求。

12. 检查箱类包装是否符合各项要求。

13. 检查袋类包装是否符合各项要求。

14. 检查组合包装是否符合各项要求。

15. 若该危险货物同时属于《危险化学品目录（2015 版）》列明的危险化学品，还应检查其是否符合出口危险化学品的检验要求，如产品包装上是否有危险公示标签（散装产品除外），是否随附安全数据单，危险公示标签、安全数据单的内容是否符合规定。

9.4.5 合格判定

1. 按照上述内容进行鉴定时，若有一项不合格，则该批危险货物包装使用鉴定为不合格。

2. 经检验鉴定不合格的，可经全部返工整理或剔除不合格的包装件后，再次提交检验，其严格度不变。

9.4.6 不合格处置

9.4.6.1 出口危险货物包装使用鉴定不合格

1. 对经检验包装使用不合格的出口危险货物，签发《出境货物不合格通知单》，不允许出口。

2. 经检验不合格的检验批，且不合格包装件数量在允许复检的范围以内，允许报检单位返工整理一次。经返工整理或剔除不合格包装件后，允许在自检合格的基础上重新报检。重新报检须附返工整理详细记录以及《出境货物不合格通知单》（正本）。复检按有关标准执行，严格度不变。

3. 经复检仍不合格的，不允许出口。

9.4.6.2 危险公示信息不合格（如适用）

对出口危险化学品，如经检验危险公示信息不符合要求的，应监督企业整改，经重新检验合格后方可签发相关单证；经重新检验仍不合格的，不允许出口。危险公示信息不合格的情况主要包括：

1. 申请人不能提供有效的危险性分类鉴别报告，或危险公示信息与申报资料不符；

2. 包装件上未加贴危险公示标签（散装货物除外），或标签的内容不真实、不完整、不准确等；

3. 未随附安全数据单，或安全数据单的信息不真实、不完整、不准确。

9.5 出口电石和黄磷包装使用鉴定特殊要求

9.5.1 出口电石包装使用鉴定

电石，为与水反应并产生高度易燃气体——乙炔的固体物质。UN 编号：UN1402，危险类别：4.3 类，包装类别：Ⅱ类。出口电石包装的使用鉴定详见 GB 19453—2009《危险货物电石包装检验安全规范》，主要包括以下 3 方面：

9.5.1.1 电石桶外观检验

电石桶应铸压或印刷符合规定的危险货物包装标记，同时桶体应印有清晰、正确的货物名称、UN 编号、毛（净）重、生产批号、制造国别（地区）、"已充氮气"等。电石桶外观应清洁，无污染，无严重锈蚀，无明显变形。

9.5.1.2 电石桶封口密封性能检验

电石桶的封闭器应配以适当的密封垫圈，螺栓拧紧程度及中口盖的封口应达到密封要求。

检验方式：对已包装完毕的电石包装件，在桶盖上打开一个螺丝孔装上通气嘴，向桶内充以氮气，入口处压力保持在 20kPa，在包装件封口处用皂液涂拭，不得漏气。

9.5.1.3 电石桶的充氮效果检验

在电石生产厂对电石桶完成充氮处理，放置到完全冷却后，从电石桶中采出气体样，分别测定电石桶内乙炔和氧气的含量。乙炔含量在 1% 以下为合格，氧气含量作为参考指标，需控制在 10% 以下。

9.5.2 出口黄磷包装使用鉴定

黄磷，为易自燃固体，UN 编号：UN1381，危险类别：4.2 类，包装类别：Ⅰ类。

我国出口黄磷包装一般使用净重不大于 400kg 的钢桶。在对每批出口黄磷包装进行使用鉴定时，除按危险货物包装进行使用鉴定一般检验外，还应分别进行灌装鉴定和封口鉴定，可参见 GB 19358—2003《黄磷包装安全规范 使用鉴定》。

9.5.2.1 灌装鉴定

1. 灌装后的黄磷桶应单层竖立，放在水平地面上，不得倾斜、翻倒；桶内黄磷完全凝固后方可封盖。
2. 检验时，打开桶盖，用标尺检查，桶内黄磷表面与桶底面应相对平行。水层厚度应为 10cm。

9.5.2.2 封口鉴定

将包装件完全倾倒，封闭器分别被包装件内覆盖水完全浸没下，检查封闭器是否渗漏。

9.6 检验单证管理

现场关员应根据检验结果和合格评定标准，及时准确地按照规定的单证种类、单证格式和证稿拟制规范拟制证稿,各类单证的签发及管理应符合签证管理的有关要求。出口危险货物性能检验及使用鉴定常用的单证包括《出境货物不合格通知单》、《出入境货物包装性能检验结果单》、《中华人民共和国出境危险货物运输包装使用鉴定结果单》(附录4)(简称《出境危险货物运输包装使用鉴定结果单》)。

9.6.1 一般规定

1. 单证内容应符合有关法律法规、文件标准对证书内容的要求以及国际贸易通行的做法,用词准确,文字通顺,符合逻辑。

2. 单证编号必须与申报单编号一致。

3. 单证的数量、重量栏目中数字前应加限制符"＊＊"或"—"。

4. 单证的证明内容编制结束后,应在下一行中间位置打上结束符"＊＊＊＊＊＊＊＊"。加注证明内容以外的有关项目的,应加注在单证结束符号上面。

5. 单证的有效期应严格按照相关规定要求计算、标注。

6. 单证一般应以检讫日期作为签发日期。

7. 使用鉴定结果单有效期不得超过对应的性能检验结果单有效期。

9.6.2 《出入境货物包装性能检验结果单》内容及要求

9.6.2.1 单证拟制要求

《出入境货物包装性能检验结果单》拟制说明参见附录2。

9.6.2.2 单证有效期

《出入境货物包装性能检验结果单》有效期根据货物预期运输形式、包装容器的材料性质和所装危险货物性质确定,自《出入境货物包装性能检验结果单》签发之日起计算,终止日期应在《出入境货物包装性能检验结果单》上注明。

海运、铁路、公路运输危险货物包装《出入境货物包装性能检验结果单》有效期为:钢桶、复合桶、纤维板桶、纸板桶盛装固体货物的《出入境货物包装性能检验结果单》有效期为18个月,盛装液体货物的有效期为12个月;其他包装容器的《出入境货物包装性能检验结果单》有效期为12个月。空运出口危险货物包装《出入境货物包装性能检验结果单》有效期为:玻璃、陶瓷制包装容器为2年,金属、木、纸制包装容器为1年,塑料包装容器为6个月。

9.6.3 《出入境危险货物包装性能检验结果单》的超期处置

出口危险货物包装如未能在《出入境危险货物包装性能检验结果单》有效期内使用完毕，企业可重新申请包装容器性能检验，经检验合格后海关出具新的《出入境货物包装性能检验结果单》，其有效期自重新检验完毕日期起计算不超过6个月。

9.6.4 《出境危险货物运输包装使用鉴定结果单》的内容及要求

9.6.4.1 单证拟制要求

对经检验合格的包装，出具《出境危险货物运输包装使用鉴定结果单》，并在使用鉴定结果单"检验结果"栏中注明该批危险货物包装件危险公示信息符合性核查符合要求（如适用）。其中，"检验依据"栏中应根据实际的运输方式和包装形式，填写相应的检验规程。

对检验不合格的，出具《出境货物不合格通知单》。

9.6.4.2 单证有效期

1. 海运、铁路、公路运输出口危险货物，其《出境危险货物运输包装使用鉴定结果单》有效期为：盛装非腐蚀性危险货物的，不能超过该批出境危险货物包装性能检验结果单证书有效期；盛装腐蚀性危险货物，从货物灌装之日起计算不应超过6个月，但不能超过该批货物的《出境危险货物包装性能检验结果单》有效期；

2. 空运出口危险货物，其《出境危险货物运输包装使用鉴定结果单》有效期为3个月，但《出境危险货物运输包装使用鉴定结果单》有效期不能超过《出入境货物包装性能检验结果单》有效期。

第10章

进口危险化学品及包装检验

第 10 章 进口危险化学品及包装检验

进口危险化学品及其包装的检验目的是检查危险化学品是否按照我国及国际关于危险化学品安全管理要求，是否符合危险公示信息的要求，是否满足安全运输的需要，以便预防和减少危险品安全事故，保障人身、财产、健康和环境安全。《规章范本》、相关的国际危规以及 GHS 等国际规章的相关部分都对危险化学品及其包装作了规范要求。

10.1 依据

10.1.1 法律法规依据

根据《危险化学品安全管理条例》规定，质量监督检验检疫部门负责对进出口危险化学品及其包装实施检验。根据《危险化学品安全管理条例》，原国家质检总局联合海关总署下发了 2011 年第 203 号公告，将涉及 222 个 HS 编码的危险化学品检验检疫类别进行了调整，实施法定检验。近年又陆续将危险化学品名录中的部分危险化学品调入必须实施检验的进口商品目录。

具体法律法规及规范性文件依据如下：

1. 《商检法》
2. 《商检法实施条例》
3. 《危险化学品安全管理条例》（国务院令第 591 号）
4. 《关于进出口危险化学品及其包装检验监管有关问题的公告》（海关总署公告 2020 年第 129 号）

10.1.2 检验依据

进口危险化学品及其包装按照以下要求实施检验监管：

1. 我国国家技术规范的强制性要求；
2. 国际公约、国际规则、条约、协议、议定书、备忘录等，如《规章范本》、GHS、IMDG Code 等。
3. 原国家质检总局指定的技术规范、标准；
4. 贸易合同中高于 1 至 3 规定的技术要求。

10.2 检验模式、申报要求及单证审核

10.2.1 检验模式

对进口危险化学品实施审批"审单验证+口岸检验或者目的地检验"模式，根据进口危险化学品属性和危险货物包装类型设定检验作业环节（地点）和比例。

10.2.2 申报要求

进口危险化学品的收货人或者代理人报关时，应在"中国国际贸易单一窗口"如实填报货物属性、检验检疫名称、危险类别、包装类别、联合国危险货物编号（UN 编号）、危险货物包装标记（包装 UN 标记）和目的地检验检疫机关等，并按照申报货物项提供以下相关材料：进口危险化学品企业符合性声明；对需要添加抑制剂或稳定剂的产品，应提供实际添加抑制剂或稳定剂的名称、数量等情况说明；中文危险公示标签（除散装产品外）、中文安全数据单的样本。

10.2.3 单证审核

需要实施单证审核时，应注意申报内容是否准确、完整。对于单据审核中的任何疑问，应及时与申报人联系确认，予以补正。

1. 审核申报商品是否与有关规定相符

审核申报货物是否还需要执行海关总署的其他检验要求，如用作食品添加剂的进口危险化学品应符合食品安全相关规定要求，以及涂料备案等。

2. 审核所提供单证内容的真实性、有效性和一致性

审核申报所提供的单证是否在有效期内，随附单证内容是否与申报货物相符，单证之间内容是否一致。

3. 随附危险公示信息核查

（1）审核随附中文安全数据单格式及包含的安全信息是否完整、准确，符合要求。

（2）审核随附危险信息公示中文标签内容是否符合要求。

（3）审核免于公示信息是否已经审查批准并提供相关资料。

10.3 现场检验

10.3.1 人员资质要求和安全防护

直属海关应严格进出口危险货物及其包装检验岗位资质管理。各直属海关要根据业务需求不断充实进出口危险货物及其包装检验队伍，严禁无资质人员从事相关检验工作。强化进出口危险货物及其包装检验相关业务知识持续学习和实操培训，确保一线执法人员具备符合要求的检验能力。

进口危险化学品及其包装检验人员应在确保安全的前提下，根据产品的具体危险特性，选取符合安全要求的地点和方式实施现场检验，具体安全要求见附录 5。

10.3.2 进口危险化学品检验内容

进口危险化学品检验内容包括安全、环保、防止欺诈等要求以及相关的品质、数（重）量等项目。其中，安全要求包括：产品的主要成分/组分信息、物理及化学特性、危险类别等应符合相关规定；产品包装上应加贴中文危险公示标签，危险公示标签的内容应符合相关规定；应随附中文安全数据单，安全数据单的内容应符合相关规定。

10.3.2.1 检验批

以同一申报批、同一输入国（地区）、同一规格产品为一检验批。检验人员应根据所申报的货物选择适用检验标准或规程实施现场检验。

10.3.2.2 一般要求

检验人员需现场确认货物的品名、规格、包装、数/重量是否与申报资料一致，核查进口危险化学品的包装方式、危险公示信息等是否符合要求等。

1. 核查申报产品货证是否相符

具体包括：检验产品包装件上标记的品名、危险类别或项别、次要危险性是否与申报材料一致；产品的成分构成信息——化学名称、普通名称、同物异名及混合物的临界水平的所有成分的化学名称和浓度范围是否与申报材料相一致；产品的物理特性、化学特性是否与申报材料相一致；产品的品质、数量、重量是否符合安全、卫生、健康、环境保护、防止欺诈等要求。

2. 核查申报产品的危险公示标签是否符合要求

具体包括：检验产品是否按照 GB 15258—2009《化学品安全标签编写规定》以及 GB 30000《化学品分类和标签规范》系列国家标准的要求，在产品包装的醒目位置加贴、拴挂或喷印标签，标签信息内容至少包括产品标识、象形图、信号词、危险说明、防范说明等基本要素，并应真实准确。

3. 核查申报产品安全数据单是否符合要求

具体包括：检验产品随附的安全数据单的制造商/供应商及产品信息是否真实、齐全、有效，并与申报材料相一致；安全性信息完整、准确，应至少包含 GHS 规定的 16 项基本信息，即本书 8.3.2.1 节~8.3.2.16 节中的信息。

10.3.2.3 其他要求

对进口散装危险化学品，应及时掌握散装货船的靠岸时间，上船核查前应向船方了解货物积载情况及装港、海运的有关信息。如发现货物异常，应做好详细记录，必要时应摄取影像资料，并要求船方确认。

用作食品、食品添加剂、涂料等的进口危险化学品，还应依据相关进口商品的检验管理要求实施检验。

我国国家标准对产品中有毒有害物质有限量要求的，应依据国家标准强制性要求实施检验。

10.3.2.4 检测抽样

进口危险化学品根据布控要求或者审核申报随附材料及现场核查发现存在疑点的，可视情况现场抽样送有资质的实验室进行检测验证。

检测抽取样品应具有代表性，全面、真实、准确地反映进口危险化学品情况。样品数量应满足检验、复验、留存备查或者仲裁要求。抽样基本要求如下：

1. 同一申报批、同一规格产品为一检验批。

2. 危险特性分类和成分鉴别按照 GB/T 6678—2003《化工产品采样总则》确定抽样数量和样品数量，并按照 GB/T 6679—2003《固体化工产品采样通则》或 GB/T 6680—2003《液体化工产品采样通则》的要求进行抽样。

3. 抽样时，抽样人员应在适当防护措施下抽取样品，并填写抽/采样凭证。

4. 用于抽样的工具和盛放样品的容器应保持清洁卫生、干燥、无异味，特性应与拟装样品的危险特性相容，不能与样品发生反应或使样品受到污染。

5. 抽样后应根据需要妥善包装并粘贴专用封样胶带，填写并在包装封口处加贴样品标签，及时将样品送至有资质的实验室/检测中心检测。

10.3.3 进口危险化学品包装检验内容

进口危险化学品包装检验内容包括危险化学品的包装型式、包装标记、包装类别、包装规格、单件重量、包装使用状况等。

10.3.3.1 包装标记与标签核查

1. 检查进口危险化学品包装的危险包装标记标注是否符合规定。
2. 检查包装标记的字体大小是否得当。
3. 检查包装上危险性运输警示标签加贴符合性。

10.3.3.2 包装使用情况核查

1. 根据内装危险化学品的 UN 编号，在《规章范本》或者相应运输形式的"国际危规"中的危险货物一览表中相应条目中查找该危险货物适应的包装规范编码及特殊规定编码（如有）。在《规章范本》中"容器的使用"或者相应运输形式的"国际危规"中检索该包装规范代码及特殊规定中的具体包装要求，检查进口危险化学品实际使用包装件的型式、规格、单件重量（容积及毛净重）是否符合上述相关要求，是否与申报信息一致。
2. 检查进口危险化学品容器包装类别的适用性及具体包装型式的使用合规性。
3. 检查包装件外观情况。检查危险化学品有无洒漏在容器外表面、外容器与内容器或内贮器之间。必要时采取堆码、倒置、气密、液压等检验方式检查确认包件的防护性及运输适应性。
4. 检查在运输过程中需添加保护性液体或惰性气体、添加抑制剂等的危险化学品包装，是否添加了相应保护性液体、惰性气体、抑制剂或稳定剂。
5. 检查包装容器及配件、附加材料材质与所装危险化学品的适用性。
6. 检查液体危险化学品的充填量。
7. 检查衬垫或吸附材料与所装危险化学品的适用性。

10.3.4 合格判定

对仅实施现场检验的进口危险化学品及其包装，经现场检验符合相关规定，即判定该检验批合格；不符合要求的判定该检验批不合格。

对实施现场检验和实验室检测的进口危险化学品及其包装，经现场检验和实验室检测均符合相关规定，即判定该检验批合格；如有一项不符合要求，即判定该检验批不合格。

10.3.5 不合格处置

经检验不合格的进口危险化学品及其包装，如经标签整改、使用救助包装等技术处理，能够符合货物运输、销售及使用安全规定的，海关可视情况通知当事人进行整改，复验合格后，允许清关；否则，按照相关规定要求予以退运或销毁处理。

10.3.5.1 危险公示信息不合格处置

进口危险化学品及其包装属于危险公示信息不合格的，监督企业整改，重新检验合格后签发相关单证；整改后，经重新检验仍不合格的不准清关。危险公示信息检验不合格情况主要包括：

1. 货物信息与申报资料不符；
2. 货物上未加贴中文危险公示标签（除散装产品外），或标签的内容不真实、不完整、不准确；
3. 未随附中文安全数据单，或安全数据单的信息不真实、不完整、不准确。

10.3.5.2 包装不合格处置

可视包装不合格情况，采取使用救助容器、更换包装等形式进行技术整理，整改合格后签发相关单证；整改后仍不符合要求的，按照相关规定要求予以退运或销毁处理。

10.4 检验单证管理

现场关员应根据检验结果和合格评定标准，及时、准确地按照规定的单证种类、单证格式和证稿拟制规范拟制证稿，各类单证的签发及管理应符合签证管理的有关规定。

10.4.1 一般规定

1. 单证内容应符合有关法律法规、进口国（地区）对证书内容的要求以及国际贸易通行的做法，用词准确，文字通顺，符合逻辑。
2. 涉及检验的证稿应包括抽（采）样情况、检验依据、检验结果、评定意见四项基本内容。

3. 单证编号必须与申报单编号一致。同一批货物分批出具同一种证书的，在原编号后加-1、-2、-3……以示区别。

4. 检验证书必须严格按照相关要求，分别使用英文、中文、中英文联合签发。如申报人有特殊要求需要使用其他语种签证的，也应视情况予以办理。签发两个语种或多种语种证书时，必须中外文联合缮制。

5. 证书的数量、重量栏目中数字前应加限制符"＊＊"。

6. 证书的证明内容编制结束后，应在下一行中间位置打上结束符"＊＊＊＊＊＊＊＊"。加注证明内容以外的有关项目的，应加注在证书结束符号上面。

7. 证单的有效期不得超过检验有效期。

8. 证单一般应以检讫日期作为签发日期。

10.4.2 常用单证和要求

10.4.2.1 常用单证

1.《入境货物检验检疫证明》（见附录7）；

2.《检验证书》（见附录8）；

3.《检验检疫处理通知书》（见附录9）。

10.4.2.2 单证拟制和签发要求

1. 对经检验合格的入境危险化学品、危险货物及其包装，出具《入境检验检疫证明》作为进口检验合格的凭证，属于食品添加等其他用途的产品，还应在备注栏注明用途；对检验不合格的进口危险化学品及其包装出具《检验检疫处理通知书》，如货主有要求，结汇、结算有要求的，可按要求出具《检验证书》。

2. 出具《检验证书》时，证书具体名称根据需要打印，如"品质证书 QUALITY CERTIFICATE"等。用于索赔的证书应使用中英文联合签发，根据需要也可使用中文签发。

3. 入境货物发生品质、重量或残损等问题，应根据致损原因、责任对象的不同，分别出证。因多种原因造成综合损失的变质、短重或残损，可以汇总出证，但应具体列明不同的致损原因。

4. 入境货物经检验检疫合格的，由施检人员拟制证稿，授权签字人审签。检验不合格或对外签发索赔证书的，其证稿应由施检部门负责人审签。属于以下情况的，应由施检部门报分管领导核定：

(1) 案情复杂、索赔数额较大或损失较大的；

(2) 其他机构检验或收用货单位自行验收，其结果与海关检验结果相差较大的；

(3) 办理异地汇总出证，汇总签证机构需要改变原评定意见的；

(4) 经检验不合格，需作销毁或退运处理的。

(5) 申请人申请重发证单的，应当书面说明理由，并在指定的报纸上声明原证单作废，经海关核准后方可办理重发手续。

10.4.2.3 证单的归档管理

申请单按工作流程签字，原始检验记录填写完整，按规定时间归档。相关单证材料、检验原始记录、实验室检测报告、证书副本、有关证书复印件等按相关规定由出证部门和实验室分别存档，档案保存期为 3 年。

第11章

烟花爆竹、打火机等特殊商品的检验

第 11 章　烟花爆竹、打火机等特殊商品的检验

11.1　进出口烟花爆竹的检验要求和内容

11.1.1　检验依据

11.1.1.1　指导原则

进出口烟花爆竹的检验监管工作应聚焦产品的储存运输安全、燃放安全和环保的合规性，严格执行相关标准中有关运输与使用环节的安全环保要求。进出口烟花爆竹按照以下要求实施检验监管：

1. 国际公约、国际规则、条约、协议、议定书、备忘录等；
2. 国家法律及行政规章；
3. 海关总署的规范性文件及现行有效的原国家质检总局的规范性文件；
4. 国家标准。

11.1.1.2　法规和标准

1. 国际规章

《规章范本》、联合国《试验和标准手册》。

2. 行政法规和部门规章

《烟花爆竹安全管理条例》、《出口烟花爆竹检验管理办法》（国家出入境检验检疫局令第9号发布，根据海关总署令第238号修正）。

3. 国家标准

（1）GB 10631—2013《烟花爆竹　安全与质量》。
（2）GB/T 10632—2014《烟花爆竹　抽样检验规则》。
（3）GB 11652—2012《烟花爆竹作业安全技术规程》。
（4）GB 24426—2015《烟花爆竹　标志》。
（5）GB 50161—2022《烟花爆竹工程设计安全标准》。
（6）SN/T 0370.1—2021《出口危险货物包装检验规程　第1部分：总则》。
（7）SN/T 0370.2—2021《出口危险货物包装检验规程　第2部分：性能检验》。
（8）SN/T 0370.3—2021《出口危险货物包装检验规程　第3部分：使用鉴定》。

11.1.2　出口烟花爆竹监管内容

海关对出口烟花爆竹的检验和监督管理工作采取产地检验与口岸查验相结合的原

则。企业申请出口烟花爆竹检验时，应当向海关提供《出口烟花爆竹生产企业声明》，对出口烟花爆竹的质量和安全符合我国强制标准的要求作出承诺。

海关在产地对出口烟花爆竹实施批检验，检验批及检验项目见11.2，实际项目以上级海关文件或查检系统指令为准。

海关应严格落实《出口烟花爆竹检验管理办法》的有关安全性检验，对出口的烟花爆竹每年至少实施一次安全性检验，检验项目见11.2，实际项目以上级海关文件为准。

海关对出口烟花爆竹包装逐批实施使用鉴定，一般可结合批检验同时进行。盛装出口烟花爆竹的运输包装，应达到Y级包装性能要求，并应标有联合国规定的危险货物包装标记、标志和出口烟花爆竹生产企业的登记代码标记。实施包装的使用鉴定时应核查烟花爆竹的运输危险性分类是否正确且与所选择的包装相适应，经使用鉴定合格的烟花爆竹运输包装，海关出具《使用鉴定结果单》。

海关按《出口烟花爆竹检验管理办法》的规定，检查烟花爆竹运输包装上的标志和标记，凡不符合要求的，一律不予出口。口岸查验主要包括：货证是否相符；外包装上是否印刷有烟花爆竹生产企业代码及产品生产批次；是否有正确的爆炸品运输标志和标记；外包装是否完好无损；是否超过检验检疫有效期。

海关应根据烟花爆竹产品特点和风险管理情况，开展风险验证和评估工作。

11.1.3　进口烟花爆竹监管内容

企业申请进口烟花爆竹检验时，应当向海关提供内容准确并互相一致的如下技术资料：进口烟花经营企业的主管部门许可材料；进口烟花经营企业符合性声明；进口烟花企业应提供所进口烟花的中文标志样本和燃放说明样本，其内容应符合GB 24426—2015《烟花爆竹 标志》的规定。

海关对进口烟花爆竹实施批批检验，检验批及检验项目见11.2，实际项目以上级海关文件或查检系统指令为准。

海关对每个品种实施型式试验，可对企业声明的质量安全情况、运输分类结果等实行抽查验证，并开展风险验证与评估工作。

11.1.4　实验室检测内容

11.1.4.1　烟花爆竹产品安全性能检测

海关实验室对首次出口，或者原材料、配方发生变化的烟花爆竹实施烟火药剂能

第11章 烟花爆竹、打火机等特殊商品的检验

检测；对长期出口的烟花爆竹产品，每年进行至少一次的烟火药剂性能检测。

11.1.4.2 烟花爆竹型式试验

海关实验室根据监管需要按照 GB 10631—2013《烟花爆竹 安全与质量》开展烟花爆竹型式试验，其检验项目见 11.2，实际项目以上级海关文件或查检系统指令为准。

11.1.4.3 烟花爆竹风险验证试验/安全抽查

海关实验室依据监管工作等需要对进出口烟花爆竹产品实施特定项目的验证/安全抽查。

11.1.4.4 烟花爆竹运输危险性分类结果核查和分类测试

海关实验室依照监管需求对烟花爆竹运输危险性分类结果进行核查和分类测试。运输分类结果核查按照《规章范本》中 2.1.3.5 进行；烟花爆竹的运输危险性项别可以通过联合国《试验和标准手册》中的试验系列 6 得出的试验数据划分为 1.1、1.2、1.3、1.4 项和 1.4S。

11.1.5 检验场地要求

11.1.5.1 资质要求

海关应在具有资质的场所开展检验工作，场所应符合 GB 50161—2022《烟花爆竹工程设计安全标准》的要求。A、B 级产品（喷花类除外），单筒药量 25 克及以上的 C 级组合烟花类产品应存放在具有危险等级 1.1 的场所。C、D 级产品（其中单筒药量 25 克以下的组合烟花类）和喷花类成品应存放在具有危险等级 1.3 的场所。

11.1.5.2 作业要求

海关在现场检验工作，作业应符合 GB 11652—2012《烟花爆竹作业安全技术规程》中第 9 章有关要求。作业前应打开仓库相应的安全出口，机动车应熄火停在仓库门口 2.5 米外。进入库房不应超过 8 人，不应有无关人员靠近。作业应由熟练、具有资质的人员操作。

11.2 烟花爆竹产品的产地检验/目的地检验

11.2.1 术语和定义

11.2.1.1 烟花爆竹

烟花爆竹（fireworks）是指以烟火药为主要原料制成，引燃后通过燃烧或爆炸，产生光、声、色、型、烟雾等效果，用于观赏，具有易燃易爆危险的物品。

11.2.1.2 运输包装

运输包装（transportation pack）是指用于运输的烟花爆竹包装单元。

11.2.1.3 引燃装置

引燃装置（ignition device）是指用于点火、传火、控制引燃时间以及保护引火线的装置，含引火线、点火头、擦火头、护引套（纸）、引线接驳器等。

11.2.1.4 护引套

护引套（fuse protector）是指用于防止引火线被意外点燃，保护引火线的部件。

11.2.1.5 引线接驳器

引线接驳器（fuse connector）是指用于烟花连接传火的部件，由插头和插座组成。

11.2.1.6 底座

底座（base）是指用于防止产品在燃放时倒筒的部件。

11.2.1.7 底塞

底塞（bottom plug）是指用于防止烟火药燃烧时火焰、气体等从底部喷出而筑填在底部的部件。

11.2.1.8 引燃时间

引燃时间（ignition time）是指从引火线点燃至主体被引燃的时间。

第 11 章　烟花爆竹、打火机等特殊商品的检验

11.2.1.9　烧成

烧成（successful function）是指产品在燃放时达到预期效果的现象。

11.2.1.10　烧成率

烧成率（functioning percentage）是指计数类产品燃放后，烧成个数占燃放总个数的百分比。

11.2.1.11　熄引

熄引（fuse extinguish）是指引火线被点燃后，未引燃主体的现象。

11.2.1.12　倒筒

倒筒（tipover）是指燃放时产生不应有的倾倒的现象。

11.2.1.13　烧筒

烧筒（tube burnout）是指燃放时产生不应有的筒体燃烧的现象。

11.2.1.14　炸筒

炸筒（tube blowout）是指燃放时产生不应有的筒体炸裂的现象。

11.2.1.15　散筒

散筒（multi-tube separation）是指燃放时产生不应有的筒体开裂、穿孔或筒体间分离的现象。

11.2.1.16　低炸

低炸（low burst）是指燃放时在规定高度以下开包（炸）的现象。

11.2.1.17　炙热物

炙热物（debris）是指燃放时产生的高温块状物。

11.2.1.18　发射偏斜角

发射偏斜角（deflection angle of launch）是指升空产品发射时偏离水平面垂线的

267

角度。

11.2.1.19 断火

断火（fire off）是指燃放时主体中途熄灭或留有未被点燃烟火药的现象。

11.2.1.20 单位产品

单位产品（item）是指为了实施抽样检验，将烟花爆竹产品划分的基本单位。单位产品可以是单个产品、单件产品，基本单位可为箱、盒、包、挂、卷、根、个、发、粒等，它与生产、出售和运输所规定的单位产品可以一致，也可以不一致。

11.2.1.21 检验批

检验批（lot）简称批，为了实施抽样检验的批而汇集起来的由相同原材料、相同工艺生产的相同规格和效果的单位产品，具有相同产品名称和生产年月，它可以不同于其他目的（如生产、销售、运输等）所组成的批。

11.2.1.22 批量

批量（lot size）是指批中所含单位产品的个数，记作"N"。

11.2.1.23 样品

样品（sampling unit）是指从批中随机抽取用于检验的单位产品。

11.2.1.24 样本

样本（sample）即样品的全体，取自一个批且能提供该批信息的一个或一组单位产品。

11.2.1.25 样本量

样本量（sample size）是指样本中所包含的单位产品的个数，记作"n"。

11.2.1.26 缺陷

单位产品任一安全与质量检查项目不符合标准/规范的要求，即构成缺陷（defect）。

第 11 章 烟花爆竹、打火机等特殊商品的检验

11.2.1.27 致命缺陷

对产品的生产、燃放、运输、贮存等有关人员会造成危害或不安全的缺陷为致命缺陷（critical defect）。不可修复的致命缺陷，记作"a1"。可修复的致命缺陷，记作"a2"。

11.2.1.28 严重缺陷

不构成致命缺陷，但很可能造成故障或严重降低烟花爆竹性能的缺陷为严重缺陷（major defect）。涉及安全性能的严重缺陷，记作"b1"。涉及质量性能的严重缺陷，记作"b2"。

11.2.1.29 轻微缺陷

不构成致命缺陷和严重缺陷，只对烟花爆竹的安全与质量性能有轻微影响或几乎没有影响的缺陷为轻微缺陷（minor defects）。涉及安全的轻微缺陷，记作"c1"。涉及质量的轻微缺陷，记作"c2"。

11.2.1.30 不合格品

不合格品（nonconforming item）是指有一个或一个以上缺陷的单位产品。

11.2.1.31 致命不合格品

致命不合格品（critical nonconforming item）是指有一个或一个以上致命缺陷，也可能还有严重缺陷和（或）轻缺陷的单位产品。

11.2.1.32 严重不合格品

严重不合格品（major nonconforming item）是指有一个或一个以上严重缺陷，可能还有轻缺陷，但没有致命缺陷的单位产品。

11.2.1.33 轻不合格品

轻不合格品（minor nonconforming item）是指有一个或一个以上轻微缺陷，但没有致命缺陷和严重缺陷的单位产品。

11.2.1.34 接收判定数

该批产品可接收的不合格品数或缺陷数最大值即接收判定数（Ac）。

11.2.1.35 拒收判定数

该批产品拒收的不合格品数或缺陷数最小值即拒收判定数（Re）。

11.2.1.36 质量指标

描述批质量性能的数值即为质量指标（quality index）。

11.2.2 烟花爆竹的分类分级

GB 10631—2013《烟花爆竹 安全与质量》根据结构与组成、燃放运动轨迹及燃放效果，将烟花爆竹产品分为以下 9 大类：爆竹类、喷花类、旋转类、升空类、吐珠类、玩具类、礼花类、架子烟花类、组合烟花类。产品类别及定义如表 11-1 所示。

表 11-1 烟花爆竹产品类别及定义

序号	产品大类	产品大类定义	产品小类	产品小类定义
1	爆竹类	燃放时主体爆炸（主体筒体破碎或者爆裂）但不升空，产生爆炸声音、闪光等效果，以听觉效果为主的产品	黑药炮	以黑火药为爆响药的爆竹
			白药炮	以高氯酸盐或其他氧化剂（并含有金属粉成分）为爆响药的爆竹
2	喷花类	燃放时以直向喷射火苗、火花、响声（响珠）为主的产品	地面（水上）喷花	固定放置在地面（或者水面）上燃放的喷花类产品
			手持（插入）喷花	手持或插入某种装置上燃放的喷花类产品
3	旋转类	燃放时主体自身旋转但不升空的产品	有固定轴旋转烟花	产品设置有固定旋转轴的部件，燃放时以此部件为中心旋转，产生旋转效果的旋转类产品
			无固定轴旋转烟花	产品无固定轴，燃放时无固定轴而旋转的旋转类产品
4	升空类	燃放时主体定向或旋转升空的产品	火箭	产品安装有定向装置，起到稳定方向作用的升空类产品
			双响	圆柱型筒体内分别装填发射药和爆响药，点燃发射竖直升空（产生第一声爆响），在空中产生第二声爆响（可伴有其他效果）的升空类产品
			旋转升空烟花	燃放时自身旋转升空的产品

第11章 烟花爆竹、打火机等特殊商品的检验

续表

序号	产品大类	产品大类定义	产品小类	产品小类定义
5	吐珠类	燃放时从同一筒体内有规律地发射出（药粒或药柱）彩珠、彩花、声响等效果的产品	—	
6	玩具类	形式多样、运动范围相对较小的低空产品，燃放时产生火花、烟雾、爆响等效果，有玩具造型、线香型、摩擦型、烟雾型产品等	玩具造型	产品外壳制成各种形状，燃放时或燃放后能模仿所造形象或动作；或产品外表无造型，但燃放时或燃放后能产生某种形象的产品
			线香型	将烟火药涂敷在金属丝、木杆、竹竿、纸条上，或将烟火药包裹在能形成线状可燃的载体内，燃烧时产生声、光、色、形效果的产品
			烟雾型	燃放时以产生烟雾效果为主的产品
			摩擦型	用撞击、摩擦等方式直接引燃引爆主体的产品
7	礼花类	燃放时弹体、效果件从发射筒（单筒，含专用发射筒）发射到高空或水域后能爆发出各种光色、花型图案或其他效果的产品	小礼花	发射筒内径<76mm，筒体内发射出单个或多个效果部件，在空中或水域产生各种花型、图案等效果。可分为裸药型、非裸药型；可发射单发、多发
			礼花弹	弹体或效果件从专用发射筒（发射筒内径≥76mm）发射到空中或水域产生各种花型图案等效果。可分为药粒型（花束）、圆柱型、球型
8	架子烟花类	以悬挂形式固在架子装置上燃放的产品，燃放时以喷射火苗、火花，形成字幕、图案、瀑布、人物、山水等画面。可分为瀑布、字幕、图案等	—	
9	组合烟花类	由两个或两个以上小礼花、喷花、吐珠同类或不同类烟花组合而成的产品	同类组合烟花	限由小礼花、喷花、吐珠同类组合，小礼花组合包括药粒（花束）型、药柱型、圆柱型、球型以及助推型
			不同类组合烟花	仅限由喷花、吐珠、小礼花中两种组合

注：1. 烟雾型、摩擦型仅限出口。
  2. "—"代表无此级别产品。

按照药量及所能构成的危险性大小，烟花爆竹产品分为 A、B、C、D 四级。

按照对燃放人员要求的不同，烟花爆竹产品分为个人燃放类和专业燃放类。

个人燃放类：不需加工安装，普通消费者可以燃放的 C 级、D 级产品。

专业燃放类：应由取得燃放专业资质人员燃放的 A 级、B 级产品和需加工安装的 C 级、D 级产品。

各级产品的最大允许药量如表 11-2、表 11-3 所示。

A 级：由专业燃放人员在特定的室外空旷地点燃放、危险性很大的产品。

B 级：由专业燃放人员在特定的室外空旷地点燃放、危险性较大的产品。

C 级：适于室外开放空间燃放、危险性较小的产品。

D 级：适于近距离燃放、危险性很小的产品。

表 11-2　个人燃放类产品最大允许药量

序号	产品大类	产品小类	最大允许药量 C 级	D 级
1	爆竹类	黑药炮	1g/个	—
		白药炮	0.2g/个	
2	喷花类	地面（水上）喷花	200g	10g
		手持（插入）喷花	75g	10g
3	旋转类	有固定轴旋转烟花	30g	—
		无固定轴旋转烟花	15g	1g
4	升空类	火箭	10g	—
		双响	9g	
		旋转升空烟花	5g/发	
5	吐珠类	药粒型吐珠	20g（2g/珠）	—
6	玩具类	玩具造型	15g	3g
		线香型	25g	5g
7	组合烟花类	同类组合和不同类组合，其中：小礼花单筒内径≤30mm；圆柱型喷花内径≤52mm；圆锥型喷花内径≤86mm；吐珠单筒内径≤20mm	小礼花：25g/筒；喷花：200g/筒；吐珠：20g/筒；总药量：1200g。（开包药：黑火药 10g，硝酸盐加金属粉 4g，高氯酸盐加金属粉 2g）	50g（仅限喷花组合）

注："—"代表无此级别产品。

第 11 章 烟花爆竹、打火机等特殊商品的检验

表 11-3 专业燃放类产品最大允许药量

序号	产品大类	产品小类		最大允许药量			
				A 级	B 级	C 级	D 级
1	喷花类	地面（水上）喷花		1000g	500g	—	—
2	旋转类	有固定轴旋转烟花		150g/发	60g/发		
		无固定轴旋转烟花		—	30g		
3	升空类	火箭		180g	30g		
		旋转升空烟花		30g/发	20g/发		
4	吐珠类	吐珠		400g（20g/珠）	80g（4g/珠）		
5	礼花类	小礼花		—	70g/发	—	—
		礼花弹	药粒型（花束）（外径≤125mm）	250g			
			圆柱型和球型（外径≤305mm 其中雷弹外径≤76mm）	爆炸药 50g 总药量 8000g			
6	架子烟花类	架子烟花		—		瀑布 100g/发，字幕和图案 30g/发	瀑布 50g/发，字幕和图案 20g/发	—
7	组合烟花类	同类组合和不同类组合球型内径≤102mm		药柱型、圆柱型内径≤76mm，100g/筒；球型内径≤102mm，320g/筒	总药量 8000g	内径≤51mm 50g/筒，总药量 3000g	—

注：1. "—"表示无此级别产品。

2. 舞台上用各类产品均为专业燃放类产品。

3. 含烟雾效果件产品均为专业燃放类产品。

273

11.2.3 烟花爆竹的批检验

11.2.3.1 确定抽样样本量

一般产品抽样样本量和鞭炮产品抽样样本量分别如表11-4、表11-5所示。

表11-4 一般产品抽样样本量

批量范围 N	≤500	501~1000	1001~2000	>2000
样本量 n	5	8	10	13

表11-5 鞭炮产品抽样样本量

批量范围 N/（挂、卷）	样本量 n/（挂、卷）			
	≤50 响/（挂、卷）	51~500 响/（挂、卷）	501~2000 响/（挂、卷）	>2000 响/（挂、卷）
≤500/（挂、卷）	8	6	5	4
501~1000/（挂、卷）	10	8	6	4
1001~2000/（挂、卷）	13	10	8	5
>2000/（挂、卷）	13	12	10	6

摩擦类产品以最小包装盒为单位产品，最大批量为5000箱。

3号至6号礼花弹按表11-4规定样本量的60%抽取；7号及以上礼花弹按表11-4规定样本量的30%抽取，但样本量不应少于3个。

组合烟花抽样样本量如表11-6所示。

表11-6 组合烟花产品抽样样本量

批量范围 N/个	样本量 n/个						
	组合发数≤21发/个		组合发数20发/个~50发/个		组合发数>50发/个	
	单筒内径> 30mm	单筒内径≤ 30mm	单筒内径> 30mm	单筒内径≤ 30mm	单筒内径> 30mm	单筒内径≤ 30mm
≤500	5	6	4	6	4	4
501~1000	6	7	5	7	4	5
≥1001	7	8	6	8	5	6

第11章 烟花爆竹、打火机等特殊商品的检验

产品安全性能试验项目及其他验证项目以实验室检测要求为准。对于需要留样的，应按照表11-4、表11-5、表11-6的规定加倍抽样。

一般产品批检验缺陷如表11-7所示，各类产品特殊的批检验缺陷如表11-8所示。

表11-7 一般产品批检验缺陷表①

检验项目	缺陷名称	缺陷类别
外观规格	重霉变，主体严重变形，开裂	a1
	规格超出设计要求	a1
	主体轻度变形，表面有浮药	b1
	污染、轻霉变、包头包脚、露头露脚、露白（线香类、礼花弹类、爆竹类除外）	c2
	筒体黏合欠牢固	c2
标志	无厂名，无厂址，无产品名称，无燃放说明，无警示语	a2
	未注明"个人燃放"	b1
	除厂名、厂址、产品名称、燃放说明、警示语外标志内容不齐或错误，字体、颜色错误	c1
销售包装	销售包装标志脱落	b1
	标志内容不完整	b1
	计数类产品未注明数量	c1
运输包装	运输包装标志脱落	b1
	不符合GB 190—2009《危险货物包装标志》、GB/T 191—2008《包装储运图示标志》要求的"烟花爆竹""防火防潮"安全用语或图案	b2
	标志内容不完整	b1
	缺少运输警示标签	a2
	字体颜色不符合要求	c1
部件	引燃时间小于标准规定的最小值	a1
	含有不应有的漂浮物与雷弹	b1
	点火引火线安装不牢固	a2
	点火引火线不是绿色安全引线，无护引装置，点火部位不明显	b1
	未安装底座或安装不牢固	a2
	底塞不牢固	a2
	吊线强度不符合要求，定向器安装不牢	b1
	手持部分长度不符合标准要求	b1

① 本表介绍的是产品的一般要求或通用要求。

续表

检验项目	缺陷名称	缺陷类别
结构材质	结构材质不符合要求	b1
	固引剂使用不符合要求	b1
药种药量	使用违禁药物、超药量	a1
	实测药量平均值超出标示值允许误差范围3倍以上	b1
	实测药量平均值超出标示值允许误差范围1~3倍	b2
	爆炸药、带炸效果件使用不符合标准要求	b1
燃放性能	不符合设计要求、声级超过规定要求	b2
	色火、炙热物与燃放点横向距离超过规定值	b1
	抛射物与燃放点横向距离超过规定值，且抛射物单个块状5~20g，或纸质抛射物15~50g	c1
	与燃放点横向距离超过规定值，且抛射物单个块状大于20g，或纸质抛射物大于50g	b1
	专业燃放类产品火焰（炽热物）熄灭高度不符合标识要求	b1
	未烧成	b2

表11-8 各类产品特殊的批检验缺陷表①

类别	小类	缺陷名称	缺陷类别
爆竹类	黑药炮 白药炮	火焰、燃烧物超过标准规定范围	b1
		烧成率不合格	a1
喷花类	地面（水上）喷花 手持喷花 插入式喷花	炸筒、散筒、穿孔	a1
		倒筒、冲底	a2
		喷射高度大于规定要求、烧筒	b1
		未烧成、断火	a1
旋转类	有轴旋转烟花 无轴旋转烟花	炸筒、散筒	b1
		飞离地面高度超出规定要求	b1
		行走距离大于规定要求、烧筒	b2
		未烧成、断火	b1

① 本表介绍的是各类具体产品的额外要求或特殊要求。

续表

类别	小类	缺陷名称	缺陷类别
升空类	火箭	低炸、急炸	a1
	双响	发射高度、发射偏斜角不合格	b1
	旋转升空烟花	未烧成、断火	b2
吐珠类		炸筒、散筒、冲底	a1
		烧成率不合格	a1
		发射距离或高度不合要求	b2
玩具类	玩具造型	炸筒、倒筒、冲底	a1
		行走距离大于2m、烧筒	b1
		未烧成、断火	b2
	线香型	爆燃、火星落地	b1
		未烧成、断火	b2
	烟雾型	炸筒、出现明火、烧筒	a1
		未烧成、断火	b2
	摩擦型	火花飞溅距离不符合要求	b1
		未烧成	b2
礼花类	小礼花	炸筒、低炸、急炸、倒筒、散筒、冲底	a1
		发射高度、发射偏斜角不合格、烧筒	b1
		未烧成、断火	b2
	礼花弹	炸筒、低炸、急炸、哑弹、殉爆	a1
		发射高度不合格，未烧成、断火	b1
架子烟花类		炸筒、散筒、冲底、烧筒	a1
		燃烧不均匀、未达到设计效果时间、断火	b2
组合烟花类	同类 不同类	炸筒、低炸、急炸、倒筒、散筒、冲底、点火引火线断火	a1
		发射高度、发射偏斜角不合格、烧筒	b1
		连接引信、效果件断火、未烧成	b2

产品批检验接受与拒收规定如表11-9所示。

表 11-9 产品批检验接受与拒收规定

批量范围 N	缺陷类别及缺陷数									
	a		b1		b2		c1		c2	
	Ac	Re	Ac	Re	Ac	Re	Ac	Re	Ac	Re
≤500	0	1	1	2	1	2	2	3	2	3
501~1000	0	1	1	2	2	3	3	4	2	3
1001~2000	0	1	1	2	2	3	4	5	2	3
>2000	0	1	2	3	3	4	5	6	2	3

11.2.3.2 检验要求

1. 外观规格

(1) 专业燃放类一般要求。

产品外观应完整、整洁,文字图案清晰。产品表面无浮药、无霉变、无污染,外形无明显变形、无损坏、无漏药。筒体应黏合牢固,不开裂、不散筒。产品规格应符合设计要求。

(2) 个人燃放类一般要求。

产品外观应完整、整洁,文字图案清晰。产品表面无浮药、无霉变、无污染,外形无明显变形、无损坏、无漏药。筒标纸粘贴吻合平整,无遮盖、无露头露脚、无包头包脚、无露白现象。筒体应黏合牢固,不开裂、不散筒。产品规格应符合设计要求。

(3) 检验方法。

目测外观是否符合要求,用直尺(精度1mm)测量和记录测试样品的各种外部尺寸。

①底面直径测量:对于圆形底面,测量底面直径;对于多边形底面,测量顶点到其对边和距离或两对边之间的距离,记录其中最小的值。

②总高测量:产品测量底面到另一端的最大距离。

③手持长度测量:测量手柄底端到装或涂有烟火药之间的距离。

④拉线长度测量:将拉线拉直,测量拉线露出产品外的长度。直径测量用卡尺(精度0.1mm)在筒的不同位置至少测量3次内径,精确到0.1mm。记录单个直径和平均值。

2. 标志

(1) 专业燃放类一般要求。

产品应符合国家有关流向规定。产品应使用中文红色字体注明"专业燃放",中文

第11章 烟花爆竹、打火机等特殊商品的检验

安全警示语为"本产品为专业燃放类烟花，必须由专业人员燃放"。产品应标注发射高度、辐射半径等主要燃放参数以及其他注意事项。设计为水上效果的产品应标注其适用的水域范围。运输包装标志的基本内容应包括产品名称、制造商名称和地址等，还应有联合国运输警示标签。

（2）个人燃放类一般要求。

包装分运输包装和销售包装，其有关材质应符合设计要求和 GB 10631—2013《烟花爆竹 安全与质量》的有关要求。产品应使用中文绿色字体注明"个人燃放"。摩擦型产品包装应采取格栅或填充物等方式。包装可使用对比度鲜明的彩色包装。销售包装标志不应脱落，其内容包括产品名称、消费类别、产品级别、产品类别、制造商名称和地址、含药量（总药量和单发药量）、警示语、燃放说明、生产日期、保质期，计数类产品应注明数量。运输包装标志应牢靠不易脱落，标志的基本内容应包括产品名称、消费类别、产品级别、制造商名称和地址、箱产品含量、箱含药量、毛重、箱规格尺寸、生产日期、保质期、执行标准等，以及符合 GB 190—2009《危险货物包装标志》、GB/T 191—2008《包装储存图示标志》要求的"烟花爆竹""防火防潮"安全用语或图案，其标注内容和字体颜色应符合 GB 10631—2013《烟花爆竹 安全与质量》的有关要求。

（3）检验方法

目测是否符合要求。

3. 部件

（1）专业燃放类一般要求。

底塞应安装牢固，跌落试验应不开裂、不脱落。吊线长度应在50cm以上，安装牢固并保持一定强度。引燃装置应能正常点燃并引燃烟花主体。如设计为人工点燃引火线，引火线应为安全引线，点火引火线应安装牢固，可承受牢固度试验，点火部位应有明显标识，引燃时间为6s~12s。其他部件应安装牢固，不脱落。

（2）个人燃放类一般要求。

①底座。

对于喷花类、玩具类产品筒高超过外径3倍的，应安装底座，底座的外径或边长应大于主体高度（含底座）的三分之一。底座应安装牢固，燃放时应不散开、不脱落。底塞应安装牢固，跌落试验应不开裂、不脱落。吊线长度应在50cm以上，安装牢固并保持一定强度。

②引燃装置。

应能正常点燃并引燃效果药。

点火引火线应为绿色安全引线，点火部位应有明显标识。点火引火线应安装牢固，可承受牢固度试验。点火引火线引燃时间为3s~9s。手持类产品的手持部位不应装药或涂敷药物。手持部位长度：C级大于等于100mm，D级大于等于80mm。产品不允许含有漂浮物和雷弹。其他部件应安装牢固，不脱落。

（3）检验方法。

①底座牢固性试验。

拿起样品底座使主体向下，在下垂的主体上吊起50g重物并保持1min，观察并记录底座与主体是否分离；产品燃放性能测试时，观察并记录底座是否脱落或散开。

②底座稳定性试验（斜板试验）。

将样品直立放置在用硬木板制成的与水平面成30°角的斜面上，观察并记录样品是否倾倒；样品旋转任意角度是否倾倒。

③底塞牢固性试验。

将样品主体（含底座，如有）呈水平从400mm高处，向厚度不低于30mm硬木板上自由落下，试验3次，观察并记录底塞是否开裂或脱落。

④吊线牢固度试验。

在吊线一端加50g重物后，提起吊线并保持1min，观察并记录吊线是否脱落或断线。

⑤引火线牢固度试验。

将样品主体提起，在下垂的引火线上吊起200g或自身两倍重量的重物并保持1min，观察并记录引火线是否脱落。

⑥引火线及引燃时间试验。

引燃装置应能正常地点燃并引燃效果药。点火引火线应为绿色安全引线，点火部位应有明显标识。用两块精度不低于0.1s的计时秒表，测量从点燃引火线至引燃主体的时间。两块表读数相差小于0.5s，则结果有效，取其平均值，精确到0.1s。

⑦手持长度。

使用50cm钢制直尺测量手持部分长度，记录数据，精确至毫米。其他部件按照GB 10631—2013《烟花爆竹 安全与质量》及相关要求检测。

4. 结构和材质

（1）专业燃放类一般要求。

产品结构和材质应符合安全要求，特殊形状的应确保产品使用和燃放时安全可靠。产品运动部件、爆炸部件及相关附件一般采用纸质材料，不应采用金属等硬质材料。

第 11 章　烟花爆竹、打火机等特殊商品的检验

（2）个人燃放类一般要求。

产品结构和材质应符合安全要求，特殊形状的应确保产品使用和燃放时安全可靠。产品运动部件、爆炸部件及相关附件一般采用纸质材料，不应采用金属等硬质材料。如需固定，固定物可用木材、订书钉、钉子或捆绑用金属线，但固定物不应与烟火药直接接触。组合烟花不应盆与盆直接连接，其筒体高度与底面最小水平尺寸或直径的比值应小于等于 1.5，且筒体高度应小于 300mm。其他要求应符合 GB 10631—2013《烟花爆竹 安全与质量》和国家有关规定。

（3）检验方法。

目测产品结构和材质是否符合要求，必要时解剖产品检测其结构和材质，并使用直尺等工具测量。

5. 禁、限用药剂和药量

（1）专业燃放类一般要求。

产品中不应使用氯酸盐、铅化合物、砷化合物、汞化合物、没食子酸、苦味酸、六氯代苯、镁粉、锆粉、磷（摩擦类除外），以及国家法律法规明确禁止和限制的其他物质。

（2）个人燃放类一般要求。

产品中不应使用氯酸盐、铅化合物、砷化合物、汞化合物、没食子酸、苦味酸、六氯代苯、镁粉、锆粉、磷（摩擦类除外）。喷花类、旋转类、玩具类产品除可含有单个药量小于 130mg 的响珠和炸子外，不应使用爆炸药和带炸效果件；架子烟花产品不应使用爆炸药和带炸效果件。单个产品含药量应符合 GB 10631—2013《烟花爆竹 安全与质量》相应产品分类分级的要求，实际药量与标称药量的允许误差：药量小于等于 2.0g，误差±20%；药量大于 2.0g 且小于等于 25.0g，误差±10%；药量大于 25.0g，误差±5%。

（3）检验方法。

禁限用的氯酸盐、砷化合物、汞化合物、镁粉、锆粉按照 SN/T 0306.4—2018《出口烟花爆竹检验规程 第 4 部分：烟火药剂安全性检验》规定的标准方法进行。禁限用的铅化合物、没食子酸、苦味酸、六氯代苯、磷按照 GB/T 21242—2013《烟花爆竹禁限用物质定性检测方法》规定的标准方法进行。其他禁限用物质可采用 SN/T 1732—2013《烟花爆竹 用烟火药剂》系列标准或双方约定的方法进行。

取 3 个样品分别采用不同精度的天平称量并记录，以药量最大值为产品的药量。药量大于 100g 的精度不低于 1g，药量不大于 100g 且大于 1g 的精度不低于 0.1g，药量不大于 1g 的精度不低于 0.001g。

6. 燃放性能

(1) 专业燃放类一般要求。

产品燃放性能应符合设计要求，与燃放说明一致。烟花燃放产生的最大噪音水平应小于等于 120dB。烟花燃放产生的燃烧物、抛射物等应符合设计的安全距离要求。产品燃放不应出现倒筒、散筒、烧筒、低炸等安全缺陷。

(2) 个人燃放类一般要求。

喷花类产品喷射高度应符合 D 级不大于 1.0m，C 级不大于 8.0m。小礼花效果最低高度 35m，旋转升空类不低于 3.0m，其他升空类不低于 5.0m。高度允许误差：不超过 30m，±2.0m；超过 30m 且不超过 50m，±4.0m；超过 50m，±8.0m。升空类产品的发射偏斜角应小于等于 22.5°，造型组合烟花和旋转升空类产品的偏斜角应小于等于 45°。烟花燃放产生的最大噪音水平应小于等于 110dB。烟花燃放产生的燃烧物、抛射物等安全距离应符合 GB 10631—2013《烟花爆竹 安全与质量》的要求。产品燃放不应出现倒筒、散筒、烧筒、低炸等安全缺陷，其他安全缺陷应符合 GB 10631—2013《烟花爆竹 安全与质量》的要求。旋转类产品允许飞离地面高度不大于 0.5m，旋转范围直径不大于 2.0m。线香型产品不应爆燃，燃放高度不低于 1.0m 时不应有火星落地。烟雾效果不应出现明火。玩具造型产品行走距离不超过 2.0m。

(3) 检验方法。

高度的测定。可选用标杆、测距仪、经纬仪以及其他符合要求的设备测定。

偏斜角的测定。按照 GB 10631—2013《烟花爆竹 安全与质量》规定的方法进行。

声级值的测定。随机抽取样品 10 个，在离地面 1.5m 处使用声级计测定。专业燃放类产品按照标签申明的距离测试，个人燃放类 C 级产品离燃放点 8.0m，D 级产品离燃放点 2.0m。记录数据并以样品的最大值作为样品的声级值。

燃烧物、抛射物的测定。目测是否有金属抛射物，观察并记录燃烧物或火星是否在规定范围内。距离采用卷尺测量，质量采用精度为 0.1g 的天平称量，并记录。

产品燃放。目测观察并记录是否倒筒、散筒、烧筒、低炸等安全缺陷，记录燃放过程中是否有其他缺陷。旋转类产品飞离高度采用刻度标杆或钢尺测定，旋转类产品旋转范围、玩具造型类产品行走距离采用卷尺测量。

7. 包装要求

(1) 专业燃放类一般要求。

包装运输时其容器应符合其类别及级别设计要求，以及联合国关于烟花运输的有关要求。

（2）个人燃放类一般要求。

包装运输时其容器应符合其类别及级别设计要求，运输包装每件毛重不超过 30kg。特殊烟花产品的包装方式应符合标准及有关要求，适用于海运、铁路运输或空运等不同运输方式时，运输包装应分别满足 GB 19270—2009《水路运输危险货物包装检验安全规范》、GB 19359—2009《铁路运输危险货物包装检验安全规范》、GB 19433—2009《空运危险货物包装检验安全规范》的相关要求。

（3）检验方法。

销售包装检验。目测并记录包装是否符合要求。采用游标卡尺和钢尺检测包装的印刷字体是否符合要求。

运输包装检验。目测并记录包装是否符合要求。采用游标卡尺和钢尺检测包装的印刷字体是否符合要求。采用合适的台秤称量运输包装件的质量是否超出限制。

11.3 烟花爆竹实验室检验

11.3.1 烟花爆竹型式试验

11.3.1.1 检验项目

型式试验包括外观规格、标志、部件、结构和材质、禁限用药剂和药量、燃放性能、热安定性试验、碰撞试验。

11.3.1.2 确定抽样样本量

个人燃放类产品抽样样本量如表 11-10 所示，专业燃放类产品抽样样本量如表 11-11 所示。

表 11-10 个人燃放类产品抽样样本量

测试数量	状态	检验项目
10	收样状态	外观规格、标志、部件、燃放性能
10	热安定性试验后	目测、部件、燃放性能
10	碰撞测试后	目测、部件、燃放性能
3	收样状态	禁限用药剂、药量和产品结构与材质

注：药量和禁限用药剂检测时，如 3 个样品不能满足检测要求，应适当增加样品数量。

表 11-11 专业燃放类产品抽样样本量

测试数量	状态	检验项目
3	收样状态	外观规格、标志、部件、燃放性能
3	热安定性试验后	目测、部件、燃放性能
3	碰撞测试后	目测、部件、燃放性能
1	收样状态	禁限用药剂和产品结构与材质

注：禁限用药剂检测时，如1个样品不能满足检测要求，应适当增加样品数量。

11.3.1.3 检验方法

按 GB 10631—2013《烟花爆竹 安全与质量》中规定的方法。

11.3.1.4 结果判定

经过型式试验，合格样品的部件应完整、牢固，产品性能应完整释放。

11.3.2 出口产品安全性能检验

产品检验项目包括禁限用药剂试验、75℃热安定性试验、单个产品药量试验、12m跌落试验等检测项目，实际项目按上级海关或海关监管部门要求确定。

禁限用药剂试验样品不少于3个，试验方法和结果判定见 SN/T 0306.4—2018《出口烟花爆竹检验规程 第4部分：烟火药剂安全检验》。

75℃热安定性试验样品为1个运输包装件（含货物），试验方法和结果判定见联合国《试验和标准手册》中4a试验。

单个产品含药量试验样品不少于3个，试验方法和结果判定见 GB 10631—2013《烟花爆竹 安全与质量》。

12m跌落试验样品为3个运输包装件（含样品），试验方法和结果判定见联合国《试验和标准手册》中4b（二）试验。

11.3.3 质量安全风险验证试验

按照海关监管要求开展的风险验证项目，可以是型式试验之一或组合项目，也可以按照海关指定项目及方法。

11.3.4 运输危险性分类

11.3.4.1 运输危险级别核定

1. 样品数量

1~3个。

2. 鉴定依据

《规章范本》2.1.3.5节中确立的"烟花分类默认表"。

3. 鉴定程序

测量试样的外观规格尺寸，对试样进行解剖，核对产品结构，将各组成部位的烟火药剂进行区别并分别称量，确定试样药剂类型。如有必要，应按联合国《试验和标准手册》中2（c）试验判定开爆药是否为白药。将试样类别、结构、规格、药种药量等技术参数与"烟花分类默认表"进行对比。

4. 鉴定结果

根据试样类别、结构、规格、药种、药量等技术参数与"烟花分类默认表"对比结果，确定试样正确的运输危险级别和配装组。

11.3.4.2 烟花分类默认表

联合国烟花分类默认表如表11-12所示。

表11-12 《规章范本》中确立的烟花分类默认表

类型	包括：类似物	定义	规格	分类
礼花弹类，球形或柱形	礼花球弹：升空礼花弹、彩弹、色彩弹、多爆点弹、多效礼花弹、水上礼花弹、降落伞礼花弹、烟雾弹、满天星礼花弹；炸弹：爆竹、礼炮、响炮、霹雳弹、升空礼花弹箱	这种装置有或没有发射药，有延迟引火线和爆炸药、烟花元件或松散烟火物质，用于从弹炮发射	所有炸弹	1.1G
			彩弹：≥180mm	1.1G
			彩弹：<180mm，有>25%闪光成分，松散粉末和/或响声效果	1.1G
			彩弹：<180mm，有≤25%闪光成分，松散粉末和/或响声效果	1.3G
			彩弹：≤50mm，或≤60g烟火物质，有≤2%闪光成分，松散粉末和/或响声效果	1.4G

续表1

类型	包括：类似物	定义	规格	分类
礼花弹类，球形或柱形	花生弹	这种装置有两个或更多装在同一外壳中的升空礼花球弹，用同一发射药发射但有分开的外部引火线	危险性最大的升空礼花球弹决定分类	
	预装发射弹/发射弹	这种组合件包括一个球弹或柱形弹放在一个用于把弹发射出去的弹炮内	所有响弹	1.1G
			彩弹：≥180mm	1.1G
			彩弹：>25%闪光成分，松散粉末和/或响声效果	1.1G
			彩弹：>50mm但<180mm	1.2G
			彩弹：≤50mm，或≤60g烟火物质，有≤25%闪光成分，松散粉末和/或响声效果	1.3G
	子母弹（球形）（所提到的百分比是指对烟花装置总重的百分比）	这种装置无发射药，有延迟引火线和爆炸药，内装炸弹和惰性材料，用于从弹炮发射	>120mm	1.1G
		这种装置无发射药，有延迟引火线和爆炸药，内装炸弹，每个炸弹的闪光成分≤25g，有≤33%闪光成分和≥60%惰性材料，用于从弹炮发射	≤120mm	1.3G
		这种装置无发射药，有延迟引火线和爆炸药，内装彩弹和/或烟花元件，用于从弹炮发射	>300mm	1.1G
		这种装置无发射药，有延迟引火线和爆炸药，内装彩弹≤70mm和/或烟花元件，有≤25%闪光成分和≤60%烟火物质，用于从弹炮发射	>200mm但≤300mm	1.3G
		这种装置有发射药，有延迟引火线和爆炸药，内装彩弹≤70mm和/或烟花元件，有≤25%闪光成分和≤60%烟火物质，用于从弹炮发射	≤200mm	1.3G

第 11 章　烟花爆竹、打火机等特殊商品的检验

续表2

类型	包括：类似物	定义	规格	分类
组合烟花	彩珠筒、彩球盒、盆花、彩盒、花床、混装盆花、捆筒花、礼花弹盆花、响炮组合、电光响炮组合	这种组合件包含若干内装相同类型或若干类型烟花的元件，这些类型都是本表所列的烟花类型，有一个或两个点火点	危险性最大的烟花类型决定分类	
罗马烛光类	表演彩珠、彩珠、布丁彩珠	烟花筒内装一系列烟花元件，其中交替地装有烟火物质、发射药和传爆管	内直径≥50mm，内装闪光成分，或内直径<50mm 有闪光成分>25%	1.1G
			内直径≥50mm，无闪光成分	1.2G
			内直径<50mm 和闪光成分≤25%	1.3G
			内直径≤30mm，每个烟花元件≤25g 和闪光成分≤5%	1.4G
射筒类烟花	单发罗马烛光、小实弹炮	烟花筒内装一个烟花元件，其中装有烟火物质、发射药，有或无传爆管	内直径≤30mm 和烟花元件>25g，或内直径>5% 和≤25%闪光成分	1.3G
			内直径≤30mm，烟花元件≤25g 和闪光成分≤5%	1.4G
火箭类	雪崩火箭、信号火箭弹、笛哨火箭、瓶装火箭、混合火箭、导弹型火箭、桌面火箭	烟花筒内装烟火物质和/或烟花元件，配备小棒或其他飞行稳定装置，用于射入空中	只有闪光成分效果	1.1G
			闪光成分对烟火物质的百分比>25%	1.1G
			烟火物质>20g，闪光成分≤25%	1.3G
			烟火物质≤20g，黑火药爆炸药和每个炸弹有闪光成分≤0.13g，合计≤1g	1.4G

续表3

类型	包括：类似物	定义	规格	分类
地雷烟花	"火锅"、地雷、袋装雷、筒雷	烟花筒内装发射药和烟花元件，用于放在地面或固定在地上。主要效果是所有烟花元件一下全部射入空中产生满天五光十色、震耳欲聋的视觉和/或响声效果或者：布或纸袋或者布或纸筒内装发射药和烟花元件，用于放在弹炮内并用作地雷	闪光成分>25%，松散粉末和/或响声效果	1.1G
			内直径≥180mm 和闪光成分≤25%，松散粉末和/或响声效果	1.1G
			内直径<180mm 和闪光成分≤25%，松散粉末和/或响声效果	1.3G
			烟火物质≤150g，含有烟火物质≤5%，松散粉末和/或响声效果。每个烟花元件≤25g，每个响声效果<2g；每个哨声（如果有）≤3g	1.4G
喷花类	火山喷发、花筒、喷泉烟花、喷枪、信号烟火、飞花、圆筒喷花、锥形喷花、照明棒	非金属壳体内装压缩或压实的烟火物质，产生火花和火焰	烟火物质≥1kg	1.3G
			烟火物质<1kg	1.4G
电光花类	手持电光花、非手持电光花、线吊电光花	硬线材部分涂上（一端）缓慢燃烧的烟火物质，有或无点火梢	以高氯酸盐为基料的电光花：每个电光花>5g 或每包电光花>10 个	1.3G
			以高氯酸盐为基料的电光花：每个电光花≤5g 或每包电光花≤10 个；以硝酸盐为基料的电光花：每个电光花≤30g	1.4G
信号棒	电光棒	非金属棒部分涂上（一端）缓慢燃烧的烟火物质，用于拿在手上	以高氯酸盐为基料的信号棒：每个信号棒>5g 或每包信号棒>10 个	1.3G
			以高氯酸盐为基料的信号棒：每个信号棒≤5g 或每包信号棒≤10 个；以硝酸盐为基料的信号棒：每个信号棒≤30g	1.4G

第 11 章 烟花爆竹、打火机等特殊商品的检验

续表4

类型	包括：类似物	定义	规格	分类
低危险烟花及玩意烟花	桌面炸弹、甩炮、炸籽、烟雾弹、雾气弹、舞蛇、萤火虫、蛇形烟火、响鞭、晚会响炮	这种装置用于产生有限的视觉和/或响声效果，内装少量的烟花和/或爆炸成分	甩炮和响鞭可含有多达1.6mg的雷酸银；响鞭和晚会响炮可含有多达16mg的氯酸钾/红磷混合物；其他物品可含有多达5g的烟火物质，但无闪光成分	1.4G
旋转烟花	升空旋转烟花、直升机、驱逐舰、地面旋转烟花	一个或多个非金属筒内装产生气体或火花的烟火物质，有或无产生噪声的成分，带或不带尾翼	每个物件的烟火物质>20g，含有响声效果的闪光成分≤3%，或者哨声成分≤5g	1.3G
			每个物件的烟火物质≤20g，含有响声效果的闪光成分≤3%，或者哨声成分≤5g	1.4G
车轮烟花类	凯瑟琳轮、风车烟花	这种组合件包含内装烟火物质的驱动装置并配备把它附在一个转动轴上的装置	烟火物质总量≥1kg，无响声效果，每个哨声（如果有）≤25g，每个车轮的哨声成分≤50g	1.3G
			烟火物质总量<1kg，无响声效果，每个哨声（如果有）≤5g，每个车轮的哨声成分≤10g	1.4G
升空车轮烟花	飞天风车、飞碟、飞冠	筒内装发射药和产生火花、火焰和/或噪声的烟火物质，筒附在一个支撑环上	烟火物质总量>200g或每个驱动装置的烟火物质>60g，响声效果的闪光成分≤3%，每个哨声（如果有）≤25g，每个车轮的哨声成分≤50g	1.3G
			烟火物质总量≤200g或每个驱动装置的烟火物质≤60g，响声效果的闪光成分≤3%，每个哨声（如果有）≤5g，每个车轮的哨声成分≤10g	1.4G

续表5

类型	包括：类似物	定义	规格	分类
什锦烟花	礼花什锦盒、礼花组合包、花园什锦盒、室内什锦盒、混合烟花	一类以上的烟花组合，其中每一类都与本表所列的烟花类型之一相对应	危险性最大的烟花类型决定分类	
鞭炮类	庆典鞭炮、庆典卷炮/排炮、鞭炮串	用烟花引线连起来的纸筒或纸板筒组合，每个纸筒用于产生一个响声效果	每个纸筒≤140mg 闪光成分或≤1g 黑火药	1.4G
爆竹类	礼炮、电光炮、吨边炮	非金属筒内装拟产生响声效果的响声成分	每个物件的闪光成分>2g	1.1G
			每个物件的闪光成分≤2g 和每个内容器≤10g	1.3G
			每个物件的闪光成分≤1g 和个内容器≤10g 或者每个物件的黑火药≤10g	1.4G

注：

1. 表中提到的百分比，除非另有说明，是指对所有烟花成分（例如火箭炮、发射药、爆炸药和效果药）重量的百分比。

2. 本表中的"闪光成分"，是指粉末状的烟火成分，或烟花中用于产生响声效果、用作爆炸药或弹射药的烟火装置，除非联合国《试验和标准手册》的试验系列 2（c）（一）"时间/压力试验"显示升压所需的时间大于每 0.5g 烟火成分 8ms。

3. 以毫米为单位的尺寸是指：球弹和花生弹，弹球的直径；柱形弹的长度；射弹烟花、罗马烛光、射筒烟花或地雷烟花，装烟花的弹筒内径；袋装雷或筒装雷，装载地雷的发射器内径。

11.4 出口打火机、点火枪检验

11.4.1 术语和定义

11.4.1.1 打火机

充灌有不大于 10g 的丁烷或其他易燃气体或液体，可重复充灌或没有充灌系统，并能承受一定压力，带有燃料释放、引燃装置的器具，一般用于点燃香烟，也可用于其他点火。

11.4.1.2 液体打火机

一种附有外露灯芯的打火机，使用液态烃类物（如乙烷）作燃料，在24℃时标准蒸气压不超过 34.5kPa。

11.4.1.3 气体打火机

一种充灌液化碳氢化合物燃料的产品，如正丁烷和异丁烷，在 24℃时标准蒸气压超过 104kPa。

11.4.1.4 后混式打火机

燃料和空气在点燃处进行混合的打火机。

11.4.1.5 前混式打火机

燃料和空气在点燃前已混合的打火机。

11.4.1.6 一次性打火机

不能进行重复充灌的打火机。

11.4.1.7 可重复充灌式打火机

能从外部重新注入燃料或者能更换燃料箱的打火机。

11.4.1.8 可调节打火机

通过手动操作来调节火焰高度的打火机。

11.4.1.9 不可调节打火机

无火焰调节装置的打火机。

11.4.1.10 点火枪

充灌有不大于 10g 的丁烷或其他易燃气体或液体，可重复充灌或没有充灌系统，并能承受一定压力，带有燃料释放、引燃装置，用手持并以手动点火系统进行点燃的点火装置，主要用于点燃下列物品如：蜡烛、燃气灶具、碳式气体烧烤炉、野营烤炉、灯笼和燃气装置和器皿或标灯。当点火枪为加长型时，其长度应大于或等于 100mm。

11.4.1.11 后混式点火枪

燃料和空气在点燃处进行混合的点火枪。

11.4.1.12 前混式点火枪

燃料和空气在点燃前已混合的点火枪。

11.4.1.13 一次性点火枪

不能进行反复充灌的点火枪。

11.4.1.14 可重复充灌式点火枪

能从外部重新注入燃料或者能更换燃料箱的点火枪。

11.4.1.15 可调节点火枪

通过手动操作来调节火焰高度的点火枪。

11.4.1.16 不可调节点火枪

无火焰调节装置的点火枪。

11.4.1.17 火焰高度

可见火焰顶部到风罩的直线距离；如果没有风罩，则是从火焰顶部到灯芯底部或燃烧阀嘴的直线距离。

11.4.1.18 风挡

全部或部分包裹打火机的燃料出口，且凸出向外的一种结构。

11.4.1.19 跳火

稳定火焰条件下火焰高度的变化。

11.4.1.20 喷火、溅火

无雾化燃料飞溅或液体燃料以小液滴燃烧状态从主火焰中脱离的一种现象。

11.4.1.21 延续燃烧

按正常动作熄灭点火枪后的继续燃烧现象。

第 11 章　烟花爆竹、打火机等特殊商品的检验

11.4.2　部门规章

部门规章具体包括以下内容：关于对海运出口危险货物小型气体容器包装实施检验和管理的通知（国检务联〔1995〕第229号）；关于对出口打火机、点火枪类商品实施法定检验的通知（国检检联〔2001〕52号）。

按照《商检法》、原国家质检总局、海关总署的有关规定，对出口打火机、点火枪类商品的检验和监督管理工作以产地检验和口岸查验相结合为原则，采取型式试验和常规检验相结合的方法。海关凭电子通关信息验放。型式试验检测由有资质的实验室承担。常规检验包括包装使用鉴定由产地海关负责，口岸查验由口岸海关负责。

11.4.3　检验标准

相关检验标准具体包括：SN/T 0761.1—2011《出口危险品打火机检验规程》；SN/T 0761.2—2011《出口危险品打火机儿童安全性试验方法》；SN/T 0761.3—2011《出口危险品点火枪检验规程》；SN/T 1517—2005《出口台式打火机检验规程》；SN/T 0324—2014《海运出口危险货物小型气体容器包装检验规程》；SN/T 3879—2014《打火机防止儿童开启安全要求及测试方法》；ISO 9994《打火机安全规范》；ASTM F400《打火机标准消费者安全规范》。

11.4.4　出口检验

出口打火机检验按照 SN/T 0761.1—2011《出口危险品打火机检验规程》的要求进行，出口点火枪检验按照 SN/T 0761.3—2011《出口危险品点火枪检验规程》的要求进行。本节以出口打火机为例，对其检验要求进行详细讲解。

11.4.4.1　警告标记

所有打火机应附有进口国（地区）官方语言或英语标注的警告"远离儿童可及范围及高温环境"或其他同一含义的警告，用以表述合适的使用方法及注意事项，且应与其他标记从尺寸、颜色、背景、位置明显区分开（要求尺寸至少10mm，背景为白色，文字说明为黑色或红色）。标记应在打火机的使用有效期内保持清晰可见，同时打火机或其包装上应注有正体字标注的生产商名称，或进口国（地区）的注册商标。

11.4.4.2　对燃烧高度的装置进行标注

每一个打火机都应对调节燃烧高度的装置进行永久性标注，并在其整个有效期内

保持清晰。应采用简单易懂的标记来表明装置增加或减小燃烧高度的操作方法。

11.4.4.3 打火机应用手动装置进行点燃

为减少意外点燃或自燃现象的发生，打火机应用手动装置（按压式，如图 11-1 所示；轮廓式，如图 11-2 所示）进行点燃，装置至少应遵循以下要求中的一项：由两次或多次独立操作的动作来完成点火；压力装置产生火焰的压力应大于或等于 15N。

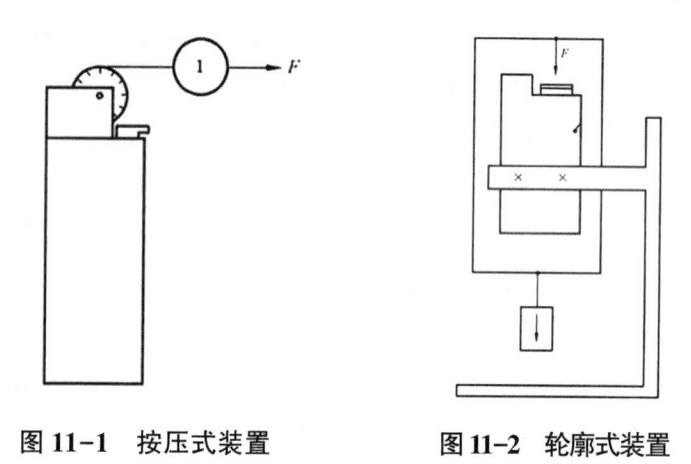

图 11-1　按压式装置　　　　图 11-2　轮廓式装置

11.4.4.4 调节装置的能力

为调节燃烧高度，每个装有调节燃烧高度装置的打火机在使用时其调节装置的推力应合理，在整个调节范围内需要至少 1N 的力在切线方向上进行调节，如图 11-3 所示。

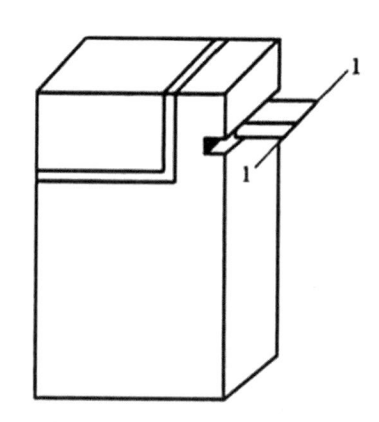

图 11-3　调节燃烧高度装置

第 11 章 烟花爆竹、打火机等特殊商品的检验

11.4.4.5 安全说明

打火机应附有特别标记词"警告（WARNING）"和表达正确使用方法的安全说明，安全说明应包括以下语句："远离儿童"或"放置于儿童触及不到的地方"（此内容应突出显示，与其他内容有明显区别），"点燃时远离脸部及衣物"。

针对不同适用类型的打火机，安全说明可使用下列语句："内装灌压可燃气体""不可置于超过50℃环境中，不可在阳光下长时间暴晒""不可刺穿或投入火中"。还可以使用下列语句："可见火焰上方温度很高，应予以格外注意以避免烧伤或火灾"（适用于所有前混式打火机）；"持续点燃时间禁止超过10s"（适用于所有前混式打火机）。

11.4.4.6 安全标识

如采用安全标识，应符合以下要求。

1. "警告"标识

白色背景；黑色或红色三角边框；绘制图标的颜色与三角边框同色；标识的比例如图11-4所示，尺寸不小于10mm。

图 11-4 "警告"标识

2. "远离儿童"标识

白色背景；红色圆边以及斜杠；黑色绘制图标；标识的比例如图11-5所示，尺寸不小于10mm。

图 11-5 "远离儿童"标识

3. "警示、易燃"标识

白色背景；黑色或红色三角边框；绘制图标的颜色与三角边框同色；标识的比例如图 11-6 所示，尺寸不小于 10mm。

图 11-6 "警示、易燃"标识

4. "不要暴露在高于 50℃ 环境中或在阳光下久置"标识

白色背景；红色圆边和斜杠；黑色绘制图标；标识的比例如图 11-7 所示，尺寸不小于 10mm。

图 11-7 "不要暴露在高于 50℃ 环境中或在阳光下久置"标识

第 11 章 烟花爆竹、打火机等特殊商品的检验

11.4.4.7 重复充灌说明

可重复充灌气体打火机,应附有正确进行充灌操作的详细说明。此说明应包括厂商提供的适应性燃料说明和充灌容器与燃料箱相匹配的说明信息,以确保正确完成充灌操作。

11.4.5 抽样

产地海关接受辖区内出口打火机、点火枪类商品生产企业的报关申请,负责抽取型式试验样品。检验人员应严格按照标准需求和方案进行现场抽取,试验样品不得有随意性,要有代表性和典型性。检验人员必须做好现场记录,填写《抽样凭证》,并对样品进行封识。

抽样时应以相同材料、相同结构、相同生产工艺生产的打火机为一检验批。对一次性打火机,每一检验批的抽样数量为 250 个;对可重复充灌式打火机每一检验批的抽样数量为 50 个。

型式试验的样品使用流程如图 11-8 所示。

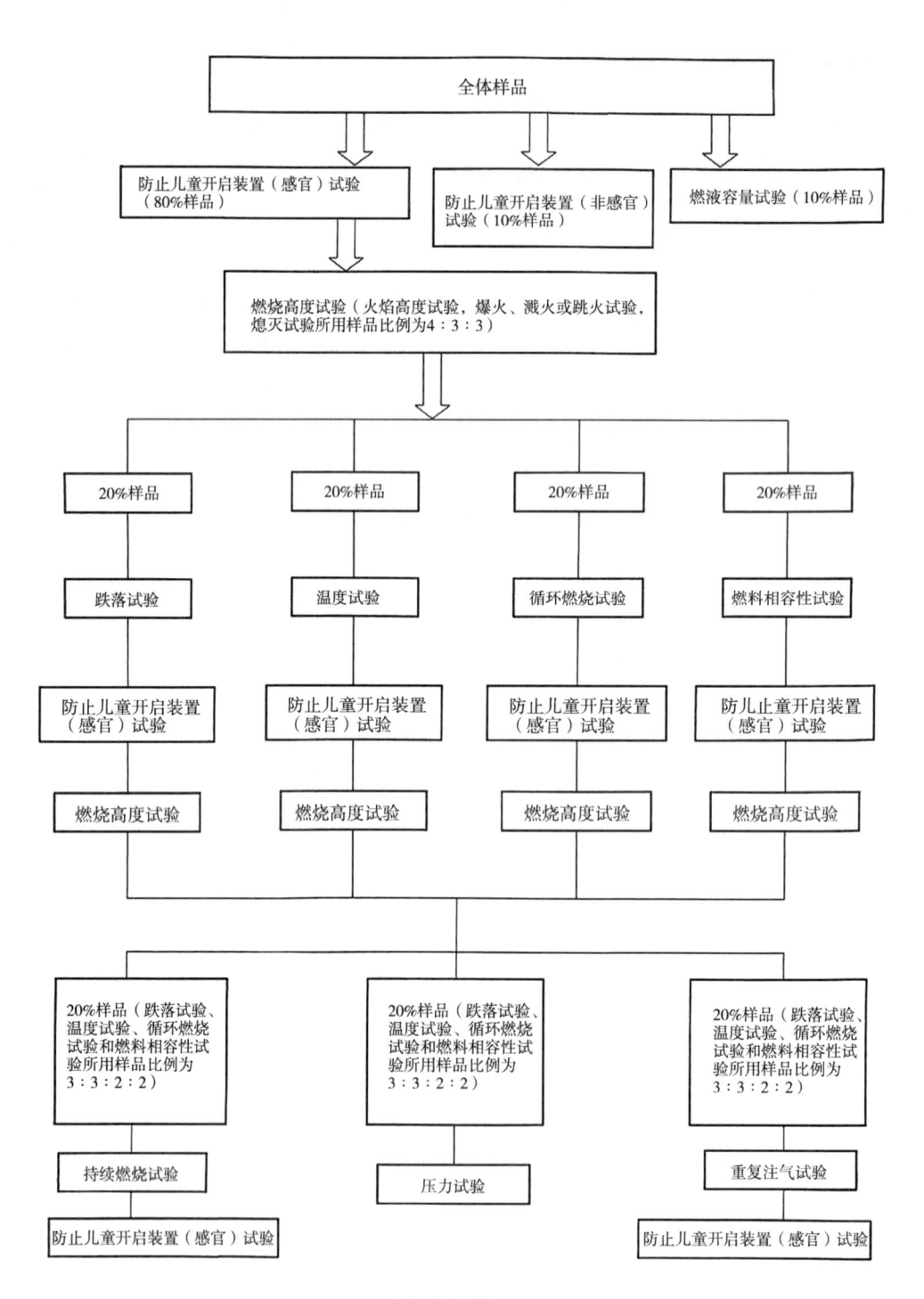

图 11-8　型式试验的样品使用流程

11.4.6 检验

11.4.6.1 检验项目

防止儿童开启装置试验、燃烧高度试验（包括火焰高度试验，爆火、溅火和跳火试验，熄灭试验3项）、跌落试验、温度试验、持续燃烧试验、压力试验、燃液容量试验、循环燃烧试验、重复注气试验和燃料相容性试验共10项。

11.4.6.2 样品的预处理及试验环境

未充灌燃料的样品应充灌生产商说明书规定的燃料。除防止儿童开启装置试验外，样品均应在23℃±2℃的温度环境中至少处理10h。进行跌落试验时，试验样品进行预处理前，还应预先在-10℃±2℃的温度环境中至少处理10h。

试验环境温度为23℃±2℃，通风良好，有遮光设施。

11.4.6.3 检验内容

1. 防止儿童开启装置试验

（1）检验方法。

①感官检测，观察防止儿童开启装置有无松动，并使打火机打火至少3次。

②如果感官检测符合合格准则后，需要进行非感官检测，依据 BS EN 13869：2002 进行试验。

（2）试验合格准则。

①打火机的防止儿童开启装置应无松动。

②打火机至少用2种分离独立的行动来完成点火。

③打火机的点火装置每次操作后都能自动复位。

④经本标准规定的除压力试验、燃液容量试验外的所有试验后，能继续有效。

2. 燃烧高度试验

燃烧高度试验包括火焰高度试验，爆火、溅火和跳火试验，熄灭试验3项。

（1）火焰高度试验。

①试验程序。

第一步，若打火机装有燃烧高度调节装置，首先对未经调节的出厂火焰进行测试，然后将燃烧高度调节装置调至最大位置进行试验，最后再将燃烧高度调节装置调至最小位置进行试验。如果打火机燃烧高度调节装置是带螺纹的或类似装置，并且在最大

定位时没有明确的中止位置,按下列程序进行试验:

测量未经调节的出厂火焰高度;在最小定位时测量燃烧高度;旋转燃烧高度调节器加大360°,并测量相应的火焰高度。

注意,最后打火机火焰高度调节装置可能脱离打火机。

第二步,竖直点燃打火机并持续5s。

第三步,若打火机无风挡,测量并记录可见火焰的顶端至打火机燃料孔顶端的最大距离。

第四步,若打火机有风挡,测量并记录可见火焰的顶端至打火机风挡顶端的最大距离,如风挡是可伸缩的,将风挡调至最大回缩位置。

第五步,按正常动作熄灭火焰。

第六步,测量并记录按正常动作熄灭打火机后延续燃烧的时间。

进行燃烧高度试验时应注意:产品的位置能保证产生垂直向上的火焰;燃烧高度的测量精确到5mm;所有的燃烧试验应在弱光条件下进行。

②试验合格准则。

试验时,98%的试验样品不应出现:

火焰高度大于表11-13的规定值;

燃烧高度突然增加至50mm或以上;

爆炸;

爆火或打火机机体及机头的燃烧;

打火机正常熄灭后,其延续燃烧超过2s;

任何其他非正常或不安全的燃烧特性。

表11-13 火焰高度规定值

单位:mm

燃烧高度	气体打火机								液体打火机
	后混式				前混式				
	最大位置	最小位置	初始	不可调	最大位置	最小位置	初始	不可调	
	120	50	100	50	75	50	60	50	120

(2) 爆火、溅火和跳火试验。

①试验方法。

液体打火机不进行此试验,气体打火机试验的程序如下:

第 11 章　烟花爆竹、打火机等特殊商品的检验

调节火焰高度至最大高度；点燃打火机，用任何手动姿势保持燃烧 5s；按正常动作熄灭打火机；观察是否出现任何爆火、溅火现象。

如果试验样品无缺陷，则继续重新在 23±2℃ 环境中稳定 5min，操作程序如下：

点燃样品，使火焰竖直向上；将样品向下旋转至与水平成 45°角（见图 11-9 所示），观察稳定火焰的高度或火焰的平均高度，保持燃烧 5s；熄灭样品，恢复垂直向上位置；观察是否跳火超过 50mm，或者火焰高度超过最大火焰高度。

如果试验样品无缺陷，则继续重新在 23℃±2℃ 环境中稳定 5min，操作程序如下：

倒置样品 10s；旋转样品至直立状态，点燃样品；燃烧 5s，观察火焰高度；观察是否跳火超过 50mm，或者火焰高度是否超过最大火焰高度。

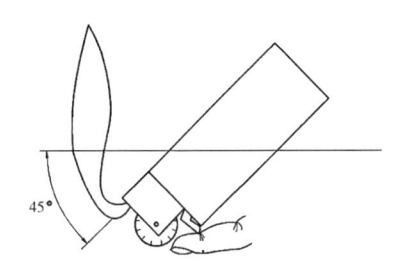

图 11-9　样品状态

② 试验合格准则。

不应出现任何爆火、溅火现象，跳火不应超过 50 mm，火焰高度不能超过最大火焰高度。

（3）熄灭试验。

① 试验方法。

将样品分为两组，样品组 1 试验程序如下：

调节火焰高度为 50mm，或当最大火焰高度小于 50mm 时调节到最大火焰高度；冷却 1min 后点燃打火机，保持燃烧 10s；按正常动作熄灭打火机。

样品组 2 试验程序如下：

打火机火焰高度调至最大；冷却 1min 后点燃打火机，保持燃烧 5s；按正常动作熄灭打火机。

② 试验合格准则。

样品组 1、样品组 2 均不应出现前混式打火机熄灭时间超过 5s，后混式打火机熄灭时间超过 2s 的现象。

3. 跌落试验

(1) 检验方法。

将样品分为两组进行跌落试验。

样品组1：待测样品应当在23℃±2℃环境中至少稳定10h（对于可调节打火机，应将火焰调至允许的最大高度）。

样品组2：样品应当在-10℃±2℃温度下保持24h，然后在23℃±2℃温度下稳定至少10h（对于可调节打火机，应将火焰调至50mm的最大高度）。

样品从1.5m±0.1m高处自由跌落至混凝土地表面，3次跌落样品初始姿态分别为竖直向上、竖直向下、水平。

(2) 试验合格准则。

①不应出现燃料箱破裂/爆裂或者自燃现象。

②跌落试验后5min内，称量燃料泄漏率不应超过15mg/min。

③附有罩壳的样品跌落过程中罩壳应关闭。

4. 温度试验

(1) 检验方法。

进行打火机温度试验的程序如下：

若打火机装有燃烧高度调节装置，调节该装置至打火机能产生向上垂直高度为50mm火焰的位置；将打火机放于高温试验箱中，在65℃±2℃温度中保持4h；将打火机从高温试验箱中取出，置于23℃±2℃温度中至少10h；检查打火机并记录任何损伤及燃料有无全部泄漏。

(2) 试验合格准则。

①对于液体打火机，不应出现燃料箱、密封部件破裂/爆裂现象。在温度稳定之后，如果液体燃料泄空，按照厂商提供的方式和燃料，可重新充灌样品。

②对于气体打火机，在温度稳定之后，不应出现称量燃料泄漏超过15mg/min现象。

5. 持续燃烧试验

(1) 检验方法

检验方法如下：

若打火机装有燃烧高度调节装置，调节该装置至打火机能产生向上垂直高度为50mm火焰的位置；除去防止儿童开启装置，将打火机放置于持续燃烧试验仪中，压下气体释放杠杆；点燃打火机使其产生垂直向上的火焰，并保持2min，然后按正常动作熄灭打火机；观察并记录无论有无火焰时，任何打火机组成部件燃烧、结构装置的爆炸或燃料箱的破裂。

(2) 试验合格准则。

打火机经上述试验后，不应出现打火机组成部件的燃烧，气门结构的脱离或燃料箱的破裂。

6. 压力试验

(1) 检验方法。

按如下程序进行：

解除防止儿童开启装置，排空燃料箱中的燃料；在打火机燃料箱大面上打孔，注意避开在燃料箱隔墙上打孔（在钻孔前除去燃料箱的外表装饰）；将打火机垂直放置于压力试验装置中进行测试；以不超过69kPa/s的速度给打火机注氮加压至1500kPa，并关掉气源（无论何时，若加压时或加压后钻的周围发现泄漏，那么使设备减压，拧紧压紧装置少许，并重新加压）；1min后记录打火机的内部压力，记录泄漏位置。

(2) 试验合格准则。

打火机经上述试验后，内部压力下降应不超过 250 kPa/min。

7. 燃液容量试验

(1) 检验方法。

测量打火机质量 m_1，排空燃料，再测量排空燃料后的打火机质量 m_2，按23℃±2℃时燃料的密度（0.54 g/cm³），利用公式 $V_1 = (m_1-m_2)/0.54$，计算液体容积 V_1；取出燃料箱打孔，然后称量 m_3；用注射器向燃料箱内注入蒸馏水，确认燃料箱内无气泡，然后称量 m_4；利用公式 $V_0 = (m_4-m_3)/1$，计算打火机燃料箱的容积 V_0。

(2) 试验合格准则。

V_1/V_0 不应超过85%。

8. 循环燃烧试验

(1) 检验方法。

将火焰高度调至50mm，当最大火焰高度低于50mm时，调至最大高度；点燃样品使火焰竖直向上并持续燃烧20s；熄灭样品，间歇时间为5min；重复上述试验9次，使试验总数达到10次。

(2) 试验合格准则。

不应出现表11-7中的缺陷。

9. 重复注气试验

(1) 检验方法。

对于附有密封燃料箱的液体打火机：

将密封塞从注气口拔掉，依据厂商提供的方式和燃料，充灌燃料箱；装好密封塞擦拭火机，晾干；观察密封塞接缝或燃料箱本身燃料是否明显泄漏

对于可重复充灌气体打火机：

排空样品的燃料箱，按照厂商提供的方式和燃料，重新充灌样品；天平称量样品燃料泄漏率是否超过 15mg/min。

（2）试验合格准则。

对于液体打火机，燃料不应有明显泄漏。

对于气体打火机，燃料泄漏率不应超过 15mg/min。

10. 燃料相容性试验

（1）检验方法。

对于液体打火机：

采用标准方法充灌样品，建议使用厂商推荐燃料；放置于密闭容器中，使样品密闭装置处于打开状态；向密闭容器中注入厂商推荐使用的燃料，使样品完全浸泡于燃料中，密封密闭容器；稳定温度在 40℃±2℃，将样品放入控温箱中保持 28d；28d 后将容器从控温箱取出，并将样品从容器中取出，完全晾干样品；依据厂商推荐的方式和燃料，重新充灌样品；稳定样品在 23℃±2℃ 环境下至少 10h；从各角度感官检测样品是否泄漏。

对于气体打火机：

稳定控温箱温度在 40℃±2℃，确保机内仍方燃料，将样品放入控温箱中 28d；28d 后从控温箱中取出样品；稳定样品在 28℃±2℃ 环境下至少 10h；天平测量样品燃料泄漏率是否超过 15mg/min，如温度稳定后，样品无燃料，则加充制造商要求使用的燃料确定有无泄漏，若有，则再次称重。

（2）试验合格准则。

对于液体打火机，不应出现任何泄漏现象。

对于气体打火机，不应出现燃料泄漏率超过 15mg/min 或燃料完全泄漏现象。

11.4.7　检验结果的判定

打火机经上述 10 项试验后，若每项试验全部合格（燃烧高度试验项下的 3 项试验全都合格才认为燃烧高度试验合格），则判定该批打火机合格，如有 1 项及 1 项以上不合格，则判定该批打火机不合格。

若有 1 项试验不合格，则抽样重新进行检验，如仍有 1 项或 1 项以上不合格，则判定该批打火机不合格。

11.5 出口打火机、点火枪类商品常规项目试验

出口打火机、点火枪类商品常规项目检验,在其全项型式试验检测合格的有效期内逐批进行。

11.5.1 报关

出口打火机、点火枪类商品报关时应提供以下单证:按规定填写《出境货物报关单》并提供相关的外贸单据、合同或销售确认书、发票、装箱单等;《出口危险货物生产企业自我声明》;厂检结果单;所使用包装容器的《出境货物运输包装性能检验结果单》正本;出口打火机、点火枪类商品型式试验报告。

11.5.2 现场抽样

检验人员接到申请单后,应认真审核申请单及有关报关材料,核对检验内容,按照相关检验标准和要求确立检验批。在同一检验批内,按相应标准的规定抽样。出境打火机检验的样品从报关批中随机抽取具有代表性样品。

11.5.3 检验方法及合格判定

11.5.3.1 性能检验

垂直冲击跌落试验。从每报关批抽取 5 个包装件,试验设备、试样准备、试验环境按危险货物包装跌落要求执行。每箱跌落一次,跌落部位为箱底平落、箱顶平落、长侧面平落、短侧面平落、短棱或角跌落,跌落高度为 1.2m。

堆码试验。试验设备、试样准备、试验环境按危险货物包装堆码试验要求执行。从每次报关批中抽取 3 个包装件,按

$$M_0 = (X/h - 1) \cdot M_1 \qquad\qquad (7)$$

计算堆码负荷。

式中:M_0——包装件上应施加的总负荷值,单位为千克(kg);

X——堆码高度,单位为米(m);

h——单位包装件高度,单位为米(m);

M_1——单位包装重量,单位为千克(kg)。

11.5.3.2 合格判定

经跌落、堆码后箱体无破损，内装产品无洒漏，并且箱中产品应全部置于水槽中，无裂痕、无气泡为合格或用检漏仪测定不漏气为合格。

11.5.3.3 使用鉴定

按表11-14规定从报关批中抽取样箱，按表11-15规定从每只样箱中抽出样本。

表11-14 报关批中抽取样箱的数量

报关数量（箱）	样本数量（箱）
2~8	2
9~150	3
151~1200	5

表11-15 每只样箱中抽出样本的数量

数量（每箱中只数）	样本数量（只）
<90	5
91~150	8
151~280	13
281~500	20
501~1200	32

使用鉴定的注意事项如下：

第一，木箱、纤维板箱等以铁钉或U型钉紧固时钉牢，不得冒头，钉尖盘倒。箱体完好无损，打包带紧箍箱体；

第二，纸箱完好无损，封口平整牢固，打包带紧箍箱体。

第三，内装物质与内容器间不得有影响安全的化学反应。

第四，进行保险装置鉴定（无保险装置可免做本项鉴定）时，样本保险装置均处于保险状态且能起到保险作用则该项合格。

11.5.3.4 充灌量鉴定

1. 透明打火机应置于15℃环境温度下稳定2h，用量具测定气箱中液态易燃气体充灌量不得超过容器容积的 85%。

2. 不透明打火机可测定打火机壳与样本的称量差并根据其液态计算充灌量小于气箱容积的 85%。

11.5.3.5　渗漏试验

1. 将样本置于水中,逐渐升温至 55℃,保持 30min。
2. 样本无裂痕、无气泡为合格。

11.5.4　签发证书种类和证书周期

海关对常规项目及包装使用鉴定合格的出口打火机、点火枪类商品签发《出境货物换证凭单》《出境货物运输包装性能检验结果单》。其中,出口打火机证书有效期为 6 个月,《出境货物运输包装性能检验结果单》有效期为 1 年。

凡经检验合格的出口打火机、点火枪类商品,应铸有海关颁发的登记代码,其外包装上必须印有登记代码和批号。

11.6　打火机口岸查验

11.6.1　核查货证

具体核查内容如下:

核查封识是否完好,是否与海关系统的"出境货物电子信息"一致;核查货物唛头、标志、批次、编号是否完好,是否与海关系统的"出境货物电子信息"一致;货物外包装是否完好。

11.6.2　查验合格

查验合格后,口岸海关出具出境货物通关电子信息。

11.7　出口蓄电池的检验

日常使用中最为普遍的蓄电池是铅酸蓄电池,目前我国出口的蓄电池绝大部分为铅酸蓄电池。铅酸蓄电池一般分可维护蓄电池(包括加酸液未密闭蓄电池,UN 2794;外挂酸液与未加液蓄电池组合包装,UN 2796;未加液蓄电池,非危化品)和免维护蓄电池（包括阀控密闭式蓄电池，UN 2800）两大类。由于其所灌装的电解液（酸性）具有腐蚀性，且在使用、储存和运输环节存在渗漏的危险，因此《危险化学品目录（2015 版）》将 UN 2794、UN 2796 类蓄电池列为危险化学品；而 UN 2800 类蓄电池则被分类为危险货物。

此外，蓄电池中使用和出口较少的碱电解液蓄电池（UN 2795）和含固体氢氧化钾蓄电池（UN 3028）也列入《危险化学品目录（2015 版）》，如遇出口情况，除品质检验内容外，均可参照铅酸蓄电池的检验程序进行。

11.7.1 术语和定义

11.7.1.1 阳极

阳极（anode）通常指能使电解质发生氧化反应的电极。

11.7.1.2 阴极

阴极（cathode）通常指解质电解质发生还原反应的电极。

11.7.1.3 电解质

电解质（electrolyte）是指含有可移动离子、具有离子导电性的液体或固体物质。

11.7.1.4 蓄电池

蓄电池（secondary battery）是指按可以再充电设计的电池。

11.7.1.5 铅酸蓄电池

铅酸蓄电池（lead dioxide lead battery；lead acid battery）是指含以稀硫酸为主的电解质、二氧化铅正极和铅负极的蓄电池。

11.7.1.6 免维护电池

免维护电池（maintenance-free battery）是指在满足规定的运行条件下，使用寿命期间不需提供维护的蓄电池。

11.7.1.7 湿式荷电蓄电池

湿式荷电蓄电池（drained charged battery）是指单体电池的极板或隔板含有少量电

第 11 章 烟花爆竹、打火机等特殊商品的检验

解质的荷电态的蓄电池。

11.7.1.8 干式荷电蓄电池

干式荷电蓄电池（dry charged battery）是指各个电池不含电解质，极板为干态且处于荷电状态的蓄电池。这是某些类型蓄电池的交货状态。

11.7.2 检验标准和依据

原国家质检总局明确要求，保留在《出入境检验检疫机构实施出入境检验检疫的进出境商品目录》（简称《目录》）内的出口电池产品，属于危险化学品的，根据危险化学品及其包装检验监管规定实施检验监管；不属于危险化学品，但属于危险货物的，按照联合国危险货物运输有关要求实施出口危险货物包装的检验监管，同时不再实行备案和汞含量专项检测。

保留在《目录》内的主要是启动活塞式发动机用铅酸蓄电池（HS 编码 8507100000）和其他蓄电池（HS 编码 8507809000）。因此，对在《目录》内、同时列入《危险化学品目录（2015 版）》的蓄电池按危险化学品实施检验监管；对在《目录》内、未列入《危险化学品目录（2015 版）》的蓄电池（除外）按危险货物包装实施检验监管；对不在《目录》内的出口蓄电池（除危险品外）按危险货物包装实施检验监管。目前采用的主要检验标准为：GB/T 5008—2023《起动用铅酸蓄电池》系列标准；SN/T 3216—2012《进出口危险化学品检验规程 酸性腐蚀品 基本要求》；SN/T 0370.3—2021《出口危险货物包装检验规程 第 3 部分：使用鉴定》；SN/T 2502—2010《进出口危险品电池运输包装检验规程》等。

11.7.3 检验要求

铅酸蓄电池的危险性主要为酸液的危险，检验中可按照 SN/T 3216—2012《进出口危险化学品检验规程 酸性腐蚀品 基本要求》执行。检验流程、检验基本要求、检验证单管理及不合格处置可参照其他出口危险化学品检验监管内容。在现场检验中，重点核查危险公示标签和安全数据单的准确性、抑制剂或稳定剂的添加情况。

危险货物包装使用鉴定，可按 SN/T 0370.3—2012《出口危险货物包装检验规程 第 3 部分：使用鉴定》要求执行。

品质检验主要依照输入国（地区）相关标准执行，如无输入国（地区）标准，可依据 GB/T 5008—2023《起动用铅酸蓄电池》系列标准执行。检验项目分出厂检验和周期检验两类，其中出厂检验项目包括蓄电池型号、尺寸，端子尺寸，端正极性，气

密性、干式荷电（或湿式荷电）蓄电池起动能力。周期检验项目包括容量、低温启动能力、充电接受能力、荷电保持能力、电解液保持能力、水损耗、耐振动性能、高温腐蚀、循环耐久、干式荷电（或湿式荷电）蓄电池在未注液条件下贮存。

11.7.4 检验中需注意的问题

空运蓄电池 UN 2794、UN 2795 适用 ICAO-TI 包装说明 870，其包装必须达到 Ⅱ 类要求，并且蓄电池必须包装在外包装内，必须具有一个足够强度的防酸/碱衬套，而且必须密封以肯定地排除溢出事件中产生的泄漏。蓄电池要求包装成其充液口和通气孔（如有的话）是向上的；它们不能短路，而且在包装中牢靠地用衬垫材料固定。包装件的正上位置必须有"包装方位"标签在上指明。客机单件限重 30kg，货机单件重量不限。此外，对于 UN 2796 类蓄电池，客机适用 ICAO-TI 包装说明 851，货机适用 ICAO-TI 包装说明 855；对于 UN 3028 类蓄电池，适用《航空危险货物安全运输技术规则》包装说明 871。

海运蓄电池 UN 2794、UN 2795、UN 3028 适用 IMDG Code 包装导则 P801，可使用木箱或托盘运输，但必须符合以下条件：需防止蓄电池短路；堆垛的蓄电池按层适当固定，每层蓄电池之间须用一层非导电性的物质隔开；蓄电池的接头不能叠加其他电池；须包裹或固定蓄电池以防止移动；蓄电池需通过倾斜试验，在倾斜 45°角情况下，液体不会外漏。

另外，根据 IMDG Code 特殊规定 295 条款，如果货物托盘标有适当的标记和标志，电池组不需要单独的标记和标志。

11.8.5 例外情况

免维护蓄电池可采用《规章范本》的第 3.1 章中适用于某些物品或物质的特殊规定的第 238 条款，通过试验，可按非限制性货物运输，即可按普通货物运输。但是，存在以下两种例外情况。

1. 电池如果能够经受下述的振动试验和压差试验而没有电池液漏出，可以认为是不漏的。不漏型电池如果是机械或电子设备的一个组成部分并且是开动设备所必需的，必须牢固地固定在设备的电池座上并且加以保护以防损坏和短路。

振动试验。电池牢固地夹在振动机平台上，施加振幅为 0.8mm（最大总偏移 1.6mm）的简谐振动。频率在 10 至 55Hz 之间按 1Hz/min 变化。对电池的每一安装位置（振动方向）来回施加全部振动频率范围，所需时间是 95±5min。对电池的 3 个互相垂直的位置［包括注入孔和排气孔（如有的话）在倒转位置］都进行相等时间的试验。

压差试验。在振动试验之后，把电池在 24℃±4℃ 下存放 6h，同时施加至少 88kPa 的压差。对电池的 3 个互相垂直的位置［包括注入孔和排气孔（如有的话）在倒转位置］都进行至少 6h 的试验。

2. 不漏的电池如果在温度 55℃ 时电解液不会从裂开或有裂缝的外壳流出并且没有游离液体可流出，而且在包装供运输时对电极作了防短路的保护，即不受本规章限制。

11.7.6 典型案例

A 物流有限公司运输一批"FVP"牌汽车铅酸蓄电池，检验检疫人员发现其中一托货物包装纸盒存在破损、变形和潮湿等现象，该托货物共装蓄电池 128 个，型号为 FVP55B24RS，部分电池产品外壳有污迹、正负极端子氧化变色。进一步检验还发现，与上述受损蓄电池装于同一集装箱的另外 9 托货物（数量 1112 个，型号分别为 FVP40B19L、FVP55D23L、FVP55B24L、FVP55B24LS）外观不同程度存在污迹，部分电池正负极端子存在氧化变色现象。此案例表明，铅酸蓄电池运输不当，易造成品质事故，若电解液渗漏，还将导致安全事故。

11.8 出口锂离子电池的检验

11.8.1 定义

锂离子电池（lithium-ion battery）或电池组是指可再充电的电化学电池或电池组，其正、负电极都是夹杂混合物（离子或准原子形态的锂与电极材料网格夹杂在一起），两个电极都没有金属锂。

11.8.2 检验标准和依据

由于出口锂离子电池未保留在《目录》内，且未列入《危险化学品目录（2015版）》，不属于危险化学品，但分类为危险货物，应按照联合国危险货物运输有关要求对其实施出口危险货物包装的检验监管，即实施危险货物包装使用鉴定。《规章范本》、IMDG Code、ICAO-TI 等国际规则对包括锂离子电池在内的危险货物包装运输作了明确规定。

依据上述国际规则，我国制定了一系列的危险货物包装检验标准。与锂离子电池包装使用鉴定相关的标准主要有：GB 19269—2009《公路运输危险货物包装检验安全规范》；GB 19270—2009《水路运输危险货物包装检验安全规范》；GB 19359—2009《铁路运输危险货物包装检验安全规范》；GB 19433—2009《空运危险货物包装检验安全规范》；SN/T 0370.3—2021《出口危险货物包装检验规程 第 3 部分：使用鉴定》SN/T 2502—2010《进出口危险品电池运输包装检验规程》等。

11.8.3 鉴定要求

锂离子电池属第 9 类杂项危险货物，UN 编号为 UN3480，锂离子电池与设备包装在一起或安装在设备中联合国编号为 UN3481，使用鉴定申请单所填信息及实际使用包装的标记应与之相符。

使用鉴定的一般要求可按 SN/T 0370.3—2021《出口危险货物包装检验规程 第 3 部分：使用鉴定》中 3.1 一般要求执行。检验流程、检验基本要求、检验单证管理及不合格处置可参照其他出口危险货物使用鉴定内容。

11.8.4 特殊要求

根据 IMDG Code、ICAO-TI 的相关规定，锂离子电池交付运输前必须通过 UN38.3 要求的系列测试。UN38.3 测试是联合国《试验和标准手册》第Ⅲ部分 38.3 节的章程，即要求锂电池在运输前，必须通过高度模拟、高低温循环、振动试验、冲击试验、55℃外短路、撞击试验、过充电试验、强制放电试验，以确保锂电池运输安全。使用鉴定中应核对 UN38.3 检测报告的有效性及与货物的一致性，内容至少包括：被测试锂离子电池的型号；检测所依据的文件及其版本；系列试验的项目；每项测试的数据；每项测试的结论。

锂离子电池必须标明额定能量（Wh），使用鉴定时应予以核查。

空运锂离子电池适用 ICAD-TI 包装说明 965，客机单件限重 5kg，货机单件限重 35kg。锂离子电池与设备包装在一起适用 ICAO-TI 包装说明 966，安装在设备上适用包装说明 967。

海运锂离子电池适用 IMDG Code 包装导则 P903。包装达到Ⅱ类要求，电池带有结实保护性外套，电池或电池组毛重达 12kg 以上的可不经包装装入保护箱（如全封闭木箱或板条箱），或者装在托盘上。但电池须被妥善防护，以防电池移位，同时接线柱上不得叠放其他电池，须防止电池短路。

11.8.5 豁免情况

当锂离子电池满足《规章范本》中第 3.3 章特殊规定第 188 条的技术要求时，可按非限制性货物运输，即可豁免使用危险货物包装。

当锂离子电池满足《规章范本》中第 3.3 章特殊规定第 310 条的技术要求时，可豁免通过 UN38.3 测试。

11.9 出口小型气体容器的检验

11.9.1 术语和定义

小型气体容器（small gas receptacles）是指装有压缩气体、液化气体或者加压溶解气体的一次性使用的金属、玻璃或塑料制成的，能承受压力不大于 1.2MPa、容量不大于 1000mL 的容器，如可燃气体充灌容器、气雾罐等。

11.9.2 常用的检验标准和依据

常用的出口危险货物小型气体容器检验采用的标准和依据有 GB 19521.13—2004《危险货物小型气体容器检验安全规范》、GB 19458—2004《危险货物危险特性检验安全规范 通则》。

如容器内装物质列入《危险化学品目录（2015 版）》的，具体检验标准至少包括 SN/T 3204—2012《进出口危险化学品检验规程 易燃气体 基本要求》、SN/T 3205—2012《进出口危险化学品检验规程 不燃气体 基本要求》、SN/T 3206—2012《进出口危险化学品检验规程 有毒气体 基本要求》。

11.9.3 检验的一般要求

1. 每一个小型气体容器都应有标记，并应在小型气体容器整个使用有效期内保持清晰可见。标记应符合 GB 19458—2004《危险货物危险特性检验安全规范 通则》的有关规定要求。

2. 内装产品的主要成分/组分信息、物理及化学特性、危险类别等应符合《关于进出口危险化学品及其包装检验监管有关问题的公告》（海关总署公告 2020 年第 129 号）第 4 条的规定。

3. 作为消费品的每个小型气体容器都应有"远离儿童"的警告标记。

4. 物质或容量超过 50mL 的小型气体容器表面还应有《规章范本》要求的第 2 类危险货物标识。

5. 小型气体容器应有防意外排放的保护装置。

6. 小型气体容器应在外包装中运输，用于运输的包装应符合《规章范本》中Ⅱ类包装的要求。

7. 运输包装上危险公示标签、安全数据单的内容应符合《关于进出口危险化学品及其包装检验监管有关问题的公告》（海关总署公告 2020 年第 129 号）第 4 条的规定。

8. 木箱、纤维板箱等以铁钉或 U 型钉紧固时，不得冒头，钉尖盘倒。

9. 内装物的毒性或腐蚀性符合Ⅰ类包装标准的小型气体容器禁止运输。

10. 毒性气体不得用作小型气体容器的喷射剂。

11.9.4 性能检验

11.9.4.1 检验项目

根据 GB 19521.13—2004《危险货物小型气体容器检验安全规范》的要求，小型气体容器性能检验项目包括密封性试验、压力试验、温度试验和跌落试验（玻璃材质除外）。

11.9.4.2 样品的预处理

试验样品在开始试验前应在 23℃±2℃ 的温度环境中至少预处理 10h，并在此条件下开始试验。对于塑料材料（包括部分采用塑料材料）制成的小型气体容器在进行跌落试验前，还应在-18℃以下的条件中预处理 10h，并在离开预处理环境 5min 内完成试验。

11.9.4.3 抽样数量

密封性试验、压力试验、温度试验和跌落试验的抽样数量均为 12 支，从整个检验批中随机抽取。

11.9.4.4 密封性试验

1. 试验方法

试验仪器有电热恒温水浴槽和计时秒表。试验方法是将试验样品放入电热恒温水浴槽中，水浴槽的大小和水量应保证所有样品被完全浸没至水平面下 5cm，启动电热开关，以不超过 5℃/min 的速度将温度升高至 55℃±1℃，保持 30min。

2. 通过试验的准则

（1）除塑料小型气体容器外的所有样品不得发生泄漏或永久变形。

（2）塑料小型气体容器可以因变软而变形，但不得泄露。

11.9.4.5 压力试验

1. 试验方法

试验仪器有小型气体容器压力试验仪、2MPa 气源和计时秒表。试验方法是将试验样品内的内容物全部排空,在样品上打孔(直径 3.06mm),将样品放入压力试验仪中,置于水平面下,启动仪器开关,以不超过 150kPa/s 的速度将样品加压至 1.4MPa,保持 10s。

2. 通过试验的准则

样品无泄漏、无爆裂。

11.9.4.6 温度试验

1. 试验方法

试验仪器有防爆烘箱和计时秒表。试验方法是将试验样品放入防爆烘箱,试验温度和时间选择下列条件之一:温度 38℃±1℃,时间 182d;温度 50℃±1℃,时间 100h;温度 55℃±1℃,时间 18h。

达到规定温度后,将样品取出烘箱,在温度 23℃±2℃ 的条件下保持 10h。

2. 通过试验的准则

样品没有出现会导致内装物全部泄漏的破损。

11.9.4.7 跌落试验

1. 试验方法

试验仪器为小型气体容器跌落试验机、跌落地面(水平钢板,最小尺寸 600mm×600mm×20mm)。试验方法是将试验样品放于跌落试验机进行跌落,跌落高度 1.8m,每个样品跌落 3 次。跌落部位如下:第一次,垂直向上位置;第二次,垂直向下位置;第三次,水平位置。

2. 通过试验的准则

样品无破损、无泄漏。

3. 不合格判定

如检验结果仅有一项不合格,则允许加倍抽样重新检验,如仍有一项或一项以上不合格,则判定该检验批不合格。

11.9.5 检验单证管理

申请出口危险货物小型气体容器包装检验时,需提供以下报关资料:

1. 报关单[需注明危险货物的罐装日期和输往国别(地区)];

2. 该危险货物的分类定级报告复印件；

3. 该危险货物运输包装上危险公示标签、安全数据单样本（该危险货物列入《危险化学品目录（2015版）》的）；

4. 该批危险货物包装使用鉴定的厂检合格单；

5. 该批出口危险货物贸易合同。

11.9.6 典型案例

检验人员在对一批内装易燃气体的出口气雾罐进行现场检验时，发现该批气雾罐存在气体泄漏现象，检验人员随即将该批货物判定为不合格，并要求对货物进行全数返工整理后重新检验。

经调查，该生产企业长期从事气雾罐产品出口，具有一定的产品自检自控能力，生产、灌装、封口、检测均严格按照企业作业指导书操作，气体泄漏情况实属少见。检验人员随即对灌装气体、气雾罐罐体、灌装封口操作线、检测操作线、压力试验记录等各个环节进行逐一排查，发现企业灌装封口工艺中采用半机械化操作，员工操作存在一定差异性，有少量待灌装气雾罐摆放不正，导致封口不吻合以致产品存在泄漏现象。

鉴于此，检验人员多角度、全方位对导致小型气体容器仓储、运输、使用环节产生爆炸的风险点进行排查。针对灌装压力过大、罐体颈部装配不规范、罐体搬运过程易摔破等高风险问题，要求企业制定相应的管理制度，确保易燃、易爆小型气体容器仓储、运输、使用安全。

附 录

附录1

中华人民共和国出入境检验检疫
出口危险货物包装申请单

日期：　　　　　　　　　　　　　　　　　　　　　　　　　　　　*编号：

申请单位	(单位)		联系人	
(加盖公章)	(地址)		电话	
包装使用单位			包装容器标记及批号	
包装生产厂				
包装容器名称及规格				
检验检疫类别(划"√")	□ 危包性能　□ 危包使用		申请受理机关	
货物包装类别			包装容器数量	
包装存放地点			包装容器编号	
原材料产地及名称			生产日期	
危包性能检验结果单号	***		运输方式	
拟装货物类别	***		拟装货物名称及形态	
拟装货物单件毛重			拟装货物单件净重	
拟装货物密度	***		联合国编号	***
装运口岸	***	提供单据(划"√")	□ 合同　□ 信用证　□ 厂检单　□ 入境证明单
装运日期	***	集装箱上箱次装货名称	
输往国家(地区)	***	合同、信用证等对包装的特殊要求	*检验费
分证单位及数量	***		总金额(人民币元)	
			计费人	
			收费人	
申请人郑重声明：　　　　　　　　上面填写内容正确属实，并承担法律责任.　　　　　　　　　签名：_____			领取证件	
			时间	
			签名	

注：有"*"号栏由出入境检验检疫机关填写

第 1 页 / 共 1 页

附录 2

中华人民共和国出入境检验检疫
出入境货物包装性能检验结果单

正 本

编号_____

申请人				
包装容器名称及规格		包装容器标记及批号		
包装容器数量		生产日期	自 年 月 日至 年 月 日	
拟装货物名称		状态		比重
检验依据		拟装货物类别（划"×"）	□危险货物 □一般货物	
		联合国编号		
		运输方式		
检验结果				
	签字：	日期： 年 月 日		
包装使用人				
本单有效期	截止于 年 月 日			

分批使用核销栏	日期	使用数量	结余数量	核销人	日期	使用数量	结余数量	核销人

说明：1.当合同或信用证要求包装检验证书时，可凭本结果单向出境所在地检验检疫机关申请检验证书。
2.包装容器使用人向检验检疫机关申请包装使用鉴定时，须将本结果单交检验检疫机关核实。

附 录

《出入境货物包装性能检验结果单》拟制说明

一、申请人：危险货物包装生产单位全称。

二、包装容器及规格：塑料桶（罐）、塑料袋应注明单件皮重；钢桶、马口铁桶注明铁皮厚度；纸箱（桶）应注明用纸克重；组合包装应注明内容器情况。

三、拟装货物名称：一般不标明拟装货物具体名称。申请人需要标明的应提供包装与拟装货物相适应声明材料。

四、比重：盛装液体的注明密度，注明的密度应不大于危险货物包装标记标明的相对密度值（如 UN 1A1/Y1.4/100/12，其注明的密度值应是≤1.4。）

五、检验依据

1. 常规包装。

海运采用 IMDG Code 及 SN/T 0370.2—2021《出口危险货物包装检验规程 第 2 部分：性能检验》。

空运采用 ICAO-TI 及 SN/T 0370.2—2021《出口危险货物包装检验规程 第 2 部分：性能检验》。

铁路采用 RID 及 SN/T 0370.2—2021《出口危险货物包装检验规程 第 2 部分：性能检验》。

公路采用 ADN 及 SN/T 0370.2—2021《出口危险货物包装检验规程 第 2 部分：性能检验》。

2. 中散包装。

（1）集装袋。IMDG Code 及 SN/T 0893—2000《海运出口危险货物塑编集装袋性能检验规程》。

注意集装袋不适用于盛装 I 类包装的危险货物。

（2）复合中型散装容器。

海运采用 IMDG Code 及 SN/T 0987.3—2013《出口危险货物中型散装容器检验规程 第 3 部分：复合中型散装容器》。

铁路采用 RID 及或 SN/T 0987.3—2013《出口危险货物中型散装容器检验规程 第 3 部分：复合中型散装容器》。

公路采用 ADN 及 SN/T 0987.3—2013《出口危险货物中型散装容器检验规程 第 3 部分：复合中型散装容器》。

（3）刚性塑料中型散装容器。

海运采用 IMDG Code 及 SN/T 0987.4—2013《出口危险货物中型散装容器检验规程

第 4 部分：刚性塑料中型散装容器》。

铁路采用 RID 及 SN/T 0987.4—2013《出口危险货物中型散装容器检验规程 第 4 部分：刚性塑料中型散装容器》。

公路采用 ADN 及 SN/T 0987.4—2013《出口危险货物中型散装容器检验规程 第 4 部分：刚性塑料中型散装容器》。

（4）木质中型散装容器：

海运采用 IMDG Code 及 SN/T 0987.5—2013《出口危险货物中型散装容器检验规程 第 5 部分：木质中型散装容器》。

铁路采用 RID 及 SN/T 0987.5—2013《出口危险货物中型散装容器检验规程 第 5 部分：木质中型散装容器》。

公路采用 ADR 及 SN/T 0987.5—2013《出口危险货物中型散装容器检验规范 第 5 部分：木质中型散装》。

（5）柔性中型散装容器。

海运采用 IMDG Code 及 SN/T 0987.6—2013《出口危险货物中型散装容器检验规程 第 6 部分：柔性中型散装容器》。

铁路采用 RID 及 SN/T 0987.6—2013《出口危险货物中型散装容器检验规程 第 6 部分：柔性中型散装容器》。

公路采用 ADR 及 SN/T 0987.6—2013《出口危险货物中型散装容器检验规程 第 6 部分：柔性中型散装容器》。

（6）纤维板中型散装容器。

海运采用 IMDG Code 及 SN/T 0987.7—2013《出口危险货物中型散装容器检验规程 第 7 部分：纤维板中型散装容器》。

铁路采用 RID 及 SN/T 0987.7—2013《出口危险货物中型散装容器检验规程 第 7 部分：纤维板中型散装容器》。

公路采用 ADR 及 SN/T 0987.7—2013《出口危险货物中型散装容器检验规程 第 7 部分：纤维板中型散装容器》。

（7）金属中型散装容器。

海运采用 IMDG Code 及 SN/T 0987.8—2013《出口危险货物中型散装容器检验规程 第 8 部分：金属中型散装容器》。

铁路采用 RID 及 SN/T 0987.8—2013《出口危险货物中型散装容器检验规程 第 8 部分：金属中型散装容器》。

公路采用 ADR 及 SN/T 0987.8—2013《出口危险货物中型散装容器检验规程 第 8

部分：金属中型散装容器》。

3. 大包装。

海运采用 IMDG Code 及 SN/T 1936.2—2007《出口危险货物大包装检验方法 第 3 部分：性能检验》。

空运采用 ICAO-TI 及 SN/T 1936.2—2007《出口危险货物大包装检验方法 第 3 部分：性能检验》。

铁路采用 RID 及 SN/T 1936.2—2007《出口危险货物大包装检验方法 第 3 部分：性能检验》。

公路采用 ADR 及 SN/T 1936.2—2007《出口危险货物大包装检验方法 第 3 部分：性能检验》。

六、检验结果用语

海运：按照上述标准对样品进行性能测试，结果表明该包装容器符合海运出口危险货物*类包装要求。

空运：按照上述标准对样品进行性能测试，结果表明该包装容器符合空运出口危险货物*类包装要求。

铁路：按照上述标准对样品进行性能测试，结果表明该包装容器符合铁路运输出口危险货物*类包装要求。

公路：按照上述标准对样品进行性能测试，结果表明该包装容器符合公路运输出口危险货物*类包装要求。

七、有效期：自生产之日起计算不超过 12 个月。超过有效期的包装需再次进行性能检验，其有效期自检验完毕之日起计算不超过 6 个月。再次使用的、修复过的或改制的容器有效期自检验完毕日期起计算不超过 6 个月。

附录3

中华人民共和国出入境检验检疫
出境货物不合格通知单

编号

货主	***	标记及号码	
品名			
报检数/重量			
包装种类及数量			
生产厂及注册号			
检验检疫依据	***		
不合格原因	********		
处理意见	******** 签字: 日期: 年 月 日		
备注	***		

附录 4

中华人民共和国出入境检验检疫
出境危险货物运输包装使用鉴定结果单

正 本

编号

申请人	
使用人	

包装容器名称及规格	包装容器标记及批号

货物包装类别	
包装容器性能检验结果单号	
运输方式	

危险货物名称	（中文）	危险货物类别	
	（英文）	联合国编号	

危险货物状态		危险货物密度	
报检包件数量		单件容积		单件毛重	
危险货物灌装日期	年 月 日		单件净重	

检验依据	
鉴定结果	

签字：　　　　　　　　　日期：　　年 月 日

本结果单有效期	截止于　　年 月 日						
分批出境经销栏	日期	出境数量	结余数量	核销人	日期	出境数量	结余数量	核销人

说明：1. 外贸经营单位必须持本结果单证本向有关运输部门办理危险货物出境托运手续。
　　　2. 当合同或信用证要求包装检验证书时，可凭本结果单向出境所在地检验检疫机关申请签发检验证或根据需要办理分证。

325

出境危险货物运输包装使用鉴定结果单拟制说明

一、申请人：包装使用人全称。与申请单及"性能检验结果单"列明的包装使用人一致。

二、使用人：包装使用人全称。与申请单及"性能检验结果单"列明的包装使用人一致。

三、包装容器名称及规格、包装容器性能检验结果单号、运输方式应与申请单及"性能检验结果单"一致。

四、货物包装类别：填写货物实际需要的包装类别（《规章范本》或分类鉴别报告建议包装类别）。

五、危险货物名称（中文）：填写货物正式运输名称（如果是未另列明的须用技术名称加以补充）。英文：可用"＊＊＊"代替。

六、危险货物类别、联合国编号：应与《规章范本》、分类鉴别报告一致。

七、危险货物状态：按申报、现场鉴定情况选择"固态""液态""气态"。

八、货物密度：盛装液体的注明密度，其密度值应不大于国际危规标记标明的密度值。（如 UN 1A1/Y1.4/100/20，其标明的密度值是≤1.4）。

九、申报包装数量：海运不超过 10000 件，空运不超过 3200 件。

十、单件容积：应与"性能检验结果单"一致。

十一、单件毛/净重：应与申请单申报的单件毛/净重一致。盛装固态货物的毛重应不大于危规标记标明的毛重。（如 5H4/Y26/S/12，单件最大毛重应不超过 26kg）

十二、危险货物灌装日期：按申请单标明的生产日期填写。

十三、检验依据。

1. 常规包装。根据运输方式分别采用国际相关危险品运输规则及 SN/T 0370.3—2021《出口危险货物包装检验规程 第3部分：使用鉴定》，如海运采用 IMDG Code，空运采用 ICAO-TI，铁路运输采用 RID，公路运输采用 ADR。

2. 中型散装容器。根据运输方式分别采用《国际相关危险品运输规则》及 SN/T 0987.2—2014《出口危险货物散装货物包装容器检验规程 第2部分：使用鉴定》，如海运采用 IMDG Code，空运采用 ICAO-TI，铁路运输采用 RID，公路运输采用 ADR。

3. 大包装。根据运输方式分别采用《国际相关危险品运输规则》及 SN/T 1936.3—2007《出口危险货物大包装检验方法 第3部分：使用鉴定》，如海运采用 IMDG Code，空运采用 ICAO-TI，铁路运输采用 RID，公路运输采用 ADR。

十四、鉴定结果：依据上述检验依据，对上述危险货物所使用的包装容器进行抽样鉴定，其适用性及使用方法符合国际相关危险品运输规则的要求。

十五、签证日期为检毕日期。

十六、证单有效期：《出境危险货物运输包装使用鉴定结果单》有效期为自危险货物灌装之日起计算不超过 12 个月。其中，盛装第 8 类危险物质及带有腐蚀性副危险性物质的有效期不超过 6 个月。另外，"使用鉴定结果单"有效期不能超过相对应"性能检验结果单"的有效期。出口空运《出境危险货物运输包装使用鉴定结果单》有效期不超过 3 个月（暂定）。

附录5

有关安全要求

一、人员要求

海关执法人员应接受过危险化学品相关检验工作安全培训，了解所检商品的危险特性、安全操作的有关知识及处理方法；检验前应仔细阅读危险公示标签和安全数据单中的内容；检验过程应有其他人员陪同，以确保其人身安全；陪同人员应受过专门训练，并清楚地观察到检验地点及整个操作过程。

二、设备要求

操作设备要与危险化学品的性质相适应并符合使用要求；必要时，应穿戴相应安全防护设施。

三、场地要求

现场检验机构应要求检验场地运营单位提供符合相关安全要求的环境和安全防护条件。如：应设有安全通道、符合要求的照明和通风条件；在储罐或槽车要有防止摔落的安全设施及防止堆垛容器和散装货物的倒塌；港口危险化学品码头应设有安全通道及应急安全消防设施；危险化学品运输船舶应设定危险化学品抽/采样工作区域。

四、操作要求

操作前应仔细观察危险化学品的外观、包装、标记、批号等。如同一批危险化学品中包括不同生产企业的产品或不同批号，或者有异常情况，都应分别处理。操作过程中要细心观察，同时注意商品的堆存情况、周围环境、包装情况、天气情况等，尽可能多方面了解情况，并应做好详细的记录。

附录 6

进口危险化学品企业符合性声明（要素）

<u>（企业名称）</u>申报的<u>（商品名称）</u>（HS 编码：_____，化学品正式名称：_____，UN 编号：_____），产品的危险化学品危险种类为，共（桶/袋/箱等）（吨/千克），使用_____包装（UN 标记），从国家（地区）进口至中国。

以上申报货物的危险特性与其要求的包装类别相一致，符合联合国《关于危险货物运输的建议书 规章范本》等国际规章要求，危险公示标签和安全数据单符合中华人民共和国法律、行政法规、规章的规定以及国家标准、行业标准的要求。

上述内容真实无误，本企业对以上声明愿意承担相应的法律责任。

特此声明。

法定代表人或其授权人（签字）：

企业（盖章）：
年　　月　　日

附录7

入境货物检验检疫证明（样例）

编号 ************

收货人	青岛XXXX制造有限公司		
发货人	***		
品　名	xxx	报检数/重量	XXX千克
包装种类及数量	XXX桶	输出国家或地区	德国
合同号	VH1400020	标记及号码 N/M	
提/运单号	99935887235		
入境口岸	青岛流亭机场口岸		
入境日期	2020.03.14		

证明

检验检疫结果：
本批货物中高速列车外部用清漆（6299W0011）未加贴中文危险公示标签，经整改已合格。
上述货物业经检验检疫，准予销售/使用。
****

签字：　　　　　　　　日期：　2020 年 4 月 28 日

备注

①货主收执

附录 8

检验证书（样例）

INSPECTION CERTIFICATE

收货人 Consignee	XXXX 国际贸易有限公司 / XXXX INTERNATIONAL TRADE CO.,LTD
发货人 Consignor	XXXX INTERNATIONAL DMCC
品名 Description of Goods	硫磺 BRIGHT YELLOW GRANULAR SULPHUR
报检数量/重量 Quantity/Weight Declared	**10999755KG
标记及号码 Mark & No.	N/M
合同号 Contract No.	BGNST120000300
发票号 Invoice No.	00810
提单或运单号 B/L or Way Bill No.	02
到货地点 Port of Arrival	中国青岛 QINGDAO, CHINA
启运地 Place of Despatch	阿联酋 RUWAIS, UNITED ARAB EMIRATES
到货日期 Date of Arrival	19 MAY, 2020
卸毕日期 Date of Completion of Discharge	20 MAY, 2020
运输工具 Means of Conveyance	船舶 RAS GHUMAYS-I BY VESSEL
检验日期 Date of Inspection	06 JUL, 2020

检验结果 INSPECTION RESULTS:

在卸货过程中，从上述货物中按照标准 GB/T 6678-2003 抽取代表性样品，进行品质检验，结果如下：
From the above mentioned cargo, representative samples were drawn during discharge according to the standard of GB/T 6678-2003 for quality inspection. The results are as follows:

化学成分 Chemical Composition	有机物 Organic matter(%)	灰分 ASH(%)	酸度（以硫酸计）Acidity as H_2SO_4(%)	硫 S(%)	水分 H_2O(%)
	0.013	0.004	0.0014	99.98	1.05

备注：检验费人民币 **35226 元整。
Remarks: Inspection Fee RMB **35226 yuan only.

****

印章 Official Stamp	签证地点 Place of Issue	青岛 QINGDAO	签证日期 Date of Issue	06 JUL, 2020
	授权签字人 Authorized Officer		签名 Signature	

附录 9

检验检疫处理通知书（样例）
NOTIFICATION OF INSPECTION AND QUARATINE TREATMENT
Entry-Exit Inspection and Quarantine of the P.R. China

编号 No. ＊＊＊＊＊＊＊＊＊＊＊＊＊

青岛 XXX 有限公司：

根据中华人民共和国有关法律法规，经对 XXXX _____ 检验检疫，因 挥发性有机化合物（VOC）,苯、甲苯、乙苯、二甲苯含量总和均超过 GB18582-2008 的规定限量 须做 销毁 _____ 处理，特此通知。

We hereby notify you that in accordance with the relevant laws and regulations of the People's Republic of China ＊＊＊_____ should be ＊＊＊_____ due to ＊＊＊_____

高 XXXX（5277W1850）
H.S.编码：＊＊3208901090
货值：＊＊70.2 欧元
数/重量：＊＊1 桶/18 千克
合同号：＊＊VLM-wefa-10-5
提单号：＊＊DUE-0008 3503
原产国：＊＊XXX
启运口岸：＊＊XXX
运输工具：＊＊飞机
　　　　　＊＊＊＊＊＊＊＊

签字 Signature:　　　　　　　　　日期 Date: 2020.12.20 .